S0-BRR-495

GUÍA DE LA LEY DE EDUCACIÓN ESPECIAL

Una Guía para Padres, Maestros y Otros Profesionales Académicos

Lic. Randy Chapman

The Everyday Guide to Special Education Law

INCLUYE LOS CAMBIOS HECHOS A IDEA

Nuestro gratitud a las familias quienes aprobaron de neuestro uso de las fotos de la tapa del libro. Los estudiantes y el bebé en la tapa son, al izquierda en el sentido horario, Jesús Castillo, Isaias Diaz, Scott Lubkeman, y Brenda Honeyman. Ellos son de Colorado.

Our thanks to the families who approved our use of the cover photographs. The students and baby on the cover are, clockwise from upper left, Jesus Castillo, Isaias Diaz, Scott Lubkeman, and Brenda Honeyman. They are from Colorado.

Guía de la Ley de Educación Especial
Una Guía para Padres, Maestros y Otros Profesionales Académicos
Lic. Randy Chapman
Traducido por Puentes Culturales
www.puentesculturales.com

This Book is the Spanish Translation of
The Everyday Guide to Special Education Law
A Handbook for Parents, Teachers and Other Professionals
By Randy Chapman, Esq.
Translated by Puentes Culturales

Copyright © 2007 The Legal Center for People with Disabilities and Older People
455 Sherman Street, Suite 130
Denver, CO 80203

Reservados todos los derechos. Ni la totalidad, ni parte de este libro, puede reproducirse o transmitirse por ningún procedimiento electrónico o mecánico, incluyendo fotocopias, grabación magnética o cualquier almacenamiento de información y sistema de recuperación, sin permiso escrito de los editores de esta obra, excepto en el caso de citas cortas para críticas.

Esta pulicación es diseñada a proveer información correcta y general en respeto a la materia del sujeto cubierto. Se vende con el entendimiento que el autor y el editor no están involucrados en dar legal o otros servicios profesionales. Si se reqiere aconsejo legal, favor de consultar a un abogado.

All rights reserved. No part of this book may be reproduced in any form, by photostat, microfilm, xerography or any other means, or incorporated into any information retrieval system, electronic or mechanical, without the written consent of the copyright owner, except for the inclusion of brief quotations in a review.

This publication is designed to provide accurate and general information in regard to the subject matter covered. It is sold with the understanding that the author and the publisher are not engaged in rendering legal or other professional services. If specific legal advice is required, please consult an attorney.

First Edition
ISBN: 978-0-9770179-1-1

Publisher's Cataloging-In-Publication Data
(Prepared by The Donohue Group, Inc.)

Chapman, Randy.
Guía de la ley de educación especial : una guía para padres, maestros y otros profesionales académicos / Randy Chapman ; traducido por Puentes Culturales. -- 1st ed.

p. ; cm.
Parallel text in Spanish and English.
Incluye los cambios hechos a IDEA.
Includes index.
Bilingual version of: Everyday guide to special education law.
ISBN: 978-0-9770179-1-1

1. United States. Individuals with Disabilities Education Improvement Act of 2004--Handbooks, manuals, etc. 2. United States. Individuals with Disabilities Education Act--Handbooks, manuals, etc. 3. United States. Americans with Disabilities Act of 1990--Handbooks, manuals, etc. 4. United States. Rehabilitation Act of 1973--Handbooks, manuals, etc. 5. Special education--Law and legislation--United States--Handbooks, manuals, etc. 6. Children with disabilities--Education--Law and legislation--United States--Handbooks, manuals, etc. 7. Spanish language materials--Bilingual. I. Puentes Culturales (Firm) II. Title. III. Title: Everyday guide to special education law

KF4209.3.Z9 C45318 2007
344.0791

Lead Sponsors

Gold Sponsors

GIBSON, DUNN & CRUTCHER LLP

Silver Sponsors

Sam S. Bloom Foundation

THE SCHRAMM FOUNDATION

Colorado Hispanic Bar Association

Colorado Developmental Disabilities Council

Cover and Book Design by MacGraphics Services
Spanish Editing and Front Cover Concept by Heinrich Hispanidad
English Editing by Joyce Miller, Integrated Writer Services
Production Coordinated by Mary Anne Harvey, Julie Z. Busby and Jennifer Solano
Spanish Indexing by Puentes Culturales
English Indexing by Katie Banks, Eagle-Eye Indexing
Printing by United Graphics, Inc.

Contenido del Libro/Table of Contents

Prefacio/Preface

Escribí este libro principalmente para ayudar a estudiantes, padres, abogados y otros profesionales a que entiendan mejor el Acta para la Educación de los Individuos con Discapacidades (Individuals with Disabilities Education Act, o IDEA). El Congreso enmendó IDEA recientemente en 2004. Este libro se enfoca en los cambios grandes a IDEA en 2004. También he tratado de hacer que la ley se vea menos confusa.

Al decir que escribí este libro principalmente para estudiantes, padres y abogados, yo no quiero decir que no esté dirigido a maestros y a otros educadores. Aunque la mayoría de los maestros y educadores abogan en general por los niños con discapacidades y en particular por sus propios estudiantes, ellos solamente abogan dentro del sistema educativo. Por lo tanto, aunque este libro está escrito desde el punto de vista de los padres, la información está prevista para ayudar a quienes han respondido al llamado de ser parte de una de la más honorables profesiones: la de ser maestro.

El propósito de este libro no es el de ser un tratado legal de jurisprudencia sobre la educación especial. El propósito es el de ser una guía diaria sobre la educación especial para ayudar a los padres, abogados, estudiantes con discapacidades y educadores a entender los requerimientos básicos de IDEA, la Sección 504 del Acta de Rehabilitación de 1973 y del Título II del Acta para los Americanos con Discapacidades.

I wrote this book primarily to help students, parents, advocates, and other professionals better understand the Individuals with Disabilities Education Act (IDEA). Congress, most recently, amended the IDEA in 2004. This book addresses the major changes in the IDEA 2004. I have also tried to make the law a little less confusing.

By saying I wrote this book primarily for students, parents, and advocates, I don't mean that it isn't also intended for teachers and other educators. Most teachers and educators advocate for children with disabilities, in general, and their own students, in particular. They just advocate from within the educational system. So, while the book is written from a parent perspective, the information is also intended to help those who have answered the call to become a member of that most honorable of professions, teachers.

This book is not intended to be a legal treatise on special education case law. The book is meant to be an everyday guide to special education law to help parents, advocates, students with disabilities, and educators to understand the basic requirements of the IDEA, Section 504 of the Rehabilitation Act of 1973 and Title II of the Americans with Disabilities Act.

Los servicios escolares para los niños con discapacidades se desarrollan a través de un proceso de planeación individualizada. El proceso de planeación involucra a los padres, educadores y otros profesionales. Para los infantes y los niños pequeños este proceso resulta en un Plan Individualizado de Servicios para la Familia (Individualized Family Service Plan, o IFSP) y para los niños entre tres y veintiún años, el proceso resulta en un Programa Educativo Individualizado (Individualized Educational Program, o IEP). Las reuniones del IFSP y del IEP requieren un proceso de colaboración.

Generalmente, yo no creo que el IEP, IFSP y otras reuniones educativas sean el lugar apropiado para que los abogados y otros debatan estándares legales y decisiones de tribunales. Estos debates son más apropiados para audiencias de debido proceso y fallos jurídicos. Las reuniones de planeación educativa deben enfocarse en las necesidades del estudiante y en satisfacer estas necesidades. Los padres, maestros y otros profesionales saben acerca de los estudiantes como individuos y cómo enseñarles a los estudiantes con discapacidades. Los proveedores de servicios de intervención temprana y las familias tienen experiencia en ofrecer servicios de intervención temprana a infantes y niños pequeños. Aunque los padres y maestros deben entender los requisitos legales de la educación especial, ellos no participan en las reuniones para actuar con abogados. Ellos están en las reuniones para ser padres y maestros. Yo creo que los padres y educadores -no los abogados - deben diseñar los programas educativos.

Habiendo dicho que los padres y educadores - no los abogados - deben diseñar los programas educativos, yo también quiero aclarar que definitivamente hay un rol para los abogados en

School services for children with disabilities are developed through an individualized planning process. The planning process involves parents, educators, and other professionals. For infants and toddlers that process results in an Individualized Family Service Plan (IFSP) and for children aged three to twenty-one that process results in an Individualized Educational Program (IEP). The IFSP and IEP meetings should involve a collaborative process.

Generally, I do not believe the IEP, IFSP, and other education meetings are the appropriate settings for lawyers and others to debate legal standards and court rulings. Those debates are more appropriate for due process hearings and court cases. Educational planning meetings should focus on the student's needs and meeting those needs. Parents, teachers, and other professionals know about the individual students and how to teach students with disabilities. Early intervention service providers and families have expertise on providing early intervention services to infants and toddlers. While parents and teachers should understand the legal requirements in the special education process, they are not in the planning meeting to be lawyers. They are in the meeting to be parents and teachers. I believe parents and educators—not attorneys—should design educational programs.

Having said that parents and educators—not attorneys—should design programs, I would also like to point out that there is certainly a role for attorneys to play in ensuring that stu-

asegurar que los estudiantes reciban una educación pública gratis y apropiada de acuerdo con IDEA. A veces surgen disputas acerca de la prestación de los servicios de educación especial. Aunque la mayoría de las disputas pueden resolverse informalmente sin involucrar a abogados, algunas requieren procedimientos de resolución de disputas más formales tales como audiencias de debido proceso. Aunque no se requiere que los padres usen abogados en las audiencias de debido proceso, estas audiencias son procedimientos legales formales y es muy probable que el distrito esté representado por abogados.

Por lo tanto, lo más probable es que los padres necesiten la representación de un abogado. Además, los padres tal vez necesiten pedir consejos de un abogado para tomar decisiones acerca de la resolución de una disputa. Aunque este libro contiene información acerca de los derechos legales de los estudiantes con discapacidades, el libro no substituye la asesoría o la representación legal cuando una de éstas es necesaria. El libro se puede utilizar mejor como una guía de la ley y de los derechos de los estudiantes con discapacidades para obtener una educación pública gratis y apropiada. Si se necesita asesoría legal, ésta deberá procurarse de un abogado competente en esta área de la ley.

Por favor note que en algunos lugares he citado directamente a la ley. **Pero en muchos lugares, he modificado y parafraseado el lenguaje legal para hacerlo más entendible.** He incluído notas a pie de página para que usted encuentre el estatuto actual o reglamento que se está discutiendo. El estatuto de IDEA se cita como 20 U.S.C. 1400 a 1487. Los reglamentos de la Sección 504 se citan como 34 C.F.R. Parte 104. Las iniciales U.S.C. quieren decir Código de los Estados Unidos (United States Code) y

dents receive a free appropriate public education under the IDEA. Disputes often arise over the delivery of special education services. While most disputes can be resolved informally without involving lawyers, some require more formal dispute resolution procedures like due process hearings. While parents are not required to use attorneys in due process proceedings, due process hearings are formal legal proceedings and school districts are most likely represented by attorneys.

Consequently, parents will likely need representation by an attorney. Moreover, parents may need to seek advice from an attorney to make decisions regarding dispute resolution. Although this book contains information about the legal rights of students with disabilities, it is not a substitute for legal advice or legal representation when either is needed. The book is best used as a guide to the law and the rights of students with disabilities to get a free appropriate public education. If legal advice is needed, it should be sought from an attorney competent in this area of the law.

Additionally, please note that in some places I have directly quoted the law. **But in many places, I have modified and paraphrased the legal language to make it more understandable.** Footnotes are provided so you can find the actual statute or regulation being discussed. The IDEA statute is cited as 20 U.S.C. 1400 to 1487. The Section 504 regulations are cited as 34 C.F.R. Part 104. The letters U.S.C. stand for United States Code and C.F.R. stands for Code of Federal Regulations. **If you are seek**

C.F.R. quieren decir Código de Reglamentos Federales (Code of Federal Regulations). **Si usted quiere citar la ley exactamente, usted debe usar estas notas a pie de página y no citar el texto de este libro.**

También se incluye un glosario en el Apéndice D. Los términos que se definen en el glosario aparecen en letras itálicas la primera vez que aparecen en este libro.

Finalmente, disfruté mucho escribir este libro y espero que sea útil.

Randy Chapman

ing to quote the law exactly, you should use these footnotes to find your exact quote, rather than quoting this book.

Additionally, a glossary is provided as Appendix D. Terms that are defined in the glossary appear in *italics* the first time they appear in this book.

Finally, I greatly enjoyed writing this book and hope it's helpful.

Randy Chapman

Agradecimientos/Acknowledgments

La producción de este libro contó con la ayuda de mucha gente. Quiero reconocer las contribuciones de los siguientes miembros del personal del Centro Legal para Personas con Discapacidades y Personas de la Tercera Edad. Gracias a Mary Anne Harvey, nuestra Directora Ejecutiva, por su apoyo, sugerencias, y, como siempre, sus excelentes habilidades como editora. También quiero darles gracias a Bill Higgins, el Abogado Ejecutivo de la oficina del Centro Legal en Grand Junction; a Thom Miller, Coordinador del Programa de Educación Especial; a Heidi Van Huysen, Abogada en Educación Especial; a Angie Garberding, Defensora de Derechos; y a Julie Busby, Administradora de la Oficina. Gracias también a Diane Carabello, nuestra Directora de Desarrollo, quien ayudó a recaudar fondos para apoyar este proyecto.

Para la edición español del libro, estamos muy agradecidos a la asistente administrativa Jennifer Solano por la corrección de pruebas en la versión español y asistir con la traducción de términos para el libro y para materiales de mercadeo.

Dos individuales fuera del Centro Legal fueron consejeras muy valiosas a la edición español. Eleanor Valdez-Honeyman proporcionó tres de las cuatro fotos para la tapa del libro y nos aconsejó del diseño conceptual del libro. La señora Valdez-Honeyman es una de los fundadores del Grupo Vida, una organización creada para apoyar a los padres hispanohablantes con

Many people helped produce this book. I would like to acknowledge the contributions of the following staff members of The Legal Center for People with Disabilities and Older People. Thanks to Mary Anne Harvey, our Executive Director, for her support, suggestions, and, as always, excellent editing skills. I would also like to thank Bill Higgins, the Managing Attorney in The Legal Center's Grand Junction office; Thom Miller, Special Education Program Coordinator; Heidi Van Huysen, Special Education Attorney; Angie Garberding, Rights Advocate; and Julie Busby, Office Manager. Thanks also to Diane Carabello, our Director of Development, who helped find funding to support this project.

For the Spanish edition of the book, we are very grateful to Administrative Assistant Jennifer Solano for proof reading the Spanish version and assisting with translation of terms for the book and for marketing materials.

Two individuals outside The Legal Center were valuable advisors to the Spanish edition. Eleanor Valdez-Honeyman provided three of the four photographs for the cover of the book and advised us on the conceptual design of the book. Ms. Valdez-Honeyman is one of the founders of Grupo Vida, an organization created to support Spanish-speaking parents of children with

niños con discapacidades. Carmen Carrillo, Directora Ejecutiva de Mi Casa Centro de Recursos para Mujeres, revisó la traducción español y proporcionó aconsejo editorial. Damos gracias a las dos por su apoyo entusiasta con este proyecto.

Gracias también a Chug Rogers de TheCapitol.Net en Alexandria, Virginia, por su asesoría y aliento, y a Mandy M. Rigg por su entusiasta apoyo y asesoría.

Así mismo, quiero agradecer a las siguientes personas quienes también revisaron borradores y ofrecieron sugerencias y observaciones invaluables: Alison Seyler y Shirley Swope con el Centro de Entrenamiento para Padres PEAK (PEAK Parent Training Center) en Colorado Springs; Romie Tobin, quien como padre abogó por su hijo y ahora ayuda a otros padres; Dr. Fred Smokoski, quien anteriormente fue Director de Educación Especial en Colorado y ayudó a que los estudiantes de la Casa y Escuela de Entrenamiento Estatal de Wheat Ridge (Wheat Ridge State Home and Training School) entraran a las escuelas públicas; Susan Smith con el Departamento de Educación de Colorado; Julie Haynes de la Fundación de Colorado para Familias y Niños; y Patricia S. Tomlan, Ph.D., de Consultores Educativos PST (PST Educational Consultants) and Carol Meredith, CG LaScala y Paula A. House con El Arc/Arapahoe & Douglas.

Estamos agradecidos al Consejo de Discapacidades de Desarrollo de Colorado en dar los fondos para este proyecto. Además, extendemos nuestro gratitud a la Fundación Daniels para un fondo de retos a animar apoyo generoso para distribuir este libro a familias quienes lo necesitan y hacerlo disponible en Español.

disabilities. Carmen Carrillo, Executive Director of Mi Casa Resource Center for Women, reviewed the Spanish translation and provided editorial advice. We thank both of them for their enthusiastic support of this project.

Thanks also to Chug Roberts of TheCapitol.Net in Alexandria, Virginia, for his consultation and encouragement, and to Mandy M. Rigg for her enthusiastic support and advice.

Additionally, I want to thank the following people who also reviewed drafts of this book and provided invaluable insight and suggestions: Allison Seyler and Shirley Swope with the PEAK Parent Training Center in Colorado Springs; Romie Tobin, who as a parent advocated for her son and now helps other parents; Dr. Fred Smokoski, who is a former Director of Special Education in Colorado and helped bring students from the Wheat Ridge State Home and Training School into the public schools; Susan Smith with Colorado Department of Education; Julie Haynes with the Colorado Foundation for Families and Children; Patricia S. Tomlan, Ph.D., with PST Educational Consultants; and Carol Meredith, Cg LaScala and Paula A. House with the Arc/Arapahoe & Douglas.

We are grateful to the Colorado Developmental Disabilities Council for funding this project. In addition, we extend our gratitude to the Daniels Fund for a challenge grant to encourage charitable support to broadly distribute this book to families who need it and make it available in Spanish.

Y finalmente quiero reconocer a Carol, Connor y Sean Chapman quienes pacientemente toleraron que yo acaparara el "cuarto de computadoras" mientras escribía este libro.

Mary Anne Harvey y yo
queremos reconocer especialmente
a John Matousek de nuestra Mesa Directiva
por nutrir el espíritu emprendedor
que sostendrá nuestro futuro.

Last but not least, I want to acknowledge Carol, Connor, and Sean Chapman who patiently tolerated my hogging the "computer room" while writing this book.

Mary Anne Harvey and I
would especially like to acknowledge
John Matousek of our Board of Directors
for nurturing the entrepreneurial spirit
that will sustain our future.

Introducción/Introduction

En 1980 el Centro Legal para Ciudadanos Discapacitados y la Asociación para los Ciudadanos Retardados de Colorado demandaron al Departamento de Educación de Colorado porque los niños de la Casa y Escuela de Entrenamiento Estatal de Wheat Ridge no estaban yendo a la escuela. La Casa y Escuela de Entrenamiento Estatal de Wheat Ridge (Ridge) era una institución para personas con discapacidades del desarrollo localizada en el Distrito Escolar del Condado de Jefferson. La mayoría de los estudiantes que vivían en la institución provenían originalmente de una variedad de comunidades y distritos escolares distintos al Distrito Escolar del Condado de Jefferson. Hoy, en estado de abandono, los pabellones de Ridge están vacíos. Pero en 1980, los pabellones nombrados *Moonbeam, Aspen,* y *Starlight* estaban llenos de niños. Pabellones llenos, días vacíos.

Los estudiantes de Ridge tenían derecho a una educación bajo el Acta para la Educación de Todos los Niños con Discapacidades de 1975[1]. El Centro Legal había primero descubierto en 1979 que los niños que vivían en Ridge no estaban yendo a la escuela. Por lo tanto, repre-

In 1980 The Legal Center for Handicapped Citizens and the Association for Retarded Citizens in Colorado sued the Colorado Department of Education because children at the Wheat Ridge State Home and Training School were not attending school. The Wheat Ridge State Home and Training School (Ridge) was an institution for persons with developmental disabilities located in the Jefferson County School District. Most of the children living in the institution originally came from a variety of communities and school districts, other than the Jefferson County School District. Abandoned, today, the wards at Ridge are empty. But in 1980, children filled wards labeled *Moonbeam, Aspen,* and *Starlight.* Filled wards, empty days.

Ridge students had the right to an education under the Education for All Handicapped Children Act of 1975.[1] The Legal Center had first discovered in 1979 that children living at Ridge were not going to school. Consequently, on behalf of the parents of several of the chil-

---

[1] El Centro Legal para los Ciudadanos Discapacitados se llama ahora El Centro Legal para las Personas con Discapacidades y Personas Mayores, la Asociación de Ciudadanos Retardados de Colorado se llama ahora "The Arc of Colorado" y el Acta para la Educación de Todos los Niños Discapacitados se llama ahora El Acta para la Educación de los Individuos con Discapacidades o IDEA.

[1] The Legal Center for Handicapped Citizens is now called The Legal Center for People with Disabilities and Older People, the Association for Retarded Citizens in Colorado is now called The Arc of Colorado and the Education for All Handicapped Children Act is now called the Individuals with Disabilities Education Act or the IDEA.

sentando a los padres de varios niños que vivían en Ridge, El Centro Legal solicitó servicios escolares en los distritos de los cuales provenían estos niños, específicamente de los distritos de los condados de Denver, Boulder y Weld. Estos distritos, sin embargo, se rehusaron a ofrecer servicios escolares debido a que estos niños vivían en el Condado de Jefferson. El Centro Legal entonces solicitó estos servicios al Distrito Escolar del Condado de Jefferson, quien también rehusó ofrecer estos servicios porque los padres de los niños residían fuera del Condado de Jefferson.

Puesto que el Acta para la Educación de Todos los Niños con Discapacidades requería que la Agencia Estatal de Educación (el Departamento de Educación de Colorado) asegurara que todos los niños con discapacidades recibieran una educación pública gratis y apropiada, El Centro Legal imploró al Comisionado de Educación de de Colorado que resolviera cuáles eran los distritos escolares responsables para educar a estos niños. Eventualmente el Comisionado de Educación determinó que los distritos donde vivían los padres eran los responsables por la educación de los niños que vivían en Ridge. Desafortunadamente esta decisión no se obedeció; los niños permanecieron fuera de la escuela.

Consecuentemente, la demanda colectiva se presentó en 1980 en el tribunal federal de distrito en Denver. En 1981, el fallo del Juez John Kane declaró que, de hecho, el Comisionado de Educación y el Departamento de Educación de Colorado eran responsables bajo el Acta de Educación para Todos los Niños Discapacitados de 1975 de asegurar que todos los niños con discapacidades de Colorado, incluyendo los niños de Ridge, obtuvieran una educación pública gratis y apropiada[2]. La demanda

dren living at Ridge, The Legal Center requested school services from the children's home school districts, specifically the Denver, Boulder, and Weld County districts. These home school districts, however, refused to provide school services because the children lived in Jefferson County. The Legal Center then turned to the Jefferson County School District for services, but services were refused because the children's parents resided outside of Jefferson County.

Since the Education for All Handicapped Children Act required that the State Education Agency (the Colorado Department of Education) assure that all children with disabilities in Colorado receive a free appropriate public education, The Legal Center implored Colorado's Commissioner of Education to resolve which school districts were responsible for teaching these children. Eventually, the Commissioner of Education determined that the school districts where the children's parents resided were responsible for educating children living at Ridge. Unfortunately, that decision was not enforced; the children stayed out of school.

Consequently, the class action lawsuit was filed in 1980 in federal district court in Denver. In May 1981 Judge John Kane ruled that, in fact, the Commissioner of Education and the Colorado Department of Education were responsible under the Education for All Handicapped Children Act of 1975 for assuring that all children with disabilities in Colorado, including the children at Ridge, receive a free appropriate public education.[2] The lawsuit was later settled, and in the fall of 1981 children at the Ridge State

---

[2] *Asociación para los Ciudadanos Retardados en Colorado v. Frazier*, 517 F. Sup. 105

[2] *Association for Retarded Citizens in Colorado v. Frazier*, 517 F. Supp. 105

después se resolvió extrajudicialmente, y en el otoño de 1981 los niños de La Casa y Escuela de Entrenamiento Estatal de Wheat Ridge fueron a la escuela por primera vez. Al mismo tiempo, también se ofrecieron servicios escolares a los niños que vivían en otras Casas y Escuelas de Entrenamiento de Colorado en Pueblo y en Grand Junction. Por un tiempo, algunos niños recibieron servicios escolares en las La Casas y Escuelas de Entrenamiento Estatales, pero casi la mitad de los niños abandona-ron las instituciones y asistieron a la escuela en sus distritos de origen.

Muchos de estos niños tenían discapacidades muy serias. Algunos no podían hablar o caminar. Por primera vez los niños con discapacidades muy severas recibieron servicios en las escuelas públicas de Colorado. Con el transcurso del tiempo, esta demanda dío como resultado directo el mejoramiento de la habilidad de las escuelas públicas de Colorado de servir a los niños con discapacidades severas. Estas mejoras, por su parte, hicieron que se cerraran casi todas las escuelas segregadas de Colorado, que los niños abandonaran estas instituciones, y que los niños con discapacidades severas fueran incluidos en forma más completa en el sistema escolar público. ¡Todos estos cambios sucedieron debido al Acta para Todos los Niños Discapacitados!

El Acta para Todos los Niños Discapacitados fue aprobada por el Congreso en 1975. El Congreso aprobó la ley debido a que los niños con discapacidades en todo el país estaban excluídos de las escuelas públicas (como los niños de Ridge), o se les ofrecían mínimos servicios educativos. Inicialmente, los tribunales abordaron la exclusión de los niños de las escuelas públicas a través del movimiento de derechos civiles. En 1954, la Suprema Corte falló en

Home and Training School attended school for the first time. At the same time, school services were also provided to children living at Colorado's other State Home and Training Schools in Pueblo and Grand Junction. For awhile, some children received school services at the State Home and Training School, but nearly one half of the children left the institution and attended schools in their home district.

Many of these children had very severe disabilities. Some were unable to speak or walk. For the first time children with very severe disabilities received services in Colorado's public schools. Over time, this lawsuit directly resulted in improving the ability of Colorado's public schools to serve children with severe disabilities. This improvement, in turn, led to closing almost all of the segregated schools in Colorado, children leaving the institutions, and children with severe disabilities being more fully included in the public school system. All of these changes came about because of the Education for All Handicapped Children Act!

The Education for All Handicapped Children Act was adopted by Congress in 1975. Congress passed the law because nationwide children with disabilities were either excluded from the public schools (like the children at Ridge), or provided minimal educational services. Initially, the courts confronted the exclusion of children from the public schools through the civil rights movement. In 1954, the Supreme Court ruled in *Brown v. Board of Education*

Brown v. Board of Education (Brown v. Consejo de Educación) que la segregación de niños en las escuelas públicas basada en su raza era una violación de la 14ava. Enmienda de la Constitución. La segregación racial en las escuelas públicas negaba a los niños el acceso equitativo a la educación pública[3]. Posteriormente, otros padres presionaron para obtener acceso equitativo a las escuelas públicas para sus hijos con discapacidades.

Armados con la decisión *Brown*, grupos de padres activistas también escogieron a los tribunales como el campo de batalla para obtener servicios escolares para sus hijos con discapacidades. En 1972 dos decisiones de marca histórica, *Pennsylvania Association for Retarded Children v. Commonwealth of Pennsylvania*[4] *(Asociación de Pensilvania para los Niños Retardados v. Comunidad de Pensilvania) y Mills v. D.C. Board of Education*[5], *(Mills v. el Consejo de Educación del D.C.)* determinaron que los niños con discapacidades tienen que tener acceso equitativo a la educación pública, y que los padres tienen que tener una oportunidad significativa de retar las decisiones que excluyen a sus hijos de las escuelas. Aunque estas dos decisiones abrieron el camino, hubo juicios en otros estados solicitando servicios escolares para niños con discapacidades.

En 1975 el Congreso aprobó la Ley Pública 94-142, El Acta para la Educación de Todos los Niños Discapacitados, la cual se llama ahora El Acta para la Educación de los Individuos con Discapacidades o IDEA[6]. Al aprobar esta ley, el Congreso

that segregating children in the public schools based on their race violated the 14th Amendment of the Constitution. Racial segregation in the public schools denied children an equal access to a public education.[3] Later, other parents pressed for equal access to the public schools for their children with disabilities.

Armed with the *Brown* decision, parent advocacy groups also chose the courts as a battleground to get school services for their children with disabilities. In 1972 two landmark decisions, *Pennsylvania Association for Retarded Children v. Commonwealth of Pennsylvania*[4] and *Mills v. D.C. Board of Education*,[5] determined that children with disabilities must have equal access to public education, and parents must have a meaningful opportunity to challenge decisions excluding their children from school. Although these two decisions led the charge, there were court cases in other states seeking school services for children with disabilities.

In 1975 Congress passed Public Law 94-142, the Education for All Handicapped Children Act, which is now called the Individuals with Disabilities Education Act or the IDEA.[6] In passing the law, Congress found that there were

[3] 347 U.S. 483 (1954)
[4] 334 F. Sup. 1257 (E.D. Pa. 1971, 343 F. Sup. 279 (E.D. Pa. 1972)
[5] 348 F. Sup. 866 (D.D.C.1972)
[6] 20 U.S.C. 1400

[3] 347 U.S. 483 (1954)
[4] 334 F. Supp. 1257 (E.D. Pa. 1971, 343 F. Supp. 279 (E.D. Pa. 1972)
[5] 348 F. Sup. 866 (D.D.C.1972)
[6] 20 U.S.C. 1400

se dío cuenta que había "más de ocho millones de niños discapacitados en los Estados Unidos".[7]

Tristemente, el Congreso también encontró que "más de la mitad de los niños discapacitados en los Estados Unidos no reciben servicios educativos apropiados los cuales les permitirían tener una oportunidad educativa completa"[8], y "un millón de niños discapacitados en los Estados Unidos **están excluídos del sistema de educación al pública y no participarán en el proceso educativo con los niños de su edad**".[9] Hay que observar que estos hallazgos del Congreso que documentan la exclusión de niños con discapacidades de las escuelas de nuestra nación son tan recientes como de 1975. Para remediar esta vergüenza nacional, la nueva ley requirió que los niños con discapacidades reciban una educación pública apropiada y que la educación especial y servicios relacionados sean ofrecidos a niños de acuerdo a un Programa Educativo Individualizado (Individualized Educational Program, o IEP). El Congreso había decidido corregir una gran injusticia.

> Tristemente, el Congreso también encontró que "más de la mitad de los niños discapacitados en los Estados Unidos no reciben servicios educativos apropiados los cuales les permitirían tener una oportunidad educativa completa", y "un millón de niños discapacitados en los Estados Unidos están excluídos del sistema de educación al públicas y no participarán en el proceso educativo con los niños de su edad"

"more than eight million handicapped children in the United States."[7]

Sadly, Congress further found that "more than half of the handicapped children in the United States do not receive appropriate educational services which would enable them to have full educational opportunity,"[8] and "one million of the handicapped children in the United States **are excluded entirely from the public school system and will not go through the educational process with their peers.**"[9] Note that these Congressional findings documenting the exclusion of children with disabilities from our nation's schools are as recent as 1975. To remedy this national shame, the new law required that children with disabilities receive a free appropriate public education and that special education and related services be provided to children according to an Individualized Educational Program (IEP). Congress had set out to right this great wrong.

> Sadly, Congress further found that "more than half of the handicapped children in the United States do not receive appropriate educational services which would enable them to have full educational opportunity," and "one million of the handicapped children in the United States are excluded entirely from the public school system and will not go through the educational process with their peers.

---

[7] 20 U.S.C. 1400 (b)(1) (1975)
[8] 20 U.S.C. 1400 (b)(3) (1975)
[9] 20 U.S.C. 1400 (b)(4) (1975) énfasis suministrado.

[7] 20 U.S.C. 1400 (b)(1) (1975)
[8] 20 U.S.C. 1400 (b)(3) (1975)
[9] 20 U.S.C. 1400 (b)(4) (1975) emphasis supplied.

En 1990 el Congreso enmendó parte del lenguaje del Acta para la Educación de Todos los Niños Discapacitados y cambió su nombre a El Acta para la Educación de los Individuos con Discapacidades o IDEA. Adecuadamente, en toda la ley se reemplazó el término "niños discapacitados" con "niños con discapacidades". En 1997 el Congreso renovó y enmendó IDEA, y en marzo de 1999, el Departamento de Educación de los Estados Unidos expidió nuevos reglamentos interpretando las enmiendas de IDEA10. IDEA 97 fué la primera revisión mayor de la ley desde su aprobación original en 1975 como el Acta para la Educación de Todos los Niños Discapacitados. La ley se enmendó otra vez en 2004.

Sin duda alguna, esta legislación federal mejoró las vidas de millones de niños con discapacidades en todo el país. Muchos de los niños, inicialmente beneficiados por esta ley en la parte final de los años setenta y el principio de los años ochenta, ahora son graduados de la escuela preparatoria y de la universidad. Muchos están empleados y tienen carreras; otros, sin duda alguna, son maestros, y muchos ahora son padres ellos mismos. Sin esta ley todas esas oportunidades se les hubieran negado a estos graduados de IDEA, tal y como se les negaron a los niños con discapacidades que les precedieron. Con respecto a los estudiantes de Ridge, la escuela les enseñó a muchos de ellos a hablar, caminar y a vivir con más independencia. Debido a IDEA, todos los niños de Ridge finalmente fueron a la escuela.

In 1990 Congress amended some of the language in the Education for All Handicapped Children Act and changed its name to the Individuals with Disabilities Education Act or IDEA. Fittingly, throughout the law the term "handicapped children" was replaced with the term "children with disabilities." In 1997 Congress reauthorized and amended the IDEA, and then in March 1999, the U.S. Department of Education issued new regulations interpreting the amended IDEA.[10] The IDEA 97 was the first major revision of the law since its original passage as the Education for All Handicapped Children Act in 1975. The law was again amended in 2004.

Without question, this federal legislation improved the lives of millions of children with disabilities throughout the country. Many of the children, initially served by the law in the late 1970s and early 1980s, are now high school and college graduates. Many are employed in careers; some, without doubt, are teachers, and many are now parents themselves. Without this law all of those opportunities would have been denied to these IDEA graduates, just as they had been denied to the children with disabilities who preceded them. As for the students at Ridge, school taught many of them to talk, to walk, and to live more independently. Because of the IDEA, all of the children from Ridge finally attended school.

---

[10] 34 C.F.R. Partes 300 y 303

[10] 34 C.F.R. Parts 300 and 303

Dedicación

*Este libro está dedicado
a todos los graduados
de la Casa y Escuela de
Entrenamiento Estatal de Wheat Ridge
(Wheat Ridge State Home and Training School).*

Este libro también es dedicado a
Anna Zamora McCoy (1932-1995)
*Una defensora de toda la vida y una activista
de comunidad para los derechos civiles
de la gente con discapacidades,
la comunidad hispana y otras minorías.*

Dedication

*This book is dedicated
to all of the graduates
of the Wheat Ridge State Home
and Training School.*

This book is also dedicated to
Anna Zamora McCoy (1932-1995)
*A lifelong advocate and community activist
for the civil rights of people with disabilities,
the Hispanic community, and other minorities.*

I El Acta para la Educación de los Individuos con Discapacidades
The Individuals with Disabilities Education Act

Todos los niños pueden ir a la escuela y tienen una oportunidad justa de aprender. Esta es la idea detrás de IDEA. Todos los niños pueden ir a la escuela y tienen una oportunidad justa de aprender. Los niños, incluyendo los niños con discapacidades, van a la escuela con sus vecinos. Los niños, incluyendo los niños con discapacidades, se sientan juntos en las aulas de clase. Los niños, incluyendo los niños con discapacidades, son miembros de los clubes escolares, van a las asambleas, van a excursiones, van a las obras de teatro de la escuela, y van a los eventos deportivos de la escuela. No se separa a los niños en la escuela debido a que tienen una dis-

All kids get to go to school and get a fair chance to learn. That's the idea behind the IDEA. All kids get to go to school and get a fair chance to learn. Kids, including kids with disabilities, go to school with their neighbors. Kids, including kids with disabilities, sit in classrooms together. Kids, including kids with disabilities, join school clubs, go to assemblies, go on field trips, go to school plays, and go to school sports events. Kids are not separated in school because they have a disability. All kids get to go to school. All the words written by Congress, when enacting and reenacting the IDEA, support that simple idea.

> Todos los niños pueden ir a la escuela y tienen una oportunidad justa de aprender. Esta es la idea detrás de IDEA.

> All kids get to go to school and get a fair chance to learn. That's the idea behind the IDEA.

capacidad. Todos los niños tienen derecho de ir a la escuela. Todas las palabras escritas por el Congreso apoyan esta simple idea cuando autorizan y renuevan a IDEA.

Para los niños con discapacidades, el tener una oportunidad justa de aprender, significa obtener servicios escolares que satisfacen sus necesidades individuales. Para satisfacer las necesidades individuales, las escuelas ofrecen instrucción diseñada especialmente. El ofrecer instrucción diseñada especialmente significa adaptar y modificar qué enseñan y cómo enseñan las escuelas. Para asegurar que los servicios sean individualizados, las escuelas ofrecen servicios de acuerdo con un *programa educativo individualizado*. Se hace todo esto para asegurar que los niños con discapacidades tengan una oportunidad justa de aprender. El Congreso le llama a esto ofrecer una *educación pública gratis y apropiada*. El Congreso renovó IDEA en 2004, asegurando que los niños con discapacidades continúen recibiendo una educación.

Al aprobar IDEA 97, el Congreso reforzó los requerimientos de IDEA que conciernen a la disponibilidad de acceso para los estudiantes con discapacidades al currículo general de educación en las aulas regulares, agregó a los *padres* y los maestros de educación regular al equipo del IEP, y agregó disposiciones para disciplinar a los estudiantes con discapacidades que al mismo tiempo aseguran su derecho a una educación pública gratis y apropiada.

En 2004 el Congreso otra vez renovó IDEA. En IDEA 2004, el Congreso continuó enfatizando y reforzando la participación de los padres y familias en la educación de sus hijos, continuó enfatizando la importancia de ofrecer a los estudiantes con discapacidades acceso al currículo general de educación y de educar a los

Getting a fair chance to learn, for kids with disabilities, means getting school services that meet their individual needs. To meet individual needs, schools provide specially designed instruction. Providing specially designed instruction means adapting and modifying what and how schools teach. To make sure services are individualized, schools provide services according to an *individualized educational program*. All of this is done to make sure kids with disabilities get a fair chance to learn. Congress calls this providing a *free appropriate public education*. Congress reauthorized the IDEA in 2004, making sure kids with disabilities continue receiving that education.

In enacting the IDEA 97, Congress strengthened the IDEA's requirements regarding providing students with disabilities access to the general educational curriculum in regular classrooms, added *parents* and regular education teachers to the IEP team, and added provisions for disciplining students with disabilities while ensuring their right to a free appropriate education.

In 2004 Congress again reauthorized the IDEA. In the IDEA 2004, Congress continued to emphasize and strengthen the participation of parents and families in their children's education, continued to emphasize the importance of providing students with disabilities access to the general curriculum and educating students

estudiantes en las aulas regulares, alentó la flexibilidad en el proceso del IEP, trató de eliminar la carga de papeleo innecesario para los educadores y extendió los procedimientos de resolución de disputas para promover la resolución positiva de disputas.

En 2004, tal y como lo había hecho 25 años antes, el Congreso declaró sus razones para renovar IDEA. Primero, el Congreso declaró que: "La discapacidad es una parte natural de la experiencia humana y de ninguna manera disminuye el derecho de los individuos de participar o contribuir a la sociedad. Mejorar los resultados de la educación para los niños con discapacidades es un elemento esencial de nuestra política nacional de asegurar la igualdad de oportunidad, participación completa, vida independiente, y autosuficiencia económica de los individuos con discapacidades".[11]

El Congreso entonces volvió a reconocer que antes de la aprobación del Acta para Todos los Niños Discapacitados de 1975 "…las necesidades educativas de **millones** de niños con discapacidades no estaban siendo completamente satisfechas porque:

1. los niños no recibían servicios educativos apropiados;

2. los niños eran excluidos completamente del sistema escolar público y de ser educados con niños de su edad;

3. las discapacidades no diagnosticadas impedían que los niños tuvieran una experiencia educativa exitosa; o

in the regular classroom, encouraged flexibility in the IEP process, tried to remove unnecessary paperwork burdens on educators, and expanded dispute resolution procedures to encourage positive dispute resolution.

In 2004 just as it had done twenty-nine years before, Congress declared its reasons for reauthorizing the IDEA. First, Congress stated that: "Disability is a natural part of the human experience and in no way diminishes the right of individuals to participate in or contribute to society. Improving educational results for children with disabilities is an essential element of our national policy of ensuring equality of opportunity, full participation, independent living, and economic self-sufficiency for individuals with disabilities."[11]

Congress then reacknowledged that before the Education of All Handicapped Children Act of 1975 was passed ". . . the educational needs of **millions** of children with disabilities were not being fully met because

1. the children did not receive appropriate educational services;

2. the children were excluded entirely from the public school system and from being educated with their peers;

3. undiagnosed disabilities prevented the children from having a successful educational experience; or

[11] 20 U.S.C. 1401(c)(1)

[11] 20 U.S.C. 1401(c)(1)

4. la falta de recursos dentro del sistema escolar público **obligaba a las familias** a buscar servicios fuera del sistema escolar público".[12]

Además, el Congreso encontró que "más de 30 años de investigación y experiencia han demostrado que la educación de los niños con discapacidades puede hacerse más efectiva al tener expectativas altas de los estudiantes con discapacidades y asegurar que estos estudiantes tengan acceso al currículo general en el aula regular, al mayor alcance posible…".[13]

Adicionalmente en IDEA 2004, el Congreso hizo notar la importancia de los padres en el proceso educativo declarando que la educación de los niños con discapacidades puede hacerse más efectiva "reforzando el rol y la responsabilidad de los padres y asegurando que las familias de tales niños tengan oportunidades significativas de participar en la educación de sus hijos en la escuela y en el hogar".[14]

Adicionalmente en IDEA 2004, el Congreso hizo notar la importancia de los padres en el proceso educativo declarando que la educación de los niños con discapacidades puede hacerse más efectiva "reforzando el rol y la responsabilidad de los padres y asegurando que las familias de tales niños tengan oportunidades significativas de participar en la educación de su hijos en la escuela y en el hogar".

---

[12] 20 U.S.C. 1401(c)(2) énfasis suministrado.
[13] 20 U.S.C. 1401(c)(5)(A)
[14] 20 U.S.C. 1401(c)(5)(B)

4. a lack of resources within the public school system **forced families** to find service outside the public school system."[12]

Furthermore, Congress found that "almost 30 years of research and experience had demonstrated that the education of children with disabilities can be made more effective by having high expectations of students with disabilities and ensuring those students have access to the general curriculum in the regular classroom, to the maximum extent possible. . ."[13]

Additionally in IDEA 2004, Congress noted the importance of parents in the education process by stating that the education of children with disabilities can be made more effective by "strengthening the role and responsibility of parents and ensuring that families of such children have meaningful opportunities to participate in the education of their children at school and at home."[14]

Additionally in IDEA 2004, Congress noted the importance of parents in the education process by stating that the education of children with disabilities can be made more effective by "strengthening the role and responsibility of parents and ensuring that families of such children have meaningful opportunities to participate in the education of their children at school and at home."

---

[12] 20 U.S.C. 1401(c)(2) emphasis supplied.
[13] 20 U.S.C. 1401(c)(5)(A)
[14] 20 U.S.C. 1401(c)(5)(B)

Además, el Congreso, preocupado de que las disputas entre los padres y los distritos escolares se resolvieran con más utilidad y en forma positiva, encontró que "se le deben dar a los padres y a las escuelas más oportunidades de resolver sus diferencias de maneras positivas y constructivas".[15]

Finalmente, el Congreso declaró que el propósito de IDEA es "el de asegurar que todos los niños con discapacidades tengan a su disposición una educación apropiada gratuita que enfatice la educación especial y servicios relacionados diseñados para satisfacer sus necesidades únicas y prepararlos para continuar su educación, obtener empleo y vivir independientemente" y de "asegurar que se protejan los derechos de los niños con discapacidades y los de sus padres".[16]

Por lo tanto, la directiva principal de IDEA es la misma hoy que la que fue cuando se aprobó el Acta para Todos los Niños con Discapacidades en 1975: se les debe ofrecer a todos los niños con discapacidades una educación pública gratis y apropiada. Todos los niños deben poder ir a la escuela y tener una oportunidad justa de poder aprender.

¿Qué Es una Educación Pública Gratis y Apropiada?

Ofrecer una educación pública gratis y apropiada significa ofrecerle al estudiante con discapacidades servicios de **educación especial** y **servicios relacionados** que necesita el estudiante para beneficiarse de su programa de educación especial. Una educación pública gratis y apropiada requiere que los servicios:

1. se ofrezcan a costo público, bajo supervisión y dirección pública y sin costo;

Moreover, Congress, concerned that disputes between parents and school districts be resolved more usefully and positively, found that "parents and schools should be given expanded opportunities to resolve their differences in positive and constructive ways."[15]

Finally, Congress stated that the purpose of the IDEA is "to ensure that all children with disabilities have available to them a free appropriate public education that emphasizes special education and related services designed to meet their unique needs and prepare them for further education, employment, and independent living" and to "ensure that the rights of children with disabilities and parents of such children are protected."[16]

Thus, the IDEA's primary directive is the same now as when the Education for All Handicapped Children Act was passed in 1975: all children with disabilities must be provided a free appropriate public education. All kids get to go to school and get a fair chance to learn.

What Is a Free Appropriate Public Education?

Providing a free appropriate public education means providing a student with disabilities **special education** services and the **related services** the student needs to benefit from her special education program. A free appropriate public education requires that services:

1. are provided at public expense, under public supervision and direction, and without charge;

---

[15] 20 U.S.C. 1401(c)(8)
[16] 20 U.S.C. 1401(d)(1)(A) y (B)

[15] 20 U.S.C. 1401(c)(8)
[16] 20 U.S.C. 1401(d)(1)(A) and (B)

2. satisfagan los estándares de la agencia estatal de educación;

3. incluyan educación preescolar, primaria y secundaria apropiadas; y

4. se ofrezcan en conformidad con un Programa Educativo Individualizado (IEP)[17].

Los educadores, defensores y abogados que trabajan en el campo de la educación especial a veces utilizan letras iniciales o siglas para referirse a conceptos y frases que se usan con frecuencia. Las siglas para el término educación pública gratis y apropiada son FAPE (free appropriate public education). En este libro voy a tratar de identificar las siglas cuando se utilicen, tales como LRE para *ambiente menos restrictivo* (least restrictive environment), ESY para *año escolar extendido* (extended school year), e IAES para *marco educativo alterno temporal* (interim alternative educational setting). En la versión en español de este libro voy a utilizar las siglas que corresponden a las frases en inglés, para evitar la confusión de usar siglas en español que no aparecen en otras fuentes de información al respecto. Pero yo creo que hablar usando iniciales, en vez de palabras, frecuentemente confunde más que lo que aclara. Debido a esto, aunque trataré de indicar cuáles son las siglas más comunes, no las usaré en este texto. Hay una lista de las siglas más comunes en el Glosario del Apéndice D.

En cada estado, la *Agencia Estatal de Educación* (state education agency, o SEA), es responsable de asegurar que todos los niños con discapacidades reciban una educación pública gratis y apropiada en ese estado. Las agencias locales de educación (local education agencies, o LEAs)

2. meet the standards of the state educational agency;

3. include an appropriate preschool, elementary, or secondary school education; and

4. are provided in conformity with the individualized educational program (IEP).[17]

Educators, advocates, and attorneys who work in the field of special education often use initials/letters or acronyms to refer to frequently used concepts and phrases. The acronym for the term free appropriate public education is FAPE. In this book I will try to identify the acronyms that are used, such as LRE for *least restrictive environment*, ESY for *extended school year*, and IAES for *interim alternative educational setting*. But I believe that speaking in initials, rather than words, frequently confuses more than it clarifies. So, while I will try to point out the most common acronyms, I won't use most of them in the text. I have also listed the most common acronyms in the Glossary in Appendix D.

In each state the *State Education Agency* (SEA), is responsible for ensuring that all children with disabilities receive a free appropriate public education in that state. Local education agencies (LEAs) are responsible for ensuring that students with disabilities, within the agencies'

---

[17] 20 U.S.C. 1402(9)

[17] 20 U.S.C. 1402(9)

son responsables de asegurar que los estudiantes con discapacidades, dentro de los límites de las agencias, reciban una educación pública gratis y apropiada. Las agencias locales de educación son organismos administrativos, con frecuencia distritos escolares locales o una combinación de distritos, los cuales son responsables de las escuelas primarias y secundarias.[18] En este libro, para que sea todo más sencillo, a las agencias locales de educación **se les referirá usualmente como distritos escolares**. Los distritos escolares tienen la principal responsabilidad de ofrecer servicios de educación especial a los estudiantes con discapacidades.

Ofrecer una educación apropiada también significa educar a los estudiantes con discapacidades en el ambiente menos restrictivo. Esta idea la discutiré con más detalle más adelante, pero, por lo general, ambiente menos restrictivo se refiere a uno en el cual los estudiantes con discapacidades aprenden, en aulas regulares, junto con niños sin discapacidades. Las escuelas ofrecen *asistencia y servicios suplementarios* para apoyar a los estudiantes a que tengan éxito en las aulas regulares. A los estudiantes con discapacidades también se les ofrece los servicios relacionados que ellos necesitan para beneficiarse de su programa de educación especial. En este libro usted aprenderá estos términos. ¿Quiénes son niños con discapacidades? ¿Qué es la educación especial? ¿Qué son los servicios relacionados? ¿Qué son la asistencia y los servicios relacionados? ¿Qué es el ambiente menos restrictivo?

boundaries, receive a free appropriate public education. Local education agencies are administrative bodies, most often local school districts or a combination of school districts that are responsible for public elementary and secondary schools.[18] In this book, for the sake of simplicity, local education agencies **will usually be referred to as school districts**. School districts have the primary responsibility for providing special education services to students with disabilities.

Providing an appropriate education also means educating students with disabilities in the least restrictive environment. I will discuss this idea more later, but, generally, the least restrictive environment means students with disabilities learn, in regular classrooms, along side children who do not have disabilities. Schools provide *supplementary aids and services* to support students to succeed in regular classrooms. Students with disabilities are also provided the related services they need to benefit from their special education program. In this book you will learn these terms. Who are children with disabilities? What is special education? What are related services? What are supplementary aids and services? What is the least restrictive environment?

---

[18] 20 U.S.C. 1402(19)

[18] 20 U.S.C. 1402(19)

¿Quiénes Son los Niños con Discapacidades?

IDEA usa el término niños con discapacidades para identificar a los estudiantes que son elegibles para una educación pública gratis y apropiada. Un *niño con una discapacidad* quiere decir un niño con retraso mental, impedimentos auditivos (incluyendo la sordera), impedimentos del habla o lenguaje, impedimentos de la vista (incluyendo la ceguera), trastornos emocionales serios, impedimentos ortopédicos, autismo, lesión cerebral traumática, otros impedimentos de la salud, o discapacidades específicas del aprendizaje; **y quien necesita**, debido a que tiene cualquiera de estas condiciones, **educación especial y servicios relacionados.**[19] Si un estudiante no satisface esta definición, entonces el estudiante no es elegible para los servicios de IDEA.

Hay que notar que para ser considerado como un niño con una discapacidad, un estudiante debe tener un impedimento **y** necesitar educación especial y servicios relacionados. Algunos estudiantes pueden tener impedimentos, pero pueden no necesitar educación especial y servicios relacionados. En este caso, el estudiante no es elegible para los servicios de IDEA. El estudiante, sin embargo, puede ser elegible para los servicios bajo la Sección 504 del Acta

> Hay que hacer notar que para ser considerado como un niño con una discapacidad, un estudiante debe tener un impedimento y necesitar educación especial y servicios relacionados.

Who Are Children with Disabilities?

The IDEA uses the term children with disabilities to identify students who are eligible for a free appropriate public education. A *child with a disability* means a child with mental retardation, hearing impairments (including deafness), speech or language impairments, visual impairments (including blindness), serious emotional disturbance, orthopedic impairments, autism, traumatic brain injury, other health impairments, or specific learning disabilities; **and who needs**, because of having any of these conditions, **special education and related services.**[19] If a student does not meet this definition, then the student is not eligible for IDEA services.

Note, to be considered a child with a disability, a student must have an impairment **and** need special education and related services. Some students may have impairments, but may not need special education and related services. In that case, the student is not eligible for services under the IDEA. The student, however, may be eligible for services under section 504 of the Rehabilitation Act. That law is discussed in Chapter VIII. Students are determined eligible for IDEA services through the Individualized Educational Program or IEP process.

> Note, to be considered a child with a disability, a student must have an impairment and need special education and related services.

[19] 20 U.S.C. 1402(3)

[19] 20 U.S.C. 1402(3)

de Rehabilitación. Esta ley se discute en el Capítulo VIII. La elegibilidad de los estudiantes para los servicios de IDEA se determina a través del proceso del Programa Educativo Individualizado (IEP).

En este proceso, el estudiante recibe una petición inicial para que se le hagan evaluaciones que determinan si tiene necesidades especiales y es elegible para los servicios de IDEA. Al completarse las evaluaciones, un equipo del Programa Educativo Individualizado (IEP) se reúne para determinar si el niño es elegible para servicios de educación especial. El equipo está compuesto del personal necesario de la escuela, los padres del niño, y, a la discreción de los padres o de la escuela, otros individuos quienes conocen las necesidades del estudiante. El equipo del IEP determinará si el niño tiene un impedimento y, de ser así, si el niño necesita educación especial y servicios relacionados. Si el niño necesita servicios de educación especial debido a que tiene un impedimento, se determinará que el niño tiene una discapacidad y será elegible para los servicios de IDEA. Si el equipo determina que el niño tiene una discapacidad, el equipo del IEP procederá a completar el IEP.[20]

Este libro discute dos Partes de IDEA: la Parte B y la Parte C. La mayoría de este libro discute la Parte B. La Parte B exige que los estudiantes con discapacidades entre las edades de 3 y 21 años (edad escolar) reciban una educación pública gratis y apropiada. La parte C de IDEA exige *servicios de intervención temprana* para niños desde su nacimiento hasta cuando cumplan tres años (infantes y niños pequeños). El Capítulo IX discute los requerimientos de la Parte C.

In this process, a student is first referred for evaluations to determine whether the student has special needs and is eligible for IDEA services. After the evaluations are completed, an individualized educational program (IEP) team will meet to determine the child's eligibility for special education services. The team is made up of necessary school staff, the child's parents, and, at the parent's or school's discretion, other individuals who know about the student's needs. The IEP team will determine whether the child has an impairment and, if so, whether the child needs special education and related services. If the child needs special education services, as a result of having an impairment, the child will be determined to have a disability and will be eligible for IDEA services. If the team determines that the child has a disability, the IEP team will proceed to complete the IEP.[20]

This book discusses two Parts of the IDEA; Part B and Part C. The majority of the book discusses Part B. Part B requires that students with disabilities from the ages of 3 to 21 (school age) receive a free appropriate public education. The IDEA's Part C requires *early intervention services* for children from birth through age two (infants and toddlers). Chapter IX discusses the requirements of Part C.

---

[20] Por favor veań la discusión del proceso del IEP en el Capítulo IV.

[20] Please see Chapter IV for a discussion of the IEP process.

¿Qué Es la Educación Especial?

Cuando el equipo del IEP determina que el niño tiene una discapacidad, el estudiante tiene el derecho a una educación pública gratis y apropiada. Esto quiere decir que el distrito escolar debe ofrecerle al estudiante educación especial y servicios relacionados. **Educación especial** quiere decir instrucción diseñada especialmente, sin costo a los padres, que satisfaga las necesidades únicas del niño con una discapacidad, incluyendo:

1. instrucción conducida en el aula, en el hogar, en hospitales e instituciones y en otros lugares; y

2. instrucción en educación física.[21]

Las escuelas ofrecen instrucción diseñada especialmente al adaptar el contenido, metodología, o entrega de la instrucción para satisfacer las necesidades únicas del estudiante con una discapacidad. Como usted verá más adelante, el enfoque en las **necesidades únicas** del estudiante es importante en el proceso del IEP.

IDEA no promueve la colocación de estudiantes en casas, hospitales, e instituciones para que puedan recibir instrucción. El requerimiento de que los estudiantes reciban instrucción en sus casas, hospitales, e instituciones existe para asegurar que si los niños están en uno de estos lugares, sin poder ir a la escuela, ellos todavía recibirán servicios de educación especial. Por ejemplo, si un estudiante tiene una enfermedad larga y está hospitalizado, la escuela debe sin embargo educar al estudiante, aunque éste no pueda asistir a la escuela.

Los servicios de educación especial deben satisfacer las necesidades del niño como individuo. Cuando el equipo del IEP se reúne y diseña un

What Is Special Education?

Once the IEP team finds that a student has a disability, the student is entitled to a free appropriate public education. This means the school district must offer the student special education and related services. **Special education** means specially designed instruction, at no cost to parents, to meet the unique needs of a child with a disability, including

1. instruction conducted in the classroom, in the home, in hospitals and institutions, and in other settings; and

2. instruction in physical education.[21]

Schools provide specially designed instruction by adapting the content, methodology, or delivery of instruction to meet the unique needs of the student with a disability. As you will later see, focusing on a student's **unique needs** is important in the IEP process.

The IDEA does not promote placing students in homes, hospitals, and institutions in order to receive instruction. The requirement that students receive instruction in their homes, in hospitals, and in institutions is meant to ensure that if children are in one of those settings, unable to attend school, they still receive educational services. For example, if a student has a lengthy illness and is hospitalized, the school must still educate the student, even though she may not be able to go to school.

Special education services must meet the needs of the individual child. When the IEP team meets and designs a program for a particular child, the

programa para un niño en particular, el equipo se está reuniendo para discutir el programa de ese niño, y no las necesidades de otros niños del distrito escolar. Con certeza, las necesidades de otros niños son importantes y tienen que abordarse. Pero la reunión del IEP se enfoca en las necesidades de un estudiante en particular con una discapacidad.

¿Qué Son los Servicios Relacionados?

Una educación pública gratis y apropiada incluye ofrecer servicios relacionados que un niño necesita para poder beneficiarse de su educación especial. El término servicios relacionados incluye la identificación y evaluación temprana de las condiciones de discapacidad en los niños, servicios de transporte y desarrollo correctivos y otros servicios de apoyo tales como:

- patología y audiología del habla-lenguaje,

- *servicios de interpretación,*

- servicios psicológicos,

- terapia física y ocupacional,

- recreación *incluyendo terapia de recreación,*

- servicios de trabajo social,

- *servicios de enfermería en la escuela diseñados para habilitar al niño con discapacidades a que reciba una educación pública*

> Una educación pública gratuita y apropiada incluye ofrecer servicios relacionados que un niño necesita para poder beneficiarse de su educación especial.

team is meeting to discuss that child's needs and program, not the needs of other children in the school district. Certainly, the needs of other children are important and need to be addressed. But the IEP meeting focuses on the needs of one particular student with a disability.

What Are Related Services?

A free appropriate public education includes providing related services that a child needs to benefit from her special education. The term related services includes the early identification and assessment of disabling conditions in children, transportation and developmental, corrective, and other support services such as:

- speech-language pathology and audiology,

- *interpreting services,*

- psychological services,

- physical and occupational therapy,

- recreation *including therapeutic recreation,*

- social work services,

- *school nurse services designed to enable a child with a disability to receive a free appropriate public education as described in the individualized program of the child,*

> A free appropriate public education includes providing related services that a child needs to benefit from her special education.

gratis y apropiada como lo describe el programa individualizado del niño,

- servicios de asesoría y ayuda, incluyendo terapia de rehabilitación, orientación y servicios de movilidad, y

- **servicios médicos, excepto que tales servicios médicos sean solamente para propósitos de diagnóstico y evaluación.**[22]

[Note que los servicios relacionados en letras *itálicas* fueron añadidos en IDEA 2004].

Los dispositivos y servicios de *tecnología de ayuda* son un tipo de servicio relacionado. Los dispositivos de tecnología de ayuda pueden ofrecerse como un servicio relacionado o para apoyar una disposición de un servicio relacionado en particular. Por ejemplo, un estudiante puede necesitar acceso a un dispositivo para el aumento de la comunicación como parte de que el niño reciba servicios de terapia del habla. Similarmente, un niño puede necesitar una tabla para pararse para beneficiarse de los servicios de terapia física, o un niño puede necesitar un marco para sostener tarjetas o juguetes y juegos adaptados para beneficiarse de los servicios de recreación.

Finalmente, IDEA 2004 excluye específicamente los dispositivos médicos que se implantan quirúrgicamente tanto en la definición de dispositivo de tecnología de ayuda y la definición de servicios relacionados.[23] Esto parece categorizar a los implantes cocleares para individuos con impedimento auditivos como un servicio médico que no está requerido que se provea bajo IDEA.

- counseling services, including rehabilitation counseling, orientation and mobility services, and

- **medical services, except that such medical services shall be for diagnostic and evaluation purposes only.**[22]

[Note that the related services in *italics* were added in IDEA 2004.]

Assistive technology devices and services are one type of related service. Assistive technology devices can be provided as a related service or to support the provision of a particular related service. For example, a student may need access to an augmentative communication device as part of the child's receiving speech therapy services. Similarly, a child may need a standing board to benefit from physical therapy services, or a child may need card holders and adapted toys and games to benefit from recreation services.

Finally, the IDEA 2004 specifically excludes medical devices that are surgically implanted from both the definition of assistive technology device and the definition of related services.[23] This would appear to categorize cochlear implants for individuals with hearing impairments as medical services that are not required to be provided under the IDEA.

---

[22] 20 U.S.C. 1402(26) agregados el énfasis y las letras itálicas. Las letras itálicas indican que este es nuevo lenguaje añadido en IDEA 2004.
[23] 20 U.S.C. 1402(1) y (26)(B)

[22] 20 U.S.C. 1402(26) emphasis and italics added. Italics indicate new language added with the IDEA 2004.
[23] 20 U.S.C. 1402(1) and (26)(B)

Servicios Médicos Versus Servicios Relacionados

Aunque los distritos escolares deben ofrecer a los estudiantes los servicios relacionados que necesitan para beneficiarse de su programa de educación especial, los distritos escolares no están obligados a ofrecer tratamiento médico o servicios médicos a niños con discapacidades. Sin embargo, si el equipo del IEP necesita el diagnóstico de un doctor para determinar la discapacidad de un estudiante, entonces la escuela deberá ofrecer esta evaluación "médica".

Por ejemplo, un equipo del IEP puede necesitar una evaluación neurológica, hecha por un neurólogo con licencia, para determinar la naturaleza y frecuencia de las convulsiones de un estudiante. Un neurólogo es un médico, pero como este es un **servicio médico** hecho por razones educativas, de diagnóstico o de evaluación, la escuela debe asegurar que se ofrezca sin costo a los padres del estudiante. Sin embargo, no se requiere que el distrito escolar provea tratamiento neurológico para el estudiante por encima del diagnóstico.

Los tribunales han luchado con definir qué es un **servicio relacionado,** el cual es requerido que se ofrezca a los estudiantes con discapacidades, versus qué es un servicio médico y sólo requerido para propósitos de diagnosis y evaluación. En la primavera de 1999, en el juicio *Cedar Rapids Community School District v. Garret F.*, la Suprema Corte aclaró este difícil problema.[24]

Cuando Garret F. tenía cuatro años, resultó lastimado en un accidente de motocicleta. El accidente fracturó la espina dorsal de Garret dejándolo paralizado del cuello para abajo.

---

[24] *Cedar Rapids Community School District v. Garret F.,* 526 U.S. 66, 119 S. Ct. 992 (1999)

Medical Services Versus Related Services

While school districts must provide students the related services they need to benefit from their special education program, school districts are not required to provide medical treatment or medical services to children with disabilities. If the IEP team, however, needs a doctor's diagnosis to determine the student's disability, then the school district must provide that "medical" assessment.

For example, an IEP team may need a neurological evaluation, done by a licensed neurologist, to determine the nature and frequency of a student's seizures. A neurologist is a physician, but since that **medical service** is being done for educational, diagnostic or evaluation purposes, the school district must ensure that it is provided at no cost to the student's parents. The school district is not, however, required to provide neurological treatment for the student, beyond the diagnosis.

The courts have struggled with what is a **related service**, and required to be provided to students with disabilities, versus what is a **medical service**, and only required for diagnostic and evaluation purposes. In the spring of 1999, in *Cedar Rapids Community School District v. Garret F.*, the Supreme Court clarified this troublesome issue.[24]

When Garret F. was four, he was hurt in a motorcycle accident. The accident severed Garret's spinal column leaving him paralyzed from the neck down. Garret attended regular classes in

---

[24] *Cedar Rapids Community School District v. Garret F.,* 526 U.S. 66, 119 S. Ct. 992 (1999)

Garret asistía a clases regulares en su escuela, era exitoso académicamente, pero necesitaba un ventilador eléctrico para respirar y ayuda con la cateterización de su vejiga urinaria y con la succión del tubo de su traqueotomía. Garret también necesitaba ayuda de alguien que estuviera familiarizado con su ventilador, en caso de que no funcionara bien o hubiera un problema eléctrico. Sin estos "servicios de enfermería", Garret no podía ir a la escuela.

El Distrito Escolar de la Comunidad de Cedar Rapids estuvo de acuerdo que estos servicios no necesitaban a un médico, pero debido a su costo y naturaleza médica, el distrito se rehusó a ofrecer estos servicios. Los papás de Garret apelaron hasta que eventualmente llegaron a la Corte Suprema de los Estados Unidos.

La Corte Suprema determinó que los servicios que Garret necesitaba eran servicios relacionados. La corte se enfocó en dos puntos. Primero, Garret necesitaba estos servicios para permanecer en la escuela durante el día. Segundo, no se requería un médico para ofrecer estos servicios. La corte razonó que los servicios relacionados eran servicios que los estudiantes necesitan para beneficiarse de la educación especial. Sin embargo, los servicios médicos eran específicamente definidos como servicios provistos por un médico con licencia. Por lo tanto, no obstante su costo y naturaleza médica, los servicios de enfermería que Garret necesitaba eran servicios relacionados. Consecuentemente, el distrito escolar tenía que ofrecerlos.

school, was successful academically, but he needed an electric ventilator to breathe and assistance with urinary bladder catheterization and suctioning of his tracheotomy tube. Garret also needed help from someone familiar with his ventilator, in case there was a malfunction or electrical problem. Without these "nursing services," Garret couldn't go to school.

The Cedar Rapids Community School District agreed these services didn't require a licensed physician, but because of their cost and medical nature, the district refused to provide the services. Garret's parents appealed, eventually reaching the United States Supreme Court.

The Supreme Court determined that the services Garret needed were related services. The Court focused on two points. First, Garret needed these services to remain in school throughout the day. Second, a licensed physician was not required to provide the services. The Court reasoned that related services were services that students need to benefit from special education. On the other hand, medical services are specifically defined as services provided by a licensed physician. In Garret's case, it was clear, he needed these services to go to school. It was also clear, the services did not have to be provided by a licensed medical doctor. Thus, despite their cost and medical nature, the nursing services Garret needed were related services. Consequently, the school district had to provide them.

¿Qué Son las Ayudas y Servicios Suplementarios?

Las ayudas y servicios suplementarios son apoyos que ayudan a los estudiantes con discapacidades a tener éxito en las aulas regulares. Los estudiantes con discapacidades deben ser educados, al mayor alcance posible, en las aulas regulares con estudiantes sin discapacidades. Antes de colocar a los estudiantes en clases especiales, en escuelas separadas, o sacar a los estudiantes con discapacidades del ambiente de educación regular, las escuelas deben considerar ofrecer ayudas y servicios suplementarios para apoyar el éxito en el aula regular.[25] Por lo tanto, las ayudas y servicios suplementarios son ayudas, servicios, y otros apoyos que se ofrecen en las clases de educación regular, u otros ambientes relacionados con la educación, para permitir que los estudiantes con discapacidades sean educados, a la mayor extensión posible y apropiada, con estudiantes sin discapacidades.[26]

Las ayudas y servicios suplementarios incluyen modificar y adaptar materiales para estudiantes y ofrecer apoyos adicionales y ayuda al maestro de educación regular. La disponibilidad de dispositivos y servicios de tecnología de ayuda puede ayudar a los estudiantes con discapacidades a tener

> Antes de colocar a los estudiantes en clases especiales, en escuelas separadas, o sacar a los estudiantes con discapacidades del ambiente de educación regular, las escuelas deben considerar ofrecer ayudas y servicios suplementarios para apoyar el éxito en el aula regular.

[25] 20 U.S.C. 1412(a)(5)
[26] 20 U.S.C. 1402(33)

What Are Supplementary Aids and Services?

Supplementary aids and services are supports that help students with disabilities succeed in regular classrooms. Students with disabilities must be educated, to the maximum extent appropriate, in regular classrooms with students without disabilities. Before placing students in special classes, separate schools, or otherwise removing students with disabilities from the regular education environment, schools must consider providing supplementary aids and services to support success in the regular classroom.[25] Thus, supplementary aids and services are aids, services, and other supports that are provided in regular education classes, or other education-related settings, to enable students with disabilities to be educated, to the maximum extent appropriate, with students without disabilities.[26]

Supplementary aids and services include modifying and adapting materials for students, and providing additional supports and assistance to the regular education teacher. Providing assistive technology devices and services can help students with disabilities succeed in regular ed-

> Before placing students in special classes, separate schools, or otherwise removing students with disabilities from the regular education environment, schools must consider providing supplementary aids and services to support success in the regular classroom.

[25] 20 U.S.C. 1412(a)(5)
[26] 20 U.S.C. 1402(33)

éxito en el aula y el ambiente de la educación regular. Por lo tanto, los dispositivos y servicios de tecnología de ayuda también deben considerarse como ayudas y servicios suplementarios.

Por ejemplo, los materiales se pueden adaptar para que estén impresos con letras grandes o en Braille para estudiantes con impedimentos visuales. Los dispositivos de entrenamiento auditivo de Frecuencia Modulada pueden ayudar a los estudiantes con impedimentos auditivos. La disponibilidad de un dispositivo para el aumento de la comunicación para un estudiante quien no puede hablar, puede ayudar a que el estudiante hable con otros estudiantes y con el maestro. Éstos son sólo unos ejemplos del uso de ayudas y servicios suplementarios para ayudar y apoyar a los estudiantes con discapacidades en el aula regular. Regresaremos más tarde a las ayudas y servicios suplementarios, cuando discutamos el ambiente menos restrictivo.

¿Qué Son los Dispositivos y Servicios de Tecnología de Ayuda?

Ya hemos hablado un poco de los dispositivos y servicios de tecnología de ayuda (AT). Los dispositivos de tecnología de ayuda son artefactos y equipo usados para incrementar, mantener, o mejorar las capacidades funcionales de los niños con discapacidades. Los servicios de tecnología de ayuda entonces están definidos como cualquier servicio que directamente ayuda a un

> Los dispositivos de tecnología de ayuda son artefactos y equipo que se usan para incrementar, mantener, o mejorar las capacidades funcionales de los niños con discapacidades.

ucation classrooms and settings. Thus, assistive technology devices and services may also be considered supplementary aids and services.

For example, materials can be adapted so that they are in large print or Braille for students with visual impairments. Frequency Modulation (FM) auditory training devices can assist students with hearing impairments. Providing an augmentative communication device to a student, who cannot speak, would help the student talk with other students and the teacher. These are just a few examples of using supplementary aids or services to help support students with disabilities in the regular classroom. We'll come back to supplementary aids and services, when we discuss least restrictive environment.

What Are Assistive Technology Devices and Services?

We've already touched a little on assistive technology (AT) devices and services. Here's what they are. Assistive technology devices are items and pieces of equipment that are used to increase, maintain, or improve functional capabilities of children with disabilities. Assistive technology services are then defined as any service that directly assists a child in the selection,

> Assistive technology devices are items and pieces of equipment that are used to increase, maintain, or improve functional capabilities of children with disabilities.

niño en la selección, adquisición, o uso de un dispositivo de tecnología de ayuda.[27] Los servicios de tecnología de ayuda incluyen:

1. evaluar las necesidades del estudiante, incluyendo una evaluación funcional del estudiante en su ambiente normal;

2. comprar, rentar, o de alguna manera ayudar con la adquisición de dispositivos de tecnología de ayuda para el estudiante;

3. seleccionar, diseñar, ajustar, personalizar, adaptar, aplicar, mantener, reparar, o reemplazar los dispositivos de tecnología de ayuda;

4. coordinar y utilizar otras terapias, intervenciones, o servicios con dispositivos de tecnología de ayuda tales como aquellos asociados con los planes existentes y programas de educación y rehabilitación;

5. entrenamiento y asistencia técnica para el estudiante, o, cuando sea necesario, la familia del estudiante; y

6. entrenamiento o ayuda técnica para profesionales tales como educadores, personal de rehabilitación, empleados y otras personas que están sustancialmente involucradas en las funciones principales de la vida del estudiante.

Como usted puede ver, la definición de servicios y dispositivos de ayuda técnica es muy amplia. Los servicios de tecnología de ayuda no están limitados a evaluar las necesidades de tecnología de ayuda de los estudiantes y ofrecer dispositivos de ayuda técnica. Los servicios de tecnología de ayuda incluyen el mantenimiento y la adaptación de los dispositivos de tecnología

acquisition, or use of an assistive technology device.[27] Assistive technology services include:

1. evaluating the needs of the student, including a functional evaluation of the student in the student's customary environment;

2. purchasing, leasing, or otherwise providing for the acquisition of AT devices for the student;

3. selecting, designing, fitting, customizing, adapting, applying, maintaining, repairing, or replacing of AT devices;

4. coordinating and using other therapies, interventions, or services with AT devices such as those associated with existing education and rehabilitation plans and programs;

5. training or technical assistance for the student, or, where appropriate, the student's family; and

6. training or technical assistance for professionals such as educators, rehabilitation personnel, employers and other persons who are substantially involved in the major life functions of the student.

As you can see, the definition of AT devices and services is very broad. Assistive technology services are not limited to evaluating the AT needs of students and providing AT devices. Assistive technology services include maintaining and customizing assistive technology devices and training students and others in how to use assistive technology devices. It is important

---

[27] 20 U.S.C. 1402(1) y (2)

[27] 20 U.S.C. 1402(1) and (2)

de ayuda y el entrenamiento de los estudiantes y otras personas en el uso de dispositivos de tecnología de ayuda. Es importante notar que los dispositivos y servicios de tecnología de ayuda pueden ofrecerse al estudiante para que los use en su casa o en otros ambientes. El acceso a los dispositivos de tecnología de ayuda en el hogar o en otros ambientes es requerido si el equipo del IEP determina que el estudiante necesita acceso a estos dispositivos para poder recibir una educación apropiada.[28]

Año Escolar Extendido

Para algunos estudiantes con discapacidades, interrumpir sus programas escolares por períodos largos de tiempo, tales como las vacaciones de verano, pone en peligro el beneficio que ellos reciben del programa durante el año escolar regular. Estos estudiantes necesitan servicios durante el verano para poder recibir una educación pública gratis y apropiada. Los servicios ofrecidos en el verano se llaman servicios de año escolar extendido (extended school year services, o ESY). Los servicios de año escolar extendido son educación especial y servicios relacionados que se ofrecen al niño con discapacidades por encima del año escolar normal del distrito escolar.

Los primeros casos de tribunales que requirieron servicios de año escolar extendido involucraron estudiantes con discapacidades quienes, durante el verano, perdieron las habilidades que habían aprendido durante el año escolar anterior. Como resultado de esta pérdida de habilidades durante el verano, los estudiantes fueron incapaces de beneficiarse de su programa escolar. Estos casos establecieron un estándar de re-

to note that assistive technology devices and services may be provided for the student's use at home or in other settings. Access to assistive technology devices in the home or other settings is required if the IEP team decides the student needs access to the devices in order to receive an appropriate education.[28]

Extended School Year

For some students with disabilities, interrupting their school program for extended periods of time, such as during the summer break, jeopardizes the benefit they receive from that program during the regular school year. These students need services during the summer to receive a free appropriate public education. Services provided in the summer are called extended school year services or ESY services. Extended school year services are special education and related services that are provided to a child with a disability beyond the normal school year of the school district.

The first court cases requiring extended school year services involved students with disabilities who, during the summer, lost skills they had learned during the previous school year. As a result of this loss of skills during the summer, the students were unable to benefit from their school program. These cases established a regression/recoupment standard for establishing the need for extended school year. The student lost skills

---

[28] *OSEP Policy Letter to Anonymous*, 18 IDELR 627 (11/21/91)

[28] *OSEP Policy Letter to Anonymous*, 18 IDELR 627 (11/21/91)

gresión y recuperación para establecer la necesidad del año escolar extendido. El estudiante perdía o se retrasaba tanto en sus habilidades durante el verano, que el estudiante no podía en un tiempo razonable ponerse al día o recuperar esa pérdida el siguiente año escolar.[29]

Los tribunales notaron que todos los estudiantes se retrasan un poco durante ausencias largas de la escuela. La mayoría de los estudiantes pueden recuperar esa pérdida, durante un período de tiempo razonable, cuando regresan a la escuela. Si le toma a un estudiante con una discapacidad significativamente más tiempo recuperar esa pérdida, el estudiante tiene derecho a servicios de un año escolar extendido. Por lo tanto, a los estudiantes que se retrasaban mucho durante el verano se les dió el derecho de recibir servicios durante el verano como parte de recibir una educación pública gratis y apropiada.

Decisiones posteriores de los tribunales permitieron que los estudiantes recibieran servicios de año escolar extendido sin primero tener que estar fuera de la escuela durante los meses del verano. Si el equipo del IEP podía predecir que era probable que el estudiante se retrasara, los servicios de año escolar extendido podrían incluirse en el IEP. Los equipos de planeación podían ver como se desempeñaba el estudiante después de estar fuera de la escuela durante vacaciones o por enfermedades. Basado en cómo se desempeñaba el estudiante cuando regresaba a la escuela, el equipo IEP podía predecir si el estudiante sería elegible para el año escolar extendido.

Casos más recientes incluyen otros factores, además de la regresión y la recuperación, para

during the summer, or regressed, so significantly that the student could not reasonably make up, or recoup, that loss the following school year.[29]

The courts noted that all students regress some during extended absences from school. Most students can make up that loss, in a reasonable amount of time, when they return to school. If it takes a student with a disability significantly longer to make up the loss, that student may be entitled to extended school year services. Thus, students who regressed significantly were entitled to services during the summer as part of receiving a free appropriate education.

Later court decisions allowed students to receive extended school year services without first being out of school during the summer months. If the IEP team could predict that the student was likely to regress, extended school year services could be included on the IEP. Planning teams could look at how the student performed after being out of school during holidays or illnesses. Based on how the student performed upon returning to school, the IEP team could predict whether the student would be eligible for extended school year.

More recent court cases include factors, other than just regression/recoupment, in determining

---

[29] *Battle v. Pennsylvania*, 629 F.2d 269 (3er. Circuito, 1980) *cert. rechazada*, 452 U.S. 968(1981), *Alamo Heights Independent School District v. State Board of Education*, 790 F.2d 1153 (5to. Circuito, 1986)

[29] *Battle v. Pennsylvania*, 629 F.2d 269 (3d Cir. 1980) *cert. denied*, 452 U.S. 968(1981), *Alamo Heights Independent School District v. State Board of Education*, 790 F.2d 1153 (5th Cir. 1986)

determinar la elegibilidad para el año escolar extendido. El Tribunal de Apelaciones del Décimo Circuito, en *Johnson v. Independent District No. 4*, incluyó factores tales como

- el grado del impedimento del estudiante

- la habilidad de los padres del estudiante de ofrecer una estructura educativa en el hogar

- la rapidez del progreso del estudiante

- los problemas físicos y de comportamiento del estudiante

- la disponibilidad de recursos alternos

- la habilidad del estudiante de interactuar con estudiantes sin discapacidades

- las áreas del currículo del estudiante que necesitan atención continua

- las necesidades vocacionales del estudiante

El tribunal en *Johnson* también investigó si el servicio solicitado para el año escolar extendido era extraordinario para este estudiante en particular o si era una parte integral del programa para estudiantes con esta discapacidad. Si el servicio era una parte integral del programa para estudiantes con esta discapacidad, se podía requerir que se ofreciera este servicio durante los meses del verano.[30]

Los servicios de año escolar extendido deben ofrecerse sólo si el equipo del IEP del estudiante determina, en forma individual, que los servicios de año escolar extendido son necesarios para que el estudiante reciba una educación apropiada. El distrito escolar no puede (1) limitar

extended school year eligibility. The Tenth Circuit Court of Appeals, in *Johnson v. Independent School District No. 4*, included factors such as

- the degree of the student's impairment

- the ability of the student's parents to provide educational structure at home

- the student's rate of progress

- the student's behavioral and physical problems

- the availability of alternative resources

- the ability of the student to interact with students without disabilities

- the areas of the student's curriculum which need continuous attention

- the student's vocational needs

The Court in *Johnson* also looked at whether the service being requested for extended school year was extraordinary to this particular student or was an integral part of a program for students with this disability. If the service was an integral part of the program for students with this disability, provision for the service during the summer months could be required.[30]

Extended school year services must be provided only if a student's IEP team determines, on an individual basis, that extended school year services are needed for the student to receive an appropriate education. The school district may not (1) limit extended school year services to students

---

[30] *Johnson v. Independent School District No. 4*, 921 F.2d 1022, 1027 (10mo. Circuito. 1990), *cert. rechazada* 111 S.Ct. 1685 (1991)

[30] *Johnson v. Independent School District No. 4*, 921 F.2d 1022, 1027 (10th Cir. 1990), *cert. denied* 111 S.Ct. 1685 (1991)

los servicios de año escolar extendido a estudiantes con particulares categorías de discapacidades; o (2) unilateralmente limitar el tipo, cantidad, o duración de los servicios de año escolar extendido. Adicionalmente, puesto que los servicios de año escolar extendido son parte de la disponibilidad de una educación pública gratis y apropiada, los servicios deben ofrecerse de acuerdo a un plan IEP y sin costo a los padres del estudiante.

La intención de los servicios de año escolar extendido no es la de continuar a lo largo del verano el progreso del estudiante durante el año escolar normal. Al contrario, los servicios de año escolar extendido se requieren para prevenir poner en peligro el progreso que logró el estudiante durante el año escolar normal. Los padres quienes creen que su hijo pueda necesitar servicios de año escolar extendido deben asegurar que este tema se discuta durante la reunión de IEP. Si el estudiante no ha estado fuera de la escuela por un verano, los padres tienen que asegurar que los maestros del estudiante estén pendientes del desempeño del estudiante después de días festivos y ausencias. Esta información será necesaria para predecir la futura regresión.

Expedientes Escolares y Confidencialidad

Bajo IDEA los padres tienen el derecho de examinar todos los expedientes relacionados con su niño.[31] Hay otra ley, el Acta para los Derechos Educativos y Privacidad de la Familia (Family Educational Rights and Privacy Act, o FERPA), que protege la privacidad de los expedientes educativos.[32] El Acta para los Derechos Educativos y Privacidad de la Familia protege la confidencialidad de los expedientes educativos

---

[31] 20 U.S.C. 1415(b)(1)
[32] FERPA 20 U.S.C. 1232(g)

with particular categories of disability; or (2) unilaterally limit the type, amount, or duration of the extended school year services. Additionally, since extended school year services are part of the provision of a free appropriate public education, the services must be provided according to an IEP and at no cost to the student's parents.

Extended school year services are not intended to continue the progress the student made during the normal school year through the summer. Rather, extended school year services are required to prevent jeopardizing progress the student has already made during the normal school year. Parents who believe their child may need extended school year services should make sure this topic is discussed at the IEP meeting. If the student has not already been out of school for a summer, parents should make sure the student's teachers are tracking the student's performance after school holidays and absences. This information will be needed to predict future regression.

School Records and Confidentiality

Under the IDEA parents have a right to examine all records relating to their child.[31] There is another law, the Family Educational Rights and Privacy Act (FERPA), that protects the privacy of educational records.[32] The Family Educational Rights and Privacy Act protects the confidentiality of educational records for all students. Educational records means records that are di-

---

[31] 20 U.S.C. 1415(b)(1)
[32] FERPA 20 U.S.C. 1232(g)

El Acta para los Derechos Educativos y Privacidad de la Familia protege la confidencialidad de los expedientes educativos de todos los estudiantes.

de todos los estudiantes. Los expedientes educativos son los expedientes que están directamente relacionados al estudiante y que están mantenidos por la agencia educativa o por un representante de la agencia educativa.[33]

Los expedientes educativos, sin embargo, no incluyen expedientes creados y en sola posesión de profesionales y no accesibles a ninguna otra persona.[34] Esto quiere decir que los expedientes que los profesores, supervisores, personal administrativo y de apoyo crean y mantienen en su sola posesión para ayudarles a hacer sus trabajos generalmente no se consideran como parte del expediente educativo del estudiante.

El personal escolar no puede compartir ni ofrecer información de los expedientes del estudiante a personas no autorizadas. Por supuesto, los padres tienen derecho a revisar los expedientes educativos del niño. Además, los distritos escolares deben proveer acceso a estos expedientes sin demoras innecesarias, y de ninguna manera tardarse más de 45 días después de que los padres soliciten revisar estos expedientes.[35]

Además, los padres pueden obtener una copia de los expedientes si, sin tener esas copias, ellos no pueden ejercitar su derecho a revisar e inspeccionar esos expedientes. El distrito, sin

The Family Educational Rights and Privacy Act protects the confidentiality of educational records for all students.

rectly related to the student and are maintained by the educational agency or by someone acting on behalf of the educational agency.[33]

Educational records, however, do not include records that are kept in the sole possession of the professional making the record and that are not accessible to or revealed to any other person.[34] This means that records that teachers, supervisors, administrative personnel and support staff create and keep in their sole possession to help them do their jobs are generally not considered to be a student's educational record.

School personnel may not share the records or provide information from a student's records to unauthorized people. Of course, parents have the right to review their child's educational records. Moreover, school districts must provide access to the records without unnecessary delay, in no case waiting more than 45 days after the parents ask to review the records.[35]

Additionally, parents may get a copy of the records if, without having copies, they are effectively prevented from exercising their right to review and inspect the records. The district,

---

[33] Reglamentos FERPA 34 C.F.R. 99.3(a)
[34] Reglamentos FERPA 34 C.F.R. 99.3(b)
[35] Reglamentos FERPA 20 U.S.C. 1232(g) y 34 C.F.R. 99.10

[33] FERPA Regulations 34 C.F.R. 99.3(a)
[34] FERPA Regulations 34 C.F.R. 99.3(b)
[35] FERPA 20 U.S.C. 1232(g) and 34 C.F.R. 99.10

embargo, puede cobrar una cuota por hacer copias de los expedientes, siempre y cuando esta cuota no prevenga efectivamente que los padres puedan revisar los expedientes.[36] Para proteger la confidencialidad de los expedientes del estudiante, las escuelas deben tener un registro de quiénes han visto esos expedientes, cuándo los vieron y por qué los vieron.[37]

Si los padres creen que la información contenida en los expedientes del niño es imprecisa, engañosa, o que viola la privacidad del niño, los padres pueden solicitar al distrito que enmiende la información. Si el distrito se rehúsa a enmendar la información del expediente del estudiante, el distrito debe informar a los padres que ellos pueden apelar esta decisión. Si los padres apelan, ellos tienen derecho a una audiencia con respecto a la posibilidad de enmendar la información. Si el oficial de la audiencia decide que la información no tiene que ser enmendada, los padres todavía tienen derecho de incluir una declaración en el expediente del estudiante comentando acerca de la información cuestionada y explicando por qué no están de acuerdo con ella.[38]

De nuevo, el Acta para los Derechos Educativos y Privacidad de la Familia (FERPA) protege los derechos de privacidad de **todos** los estudiantes--estudiantes con y sin discapacidades. Generalmente, FERPA otorga los derechos de privacidad a los padres para que los ejerciten a nombre de sus hijos. Los derechos de privacidad bajo FERPA se transfieren al estudiante a la edad de 18 años, o cuando el estudiante va a una escuela con un nivel más alto que la escuela

however, may charge a fee for copies of the records, so long as the fee doesn't effectively prevent the parents from reviewing the records.[36] To protect the confidentiality of student records, schools must track who has looked at the records, when they looked, and why they looked.[37]

If parents believe that information contained in their child's records is inaccurate, misleading, or violates the child's privacy, the parents can ask the district to amend the information. If the district refuses to amend the student's record, the district must tell the parents they may appeal that decision. If the parents appeal, they have the right to a hearing regarding whether the information should be amended. If the hearing officer decides that the information doesn't have to be amended, the parents still have the right to include a statement in their child's records commenting on the questioned information and saying why the parents disagreed with it.[38]

Again, the Family Educational Rights and Privacy Act (FERPA) protects the privacy rights of **all** students--students with and without disabilities. Generally, FERPA gives these privacy rights to parents to exercise on behalf of their children. The privacy rights under FERPA transfer to the student at the age of 18, or when the student attends a school beyond the high school level. Students who are 18 or attending school beyond the high school level are called **eligible students**.[39]

---

[36] Reglamentos FERPA 34 C.F.R. 99.10 a 99.12
[37] Reglamentos FERPA 34 C.F.R. 99.32
[38] Reglamentos FERPA 34 C.F.R. 99.20 a 99.22

[36] FERPA Regulations 34 C.F.R. 99.10 to 99.12
[37] FERPA Regulations 34 C.F.R. 99.32
[38] FERPA Regulations 34 C.F.R. 99.20 to 99.22
[39] FERPA Regulations 34 C.F.R. 99.3

preparatoria. Los estudiantes que tienen 18 años o que van a escuelas posteriores a la escuela preparatoria se llaman **estudiantes elegibles**.[39]

La Oficina de Conformidad de la Política de la Familia del Departamento de Educación de los Estados Unidos es responsable del cumplimiento del Acta para los Derechos Educativos y Privacidad de la Familia. Los padres o estudiantes elegibles pueden presentar quejas en esta oficina. Las quejas deben incluir alegaciones de hechos específicos que den causa razonable de que ha habido una violación de FERPA. Para más información acerca de FERPA, por favor vea el sitio Web del Departamento de Educación de los Estados Unidos en http://www.ed.gov/policy/gen/guid/fpco/ferpa/index.html.

The Family Educational Rights and Privacy Act is enforced by the Family Policy Compliance Office within the United States Department of Education. Parents or eligible students may file complaints with that office. Complaints must contain specific allegations of fact that will give reasonable cause that FERPA has been violated. For more information regarding FERPA, please see the United States Department of Education website at http://www.ed.gov/policy/gen/guid/fpco/ferpa/index.html.

[39] Reglamentos FERPA 34 C.F.R. 99.3

II Ambiente Menos Restrictivo/ Least Restrictive Environment

Ambiente menos restrictivo. Tres palabras que declaran una idea sencilla. ¿Cuál es esta idea? La idea es que las escuelas deben mantener a los niños en clases regulares y los estudiantes deben asistir a las escuelas de su vecindario. El ambiente menos restrictivo (least restrictive environment, o LRE), encarga a las escuelas la integración de estudiantes con discapacidades con estudiantes sin discapacidades. El concepto del ambiente menos restrictivo se deja ver a través de IDEA y del Acta de Rehabilitación de la Sección 504. Más adelante, discutiremos el ambiente menos restrictivo en la Sección 504; aquí nos enfocaremos en LRE y en IDEA.

Hay dos elementos en el ambiente menos restrictivo: Integración en el aula y colocación en el vecindario. Las escuelas deben educar a los estudiantes con discapacidades, lo mejor que sea posible, con estudiantes sin discapacidades. Antes de que las escuelas coloquen a los estu-

Least restrictive environment. Three words stating a simple idea. The idea? Schools should keep kids in regular classes, and neighborhood students should attend neighborhood schools. Least restrictive environment, or LRE, charges schools to integrate students with disabilities with students without disabilities. Least restrictive environment permeates throughout the IDEA and Section 504 of the Rehabilitation Act. Later, we'll discuss least restrictive environment and Section 504; here we'll focus on LRE and the IDEA.

There are two elements to least restrictive environment: Classroom integration and neighborhood placement. Schools should educate students with disabilities, to the maximum extent appropriate, with students without disabilities. Before schools place students with disabilities

diantes con discapacidades en clases especiales, escuelas separadas, o de alguna forma sacarlos del ambiente educativo regular, las escuelas deben considerar o utilizar servicios y ayudas suplementarias para ayudar al estudiante a tener éxito en el aula regular.[40]

Como usted sabe, los servicios y ayudas suplementarias son cosas que nosotros podemos ofrecer para que los estudiantes permanezcan en las aulas regulares. Antes de que los equipos IEP coloquen a un estudiante con una discapacidad en un ambiente más restrictivo que el del aula regular, ellos deben considerar utilizar servicios y ayudas suplementarias para ayudar a que la colocación en el aula regular tenga éxito. El equipo del IEP siempre tiene que hacer el mayor esfuerzo para mantener a los estudiantes con discapacidades dentro de las aulas regulares.

Además, al menos que el IEP del estudiante no lo requiera, el estudiante debe asistir a la escuela a la que él o ella asistiría si no tuviera una discapacidad. Por lo tanto, en cuánto sea posible, los estudiantes con discapacidades deben asistir a la escuela de su vecindario. Nosotros tratamos, a través del proceso del IEP, de asegurar que los estudiantes con discapacidades vayan a la escuela con sus hermanos, hermanas, y otros niños del vecindario. Sin embargo ésta no es una situación definitiva. Si un estudiante es incapaz, por razones educativas válidas, de asistir a la escuela de su vecindario, éste debe asistir a una escuela tan cercana a su casa como lo sea posible.

El equipo del IEP determina el ambiente menos restrictivo paso por paso. El equipo comienza suponiendo que el estudiante asistirá al aula regular en la escuela de su vecindario. Si hay razones educativas por las cuales la colo-

in special classes, separate schools, or otherwise remove students from the regular educational environment, schools must consider using supplementary aids and services to help the student succeed in the regular classroom.[40]

As you know, supplementary aids and services are things we can provide to keep kids in regular classrooms. Before IEP teams place a student with a disability in a more restrictive setting than the regular classroom, they must consider using supplementary aids and services to help the regular classroom placement succeed. The IEP team should always try its best to keep kids with disabilities in regular classrooms.

Additionally, unless the student's IEP requires otherwise, the student should attend the school she would attend if she did not have a disability. Thus, if possible, students with disabilities attend their neighborhood school. We try, through the IEP process, to make sure that students with disabilities go to school with their brothers, sisters, and other children in the neighborhood. This is not an absolute. If a student is unable, for valid educational reasons, to attend her neighborhood school, she should attend a school as close to home as possible.

The IEP team arrives at the least restrictive environment, step by step. The team begins by assuming the student will attend a regular classroom in her neighborhood school. If there are educational reasons why placement in the

[40] 20 U.S.C. 1412(a)(5)

[40] 20 U.S.C. 1412(a)(5)

El equipo del IEP determina el ambiente menos restrictivo paso por paso. El equipo comienza suponiendo que el estudiante asistirá al aula regular en la escuela de su vecindario.

The IEP team arrives at the least restrictive environment, step by step. The team begins by assuming the student will attend a regular classroom in her neighborhood school.

cación en el aula regular no podrá tener éxito, el equipo considera ofrecer ayudas y servicios suplementarios para hacer que la colocación en el aula regular tenga éxito.

Si después de considerar el uso de ayudas y servicios suplementarios, el equipo determina que la colocación en el aula regular no funcionará, éste puede buscar la siguiente colocación posible más restrictiva. Al buscar el siguiente ambiente posible, el equipo repite el proceso. Si este ambiente no funciona, el equipo considera otra vez utilizar servicios y ayudas complementarias para hacer que la colocación funcione. Recuerde, el equipo determina el ambiente menos restrictivo paso por paso.

Usted recordará que los servicios y ayudas suplementarias, son ayudas, servicios y apoyos ofrecidos en aulas de educación regulares o en otros ambientes relacionados con la educación que permiten que los estudiantes con discapacidades sean educados con estudiantes sin discapacidades tanto como sea posible. Las ayudas y servicios suplementarios pueden incluir entrenamiento y apoyo para maestros, instrucción ambulante, currículo modificado, apoyo con ayudantes, y tecnología de ayuda. El equipo debe considerar siempre la posibilidad de ofrecer ayudas y servicios suplementarios antes de sacar al estudiante del aula regular y colocarlo en un ambiente más restrictivo. De nuevo, el equipo escoge el ambiente menos restrictivo paso por paso.

regular classroom might not be successful, the team considers providing supplementary aids and services to make the regular classroom placement succeed.

If, after considering using supplementary aids and services, the team finds the regular classroom placement won't work, it can look at the next, more restrictive, possible placement. In looking at the next possible setting, the team repeats the process. If that setting doesn't work, the team again considers using supplementary aids and services to make the placement succeed. Remember, the team arrives at the least restrictive environment, step by step.

You'll recall that supplementary aids and services are aids, services, and supports provided in regular education classes or other education-related settings that enable students with disabilities to be educated with students without disabilities to the maximum extent appropriate. Supplementary aids and services can include teacher training and support, itinerant instruction, modified curriculum, paraprofessional support, and assistive technology. Always, the team must consider the feasibility of providing supplementary aids and services before the team removes the student from the regular classroom, placing her in a more restrictive setting. Again, the IEP team arrives at the least restrictive environment, step by step.

Los Tribunales y LRE

Al considerar la selección del ambiente menos restrictivo escogido por un distrito escolar para un estudiante, los tribunales se han enfocado más que todo en el proceso o los pasos que el equipo del IEP usa para determinar el ambiente menos restrictivo. En 2004 en *L.B. and J.B. v. Nebo School District*, el Décimo Tribunal del Circuito de Apelaciones revisó el mandato del ambiente menos restrictivo de IDEA.[41] Al principio, el tribunal observó la importancia que el Congreso le dió al requerimiento del ambiente menos restrictivo:

> "Al autorizar IDEA, el Congreso decretó explícitamente a través del requerimiento del ambiente menos restrictivo, que los niños deben ser educados en aulas regulares al mayor alcance posible. El decreto LRE específica que 'sacar a niños con discapacidades del ambiente de educación regular ocurrirá solamente cuando la naturaleza o severidad de la discapacidad del niño sea tal que la educación en las aulas regulares con el uso de ayudas y servicios suplementarios no puede lograrse satisfactoriamente'. Educar a los niños en el ambiente menos restrictivo en el cual ellos puedan recibir una educación pública gratis y apropiada es uno de los requerimientos más importantes de IDEA. Por lo tanto, el requerimiento de LRE **es un decreto establecido por la ley. No es una cuestión acerca de la metodología de educación**". [42]

El tribunal entonces estableció un proceso para determinar el ambiente menos restrictivo. El tribunal primero observó si la educación del es-

The Courts and LRE

When looking at a school district's determination of the least restrictive environment for a particular student, the courts have focused mostly on the process or steps the IEP team uses to arrive at the least restrictive environment. In 2004 in *L.B. and J.B. v. Nebo School District*, the 10th Circuit Court of Appeals reviewed the IDEA's least restrictive environment mandate.[41] At the outset, the Court noted the importance Congress placed on the least restrictive environment requirement:

> "In enacting the IDEA, Congress explicitly mandated through the least restrictive environment requirement, that disabled children be educated in regular classrooms to the maximum extent appropriate. The LRE mandate provides that 'removal of children with disabilities from the regular educational environment occur only when the nature or severity of the disability of the child is such that education in regular classes with the use of supplementary aids and services cannot be achieved satisfactorily.' Educating children in the least restrictive environment in which they can receive a free appropriate public education is one of the IDEA's most important substantive requirements. Thus, the LRE requirement is a **specific statutory mandate. It is not. . .a question about educational methodology.** "[42]

The Court then established a process for determining least restrictive environment. The Court first looked at whether the education for

---

[41] *L.B. and J.B. v. Nebo School District*, 379 F3d. 966 (10mo. Circuito, 2004)
[42] *Nebo* at 976 énfasis suministrado y citas internas omitidas.

[41] *L.B. and J.B. v. Nebo School District*, 379 F3d. 966 (10th Cir. 2004)
[42] *Nebo* at 976 emphasis supplied and internal citations omitted.

tudiante en el aula regular con el uso de ayudas y servicios suplementarios podría lograrse satisfactoriamente. Para hacer esta determinación el tribunal consideró

1. los pasos que el distrito escolar ha tomado para acomodar al niño en el aula regular, incluyendo considerar el continuo de servicios de colocación y apoyo;

2. comparar los beneficios académicos que el niño recibe en el aula regular con los beneficios que el niño recibirá en el aula de educación especial;

3. la experiencia educativa total del niño en la educación regular incluyendo los beneficios no académicos; y

4. el efecto en el aula regular causado por la presencia de un niño con una discapacidad.[43]

Si después de considerar estos factores, el tribunal determina que el estudiante no puede ser educado con éxito en el aula regular, entonces investigará si el distrito escolar ha incluído al niño lo más posible dentro del ambiente regular. Esto es, si el estudiante no puede ser educado con éxito en el aula regular, la discusión de cómo colocarlo no ha terminado. El distrito escolar todavía tiene que considerar estos factores al discutir la colocación del estudiante en el siguiente ambiente menos restrictivo del continuo.

Al adoptar el estándar mencionado anteriormente para determinar el ambiente menos restrictivo, el Décimo Circuito escogió un están-

the student in the regular classroom with the use of supplementary aids and services could be achieved satisfactorily. To make that determination the Court considered

1. the steps the school district has taken to accommodate the child in the regular classroom, including considering the continuum of placement and support services;

2. comparing the academic benefits the child receives in the regular classroom with the benefits the child will receive in the special education classroom;

3. the child's overall educational experience in regular education, including nonacademic benefits; and

4. the effect on the regular classroom of the presence of the child with a disability.[43]

If, after considering these factors, the Court determines that the student cannot be educated successfully in the regular classroom, it then looks to see if the school district has mainstreamed the student to the maximum extent appropriate. That is, if the student cannot be educated successfully in the regular classroom, the placement discussion is not over. The school district must still consider these factors in discussing placing the student in the next more-restrictive-placement on the continuum.

In adopting the above standard for determining the least restrictive environment, the 10th Circuit chose a standard previously adopted by

---

[43] *Nebo* at 977 a 979

[43] *Nebo* at 977 to 979

dar adoptado previamente por los Tribunales de Apelación del Tercero y Quinto Circuito.[44] Este estándar LRE a veces se le refiere como el estándar *Daniel R.R.* basado en el juicio en 1989 del Quinto Circuito *Daniel R.R. v. Board of Education*.[45] Además, el Décimo Circuito decidió específicamente no utilizar el estándar *Roncker* adoptado por los Circuitos Cuarto, Quinto y Sexto.

El juicio *Roncker v. Walter* fué un juicio en 1983 del Sexto Circuito que decretó que "[en] el caso de que una instalación segregada se considere superior, el tribunal debe determinar si los servicios que hacen que esa instalación sea superior pueden razonablemente ofrecerse en un ambiente no segregado. Si sí se pueden, la colocación en una escuela segregada sería apropiada de acuerdo con el Acta".[46] El Décimo Circuito decidió no usar la prueba de *Roncker* porque la prueba era útil sólo en casos en los cuales el ambiente menos restrictivo se considera como una mejor alternativa educativa y no es útil en casos tales como en *Nebo*, en donde el ambiente más integrado se considera educativamente mejor.[47]

Si un caso de educación especial está en debido proceso o en litigio (vea el Capítulo V acerca de la **Resolución de Disputas de Acuerdo con IDEA**), es importante saber cuál tribunal de circuito de apelaciones tiene jurisdicción sobre las leyes federales en su estado para determinar cómo el

the Third and Fifth Circuit Courts of Appeal.[44] This LRE standard is often referred to as the *Daniel R.R.* standard based on the 1989 Fifth Circuit case of *Daniel R.R. v. Board of Education*.[45] Moreover, the Tenth Circuit specifically decided not to use the *Roncker* standard adopted by the Fourth, Sixth, and Eighth Circuits.

The case of *Roncker v. Walter* was a 1983 Sixth Circuit case that said "[in] a case where the segregated facility is considered superior, the court should determine whether the services which make that placement superior could be feasibly provided in a non-segregated setting. If they can, the placement in the segregated school would be appropriate under the Act."[46] The Tenth Circuit decided not to use the *Roncker* test because that test is only useful in cases in which the more restrictive placement is considered a better educational choice and is not helpful in cases, such as *Nebo*, where the more integrated setting is considered educationally better.[47]

If a special education case is in due process or in litigation (see Chapter V on **Resolving Disputes Under the IDEA**), it is important to look at which Circuit Court of Appeals has jurisdiction over the federal courts in your state to determine how a federal court in your state will analyze least

---

[44] *Nebo* en 976 10mo. Circuito hace referencia al estándar de *Daniel R.R.* adoptado por el 5to. Circuito en *Daniel R.R. v. Bd. of Education*, 874 F.2d. 1036, 1048 (5to. Circuito, 1989) and by the 3rd Circuit in *Oberti v. Bd. of Education*, 995 F.2d. 1204 (3er. Circuito, 1993)

[45] *Daniel R.R. v Bd. of Education*, 874 F.2d. 1048 (5th Circuit 1989)

[46] *Roncker v. Walter*, 700 F.2d. 1058 en 1063 (6to. Circuito, 1983)

[47] *Nebo* en 978

---

[44] *Nebo* at 976 10th Circuit refers to the *Daniel R.R.* standard adopted by the 5th Circuit in *Daniel R.R. v. Bd. of Education*, 874 F.2d. 1036, 1048 (5th Cir.1989) and by the 3rd Circuit in *Oberti v. Bd. of Education*, 995 F.2d. 1204 (3rd Cir.1993)

[45] *Daniel R.R. v Bd. of Education*, 874 F.2d. 1048 (5th Circuit 1989)

[46] *Roncker v. Walter*, 700 F.2d. 1058 at 1063 (6th Cir.1983)

[47] *Nebo* at 978

tribunal federal en su estado analizará el ambiente menos restrictivo y otros asuntos educativos.[48] Pero desde una perspectiva educativa, los equipos IEP raras veces dedican su tiempo a discutir casos de tribunales o determinaciones jurídicas. Así es como debe de ser. El equipo IEP debe enfocarse en las necesidades del estudiante y el diseño de un programa que satisfaga esas necesidades, no en debatir asuntos legales. En este contexto, la discusión del Décimo Circuito en *Nebo* es muy útil. *Nebo* es una decisión jurídica, pero resume un proceso claro que el equipo del IEP puede usar para determinar el ambiente menos restrictivo para un estudiante en particular.

Primero, el equipo del IEP determina si la colocación del estudiante en el aula regular puede lograrse satisfactoriamente. Para hacer esta determinación, el equipo debe considerar ofrecer ayudas y servicios suplementarios para favorecer el éxito de la colocación en el aula. El equipo IEP debe considerar varios factores al decidir si la colocación del estudiante en el aula regular, con el uso de ayudas y servicios suplementarios, puede lograrse satisfactoriamente. Estos factores son como sigue:

- Considerar varios pasos para acomodar al estudiante o considerar un continuo de servicios de colocación y apoyo.

- Comparar los beneficios académicos del aula regular con los beneficios más restrictivos del aula de educación especial.

- Discutir la experiencia general del estudiante en la educación regular incluyendo los **beneficios no académicos**.

restrictive environment or other educational issues.[48] But from an educational perspective, IEP teams rarely spend time discussing court cases and judicial determinations. This is as it should be. The IEP team should focus on the needs of the student and the design of a program to meet those needs, not on a debate of legal issues. In that context, the 10th Circuit's discussion in *Nebo* is very helpful. *Nebo* is a judicial decision, but it outlines a clear process an IEP team can use to arrive at the least restrictive environment for a particular student.

First, the IEP team looks at whether the student's placement in the regular classroom can be achieved satisfactorily. To make that determination, the team must consider providing supplementary aids and services to support a successful classroom placement. The IEP team should consider several factors in deciding whether the student's classroom placement in the regular classroom, with the use of supplementary aids and services, can be achieved satisfactorily. Those factors are as follows:

- Consider steps to accommodate the student and consider a continuum of placement and support services.

- Compare the academic benefits of the regular classroom with the benefits of the more special education classroom.

- Discuss the student's overall experience in regular education including **nonacademic benefits**.

---

[48] Vea en el Apéndice E una lista de los tribunales de circuito federales de apelación y los estados que cubre cada uno de ellos.

[48] See Appendix E for a listing of the federal circuit courts of appeal and which states each court covers.

- Considerar el efecto de la presencia del estudiante en el aula regular.

Segundo, si después de considerar los pasos anteriores, el equipo del IEP determina que la educación de este estudiante en el aula regular no puede lograrse satisfactoriamente, el equipo todavía debe intentar integrar al estudiante al mayor alcance posible. Por lo tanto, el equipo debe repetir el mismo proceso considerando ambientes educativos más restrictivos.

Ayudas y Servicios Suplementarios

En el transcurso de revisar el requerimiento del ambiente menos restrictivo, los tribunales han requerido que los distritos escolares consideren ofrecer una variedad de ayudas y servicios suplementarios antes de sacar a los estudiantes de las aulas regulares. Entre estas ayudas y servicios suplementarios están los siguientes:

- ayuda de un instructor ambulante entrenado en educación especial

- entrenamiento en educación especial para el maestro regular

- modificación de partes del currículo académico para acomodar las discapacidades del estudiante

- instrucción paralela para permitirle que aprenda a su nivel académico

- disposición de un ayudante o auxiliar de tiempo parcial

- uso de un cuarto de recursos[49]

- Consider the effect of the student's presence on the regular classroom.

Second, if after considering the above steps, the IEP team determines that educating this student in the regular classroom cannot be achieved satisfactorily, the team still tries to mainstream the student to the maximum extent appropriate. Thus, the team should go through the same process in considering more restrictive educational settings.

Supplementary Aids and Services

In the course of reviewing the least restrictive environment requirement, the courts have required school districts to consider providing a range of supplementary aids and services before removing students from regular classrooms. Among those supplementary aids and services were the following:

- the assistance of an itinerant instructor with special education training

- special education training for the regular teacher

- modification of some of the academic curriculum to accommodate the student's disabilities

- parallel instruction to allow him to learn at his academic level

- provision of a part-time aide or paraprofessional

- use of a resource room[49]

---

[49] *Oberti v. Board of Education*, 995 F.2d 1204 en 1222 (3er. Circuito, 1993) también vea *Greer v. Rome City School District*, 967 F.2d 470 (11avo. Circuito, 1992) *Sacramento City Unified School District v. Rachel H.*, 14 F.2d 1398 at 1401 (9no. Circuito, 1994) cert. rechazada, 512 U.S. 1207 (1994)

[49] *Oberti v. Board of Education*, 995 F.2d 1204 at 1222 (3rd Cir. 1993) also see *Greer v. Rome City School District*, 967 F.2d 470 (11th Cir. 1992) *Sacramento City Unified School District v. Rachel H.*, 14 F.2d 1398 at 1401 (9th Cir. 1994) *cert. denied*, 512 U.S. 1207 (1994)

LRE y el IEP

Los requerimientos de IDEA para el Programa Educativo Individualizado (IEP) facilitan la colocación de los estudiantes en el ambiente menos restrictivo. El IEP debe incluir declaraciones que expliquen el grado en el cual el estudiante no participará con los estudiantes sin discapacidades tanto en el aula regular como en las actividades extracurriculares.[50] De igual manera, el IEP debe considerar cómo la discapacidad del estudiante afectará su participación en el currículo general y deberá declarar las ayudas y servicios específicos y las modificaciones de programas que se proveerán al estudiante.[51]

Se debe incluir a un maestro de educación regular como miembro del equipo del IEP si el estudiante está participando o puede participar en al ambiente regular de educación.[52] El maestro de educación regular debe participar en el desarrollo del IEP del estudiante incluyendo la determinación de "las intervenciones y apoyos positivos, y otras estrategias" y la selección de "las ayudas y servicios suplementarios, modificaciones de programas y apoyos para el personal docente…"[53]

> Se debe incluir a un maestro de educación regular como miembro del equipo del IEP si el estudiante está participando o puede participar en al ambiente regular de educación.

LRE and the IEP

The IDEA's requirements for the individualized educational program (IEP) facilitate placing students in the least restrictive environment. The IEP must include statements explaining the extent to which the student will not participate with students without disabilities in the regular classroom and nonacademic and extracurricular activities.[50] Similarly, the IEP must address how the student's disability affects her involvement in the general curriculum; it must state the specific supplementary aids and services and program modifications to be provided to the student.[51]

A regular education teacher must be included as a member of the IEP team if the student is participating in the regular education environment or may be participating in the regular education environment.[52] The regular education teacher should participate in developing the student's IEP including determining "positive behavioral interventions and supports, and other strategies" and in choosing "supplementary aids and services, program modifications, and supports for school personnel. . ."[53]

> A regular education teacher must be included as a member of the IEP team if the student is participating in the regular education environment or may be participating in the regular education environment.

---

[50] 20 U.S.C. 1414(d)(1)(A)(IV)(bb) and (cc)
[51] 20 U.S.C. 1414(d)(1)(A)(I)(aa)(II)(aa)(IV)(bb)(cc)(V)(VI)
[52] 20 U.S.C. 1414(d)(1)(B)(ii)
[53] 20 U.S.C. 1414(d)(3)(C)

[50] 20 U.S.C. 1414(d)(1)(A)(IV)(bb) and (cc)
[51] 20 U.S.C. 1414(d)(1)(A)(I)(aa)(II)(aa)(IV)(bb)(cc)(V)(VI)
[52] 20 U.S.C. 1414(d)(1)(B)(ii)
[53] 20 U.S.C. 1414(d)(3)(C)

Por lo tanto, el maestro de educación regular ayuda a decidir qué apoyos son necesarios para que el estudiante tenga éxito en el aula regular en general y en su aula en particular. El maestro de educación regular aporta su opinión acerca de lo que puede ayudar a que el estudiante tenga éxito y de lo que puede ayudar al maestro para que éste pueda ayudar al estudiante. La participación personal en la primera reunión del IEP, más que ninguna otra cosa, probablemente ayudará al maestro de educación regular a entender por qué el estudiante necesita ciertos servicios, modificaciones y acomodaciones y cómo se deben ofrecer estos apoyos. El maestro tendrá la oportunidad de hacer preguntas y decirle al equipo cual apoyo podría necesitar el maestro para asegurar que el estudiante tenga éxito en el aula de educación regular.

El equipo del IEP debe incluir "no menos de un maestro de educación regular".[54] A veces es apropiado incluir a más de un maestro de educación regular como miembro del equipo del IEP. Las palabras "no menos de un" implican que a veces se necesita incluir a más de un maestro de educación regular. Esto es cierto en particular para los estudiantes que están en la escuela secundaria o preparatoria quienes tienen más de un maestro. IDEA permite que los padres o el distrito escolar incluyan "otros individuos que tienen conocimientos o experiencia especial acerca del niño" como miembros del equipo. Por lo tanto, los padres pueden solicitar que otros maestros de educación regular asistan a la reunión del IEP para que aprendan acerca del estudiante y contribuyan al desarrollo del IEP del estudiante.

Thus, the regular education teacher helps decide the supports needed for the student to succeed in the regular classroom in general, and in her classroom in particular. The regular education teacher has input into what can help the student to be successful and what can help the regular education teacher help the student. Participating in the meeting, first hand, is likely to help the regular education teacher understand why the student needs particular services, modifications, or accommodations and how to provide those supports. The teacher will have the opportunity to ask questions and tell the team what support the teacher may need to ensure the student is successful in the regular education classroom.

The IEP team must include "not less than one regular education teacher."[54] Sometimes it may be appropriate to include more than one regular education teacher as a member of the IEP team. This is particularly true for students who are in middle school or high school and have more than one teacher. The IDEA allows the parents or school district to include "other individuals who have knowledge or special expertise regarding the child" as members of the team. So, parents may request that other regular education teachers attend the IEP meeting to learn about the student and contribute to developing the student's IEP.

---

[54] 20 U.S.C. 1414(d)(1)(B)(ii)

[54] 20 U.S.C. 1414(d)(1)(B)(ii)

Por supuesto, mientras más individuos se incluyan en el equipo del IEP, más difícil será coordinar la fecha de la reunión del IEP. Los padres tendrán que tener mucha paciencia con el tiempo necesario para escoger la fecha de la reunión si solicitan que asistan uno o más maestros de educación regular. Como discutiremos en el Capítulo IV, IDEA 2004 alienta "métodos alternos de participación en la reunión".[55] Por ejemplo, los padres y el distrito escolar pueden llegar a un acuerdo de participación utilizando llamadas telefónicas de conferencia y videoconferencias.

IDEA 2004 también permite cierta flexibilidad en la asistencia de los miembros del equipo. Si los padres y el distrito escolar están de acuerdo, un miembro del equipo puede disculparse de asistir a porciones de la reunión si "el área del currículo o servicios relacionados con el miembro del equipo no se va a modificar o discutir durante la reunión".[56] Esta flexibilidad y la práctica de usar métodos alternos de participación en la reunión del IEP pueden ayudar a que los maestros de educación regular y otras personas participen en la reunión. Al incluir a maestros de educación regular en el proceso del IEP, IDEA ha reforzado el proceso de incluir a los estudiantes con discapacidades completamente en las escuelas. La inclusión completa de estudiantes con discapacidades es la esencia del ambiente menos restrictivo.

To be sure, the more individuals that are included on the IEP team, the more difficult it may be to coordinate scheduling the IEP meeting. Parents may need to be extra patient in getting the meeting scheduled if the parents are requesting an additional regular education teacher or teachers attend. As we will discuss in Chapter IV, the IDEA 2004 encourages "alternative means of meeting participation."[55] For example, the parents and the school district may agree to participation using telephone conference calls and video conferences.

The IDEA 2004 also allows some flexibility in team member attendance. If parents and the school district agree, a team member may be excused from attending portions of the meeting if "the member's area of the curriculum or related services is not being modified or discussed in the meeting."[56] This flexibility and the practice of using alternative means of participating in the IEP meeting may help regular education teachers and others participate in the meeting. By including regular education teachers in the IEP process, the IDEA has strengthened the process to fully include students with disabilities in the schools. Fully including students with disabilities is what least restrictive environment is all about.

---

[55] 20 U.S.C. 1414(f)
[56] 20 U.S.C. 1414(d)(1)(c)

[55] 20 U.S.C. 1414(f)
[56] 20 U.S.C. 1414(d)(1)(c)(i)

Notas:

Notes:

III Evaluación de las Necesidades de los Estudiantes con Discapacidades/ Evaluating the Needs of Students with Disabilities

Antes de colocar a los niños en educación especial, ellos deben ser evaluados para determinar si tienen una discapacidad que requiere servicios de educación especial. Si es así, ellos son elegibles para los servicios de acuerdo con IDEA. El proceso de evaluación también determinará las necesidades educativas específicas para el niño en particular. El equipo del IEP conduce un proceso de evaluación. A continuación se discuten los tres diferentes tipos de evaluación.

La primera evaluación es para determinar si el niño tiene una discapacidad que requiera servicios de educación especial. A ésta a veces se le refiere como la **evaluación inicial**. Después de la evaluación inicial el estudiante debe ser **revaluado** cuando menos cada tres años o cada vez que las condiciones justifiquen la revaluación, o cuando los maestros o los padres del estudiante pidan una revaluación. Un estudiante también tiene que ser revaluado si se contempla un cam-

Before children are placed in special education, they must be evaluated to determine whether they have a disability that requires special education services. If so, they are eligible for services under the IDEA. The evaluation process will also determine a particular child's specific educational needs. The IEP team conducts the evaluation process. A discussion of the three different types of evaluation follow.

The first evaluation is to determine whether the child has a disability that requires special education services. This is often referred to as the **initial evaluation**. After the initial evaluation the student must be **re-evaluated** at least every three years or whenever conditions warrant a re-evaluation, or whenever the student's teachers or parents request a re-evaluation. A student must also be re-evaluated if a change in the student's educational placement is contemplated. Finally,

bio en la colocación educativa del estudiante. Finalmente, los padres tienen derecho a realizar una **evaluación educativa independiente**, en cualquier momento, por una agencia o proveedor extraescolar. Como veremos más adelante, en algunas circunstancias, se puede requerir que el distrito escolar pague por la evaluación educativa independiente.

Evaluación Inicial

El primer paso en este proceso requiere que los niños quienes hayan sido referidos para una posible colocación en educación especial sean evaluados o sometidos a pruebas. La Agencia Estatal de Educación y los distritos escolares tienen la obligación de hacer una *búsqueda de niños*. Búsqueda de niños significa que todos los niños con discapacidades en el estado (incluyendo los niños sin hogar, los niños que estén bajo la tutela del estado, y los niños en las escuelas privadas) quienes puedan necesitar educación especial y servicios relacionados sean identificados, localizados, y evaluados.[57]

Cuando se hayan completado las evaluaciones, los resultados serán discutidos por el equipo del IEP para determinar la elegibilidad del niño para servicios de educación especial. Si el niño es elegible para servicios, el equipo completará el IEP. IDEA tiene precauciones muy específicas con respecto a cómo se deben evaluar a los niños. Estas precauciones están incluidas para asegurar que los niños no sean identificados incorrectamente como niños con discapacidades, clasificados incorrectamente, o colocados en forma no apropiada.

parents have the right to obtain an **independent educational evaluation**, at any time, from an agency or provider outside the school district. As we will see, in some circumstances, the school district may be required to pay for the independent educational evaluation.

Initial Evaluation

The first step in this process requires that children who have been referred for possible special education placement be assessed or tested. The State Education Agency and school districts have an obligation to do *child find*. Child find means that all children with disabilities in the state (including homeless children, children who are wards of the state, and children in private schools) who may need special education and related services are identified, located, and evaluated.[57]

Once the assessments are completed, the results will be discussed by the IEP team to determine the child's eligibility for special education services. If the child is eligible for services, the team will complete the IEP. The IDEA has very specific safeguards regarding how children are to be evaluated. These safeguards are included to make sure that children are not misidentified as having disabilities, misclassified, or are placed inappropriately.

---

[57] 20 U.S.C. 1412(a)(3)

[57] 20 U.S.C. 1412(a)(3)

Evaluación de las Necesidades de los Estudiantes con Discapacidades/
Evaluating the Needs of Students with Disabilities

39

Referencia para la Evaluación Inicial

El estudiante debe tener una evaluación inicial completa e individual antes de que un estudiante pueda recibir servicios de educación especial de acuerdo con IDEA.[58] Los padres, la Agencia Estatal de Educación, el distrito escolar u otras agencias estatales pueden iniciar la solicitud para una evaluación inicial para determinar si el niño tiene una discapacidad.[59] Por lo tanto, si los padres están preocupados con la posibilidad de que su niño tenga una discapacidad y que pueda necesitar servicios de educación especial, éstos pueden ponerse en contacto con el distrito escolar y solicitar una evaluación.

En la mayoría de los casos, los distritos escolares evalúan a niños para determinar si éstos necesitan servicios de educación especial cuando se les pide que lo hagan. Técnicamente, sin embargo, IDEA no obliga a los distritos escolares a evaluar a todos los estudiantes para los cuales reciben solicitudes para evaluaciones.[60] Por ejemplo, si un distrito está convencido que no hay base para sospechar que un estudiante tenga una discapacidad, el distrito puede rehusar evaluar al estudiante. Pero si el distrito escolar rechaza una solicitud hecha por los padres para evaluar a un niño, el distrito tiene que explicarles a los padres por qué el distrito se rehusa a conducir la evaluación.

Además, el distrito escolar tiene que informarles a los padres del derecho que tienen de solicitar una audiencia de debido proceso para desafiar

Referral for Initial Evaluation

Before a student can receive special education services under the IDEA, the student must have a full and individual initial evaluation.[58] Parents, the State Education Agency, the school district, or other state agencies may begin a request for an initial evaluation to determine if a child has a disability.[59] Thus, if parents are concerned that their child has a disability and may need special education services, parents may contact their school district and request that the child be evaluated.

In most cases school districts evaluate children to determine whether they need special education services if requested to do so. Technically, however, the IDEA does not mandate that school districts test all students for whom they receive requests for evaluations.[60] For example, if a district strongly believes it has no basis for suspecting a student has a disability, the district might decline to test the student. But if the school district refuses a parent's request to evaluate their child, the district must explain to the parents why the district is refusing to conduct the evaluation.

Moreover, the school district must tell the parents that the parents have a right to request a due process hearing to challenge the district's

---

[58] 20 U.S.C. 1414(a)(1)(A)

[59] 20 U.S.C. 1414(a)(1)(B)

[60] Observe que aunque IDEA no decreta que todos los estudiantes sean evaluados cuando sean remitidos, los estados por su cuenta pueden requerir que los estudiantes sean evaluados si son remitidos para una evaluación. El lector debe, por lo tanto, verificar los reglamentos de su estado.

---

[58] 20 U.S.C. 1414(a)(1)(A)

[59] 20 U.S.C. 1414(a)(1)(B)

[60] Note that while the IDEA may not mandate that all students be tested upon referral, individual states may require that students be tested if referred for testing. The reader should, therefore, check the requirements in their state.

el rechazo del distrito a conducir la evaluación. Como discutiremos en el Capítulo V, las audiencias de debido proceso usualmente son costosas para todos los que participan. Por lo tanto, como un asunto práctico, lo más probable es que los distritos conduzcan la evaluación inicial de un niño cuando se le remite para una evaluación.

IDEA 2004 requiere que la evaluación inicial se lleve a cabo dentro de los siguientes **60 días** a partir de la fecha en el que el distrito escolar recibe el consentimiento de los padres para la evaluación. Si el estado ha establecido un período de tiempo diferente que sea más corto, entonces la evaluación debe conducirse durante ese período de tiempo.

La evaluación inicial debe determinar las necesidades educativas del estudiante así como la elegibilidad del estudiante para educación especial.[61] Es importante que la evaluación inicial determine no solamente la elegibilidad para servicios, sino que también identifique las necesidades educativas del estudiante. La identificación de las necesidades educativas ayuda al equipo IEP a desarrollar un plan que satisfaga esas necesidades.

refusal to evaluate. As we will discuss in Chapter V, due process hearings are usually costly for all involved. Thus, as a practical matter, school districts will likely conduct an initial evaluation if a child is referred for an evaluation.

The IDEA 2004 requires that the initial evaluation must be completed within **60 days** of the school district receiving the parent's consent for evaluation. If the state has established a different time frame that is shorter, then the evaluation must be completed within that time frame.

The initial evaluation must determine the student's educational needs as well as the student's eligibility for special education.[61] It is important that the initial evaluation determine not just eligibility for services, but that it also identify the student's educational needs. Having the educational needs identified helps the IEP team to develop a plan to meet those needs.

> La evaluación inicial debe determinar las necesidades educativas del estudiante así como la elegibilidad del estudiante para educación especial.

> The initial evaluation must determine the student's educational needs as well as the student's eligibility for special education.

Consentimiento

Antes de que el distrito escolar pueda evaluar a un niño, el distrito debe obtener el consen-

Consent

Before the school district can evaluate a child, the district must obtain the parents' written in-

---

[61] 20 U.S.C. 1414(a)(1)(C) Note que el período de 60 días se refiere a días, no a días escolares.

[61] 20 U.S.C. 1414(a)(1)(C) Note that the 60-day timeline refers to days, not school days.

Evaluación de las Necesidades de los Estudiantes con Discapacidades/
Evaluating the Needs of Students with Disabilities

41

Antes de que el distrito escolar pueda evaluar a un niño, el distrito debe obtener el consentimiento informado de los padres por escrito. Consentimiento informado quiere decir que a los padres se les ha dicho, por escrito, que el distrito quiere evaluar al niño y que el distrito ha descrito a los padres los procedimientos de evaluación propuestos.

Before the school district can evaluate a child, the district must obtain the parents' written informed consent. Informed consent means that the parents have been told, in writing, that the district wants to evaluate the child and the district has described for the parents the proposed evaluation procedures.

timiento informado de los padres por escrito. Consentimiento informado quiere decir que a los padres se les ha dicho, por escrito, que el distrito quiere evaluar al niño y que el distrito ha descrito a los padres los procedimientos de evaluación propuestos.[62]

El consentimiento de los padres para que se evalúe a su niño **no** es un consentimiento para que el niño reciba servicios de educación especial.[63] Cuando se termina el proceso de evaluación y, si el equipo del IEP determina que el estudiante es elegible para recibir servicios de educación especial de acuerdo con IDEA, el distrito escolar debe otra vez obtener el consentimiento informado de los padres para que el estudiante reciba los servicios de educación especial. Si los padres no dan consentimiento de que su hijo sea evaluado para determinar su elegibilidad para recibir servicios de educación especial, el distrito escolar puede solicitar una audiencia de debido proceso y solicitar a un oficial imparcial de la audiencia que ordene la evaluación del niño.[64]

formed consent. Informed consent means that the parents have been told, in writing, that the district wants to evaluate the child and the district has described for the parents the proposed evaluation procedures.[62]

The parents' consent to having their child evaluated is **not** consent to having the child receive special education services.[63] Once the evaluation process is complete and, if the IEP team determines the student is eligible for special education services under the IDEA, the school district must again obtain the parents' informed consent to the student receiving special education services. If the parents refuse to consent to having their child evaluated for eligibility for special education services, the school district may request a due process hearing and ask an impartial hearing officer to order the evaluation of the child.[64]

[62] 20 U.S.C. 1414(a)(1)(D)(i)(I) Vea también los requisitos de previo aviso por escrito en 20 U.S.C. 1415(a)(3) y (c).
[63] 20 U.S.C. 1414(a)(D)(i)(II)
[64] 20 U.S.C. 1414(a)(1)(D)(ii)

[62] 20 U.S.C. 1414(a)(1)(D)(i)(I) See also the written prior notice requirements at 20 U.S.C. 1415(a)(3) and (c).
[63] 20 U.S.C. 1414(a)(D)(i)(II)
[64] 20 U.S.C. 1414(a)(1)(D)(ii)

De nuevo, consentir a que se haga una evaluación **no** significa consentir a recibir servicios de educación especial. Si los padres del estudiante no consienten que éste reciba servicios de educación especial, está específicamente prohibido que el distrito escolar use un debido proceso para forzarlos a que consientan a estos servicios. En resumen, el distrito escolar puede utilizar una audiencia de debido proceso para obligar los padres a que consientan a una evaluación inicial de elegibilidad para recibir servicios de educación especial, pero el distrito escolar no puede usar una audiencia de debido proceso para obligar a los padres a que consientan con que el estudiante reciba estos servicios.

Chequeo

IDEA 2004 específicamente hace una distinción entre "el chequeo de un estudiante por un maestro o por un especialista para determinar las estrategias de instrucción apropiadas para la implementación del currículo" de la evaluación inicial para la elegibilidad de recibir servicios de educación especial.[65] Por lo tanto, el distrito escolar no necesita obtener el consentimiento informado de los padres para que un maestro o un especialista examinen al estudiante para determinar las estrategias de educación para implementar un currículo.

Proceso de Evaluación

Al evaluar a los estudiantes el distrito escolar debe utilizar "una variedad de herramientas y estrategias de evaluación para recaudar la información funcional, de desarrollo y académica relevante, **incluyendo la información provista por los padres...**"[66] Esta variedad de he-

Again, consent to evaluation is **not** consent to receiving special education services. If the student's parents refuse to consent to the student receiving services, the school district is specifically prohibited from using due process to override the parents' refusal to consent to services. In short, the school district may use a due process hearing to override a parent's refusal to consent to an initial evaluation for eligibility for special education services, but the school district may not use a due process hearing to override a parent's refusal to consent to the student actually receiving those services.

Screening

The IDEA 2004 specifically separates "the screening of a student by a teacher or specialist to determine appropriate instructional strategies for curriculum implementation" from the definition of an initial evaluation for eligibility for special education services.[65] Thus, the school district does not need to obtain the parents' informed consent for a teacher or specialist to screen a student to determine instructional strategies to implement a curriculum.

Evaluation Process

When evaluating students the school district must use a "variety of assessment tools and strategies to gather relevant functional, developmental, and academic information, **including information provided by the parent. . .**"[66] This variety of tools, strategies and information is

---

[65] 20 U.S.C. 1414(a)(1)(E)
[66] 20 U.S.C. 1414(b)(2)(A) énfasis suministrado.

[65] 20 U.S.C. 1414(a)(1)(E)
[66] 20 U.S.C. 1414(b)(2)(A) emphasis applied.

Evaluación de las Necesidades de los Estudiantes con Discapacidades/
Evaluating the Needs of Students with Disabilities

43

rramientas, estrategias e información se utiliza para determinar (1) si el estudiante tiene una discapacidad y, si la tiene, (2) el contenido del programa educativo individualizado del estudiante.[67] Los distritos escolares no pueden usar "ninguna medida o prueba en particular como el único criterio para determinar si el estudiante tiene una discapacidad o para determinar el programa educativo del estudiante".[68] Por lo tanto, no se puede identificar al estudiante como un estudiante con una discapacidad o desarrollarse el IEP del estudiante basándose solamente en una sola medida o prueba.

IDEA 2004 requiere que las evaluaciones de los niños con discapacidades sean individualizadas y que los instrumentos de evaluación no tengan sesgos raciales o culturales.[69] Para este propósito, las pruebas y los otros materiales de evaluación deben ser "provistos y administrados en el lenguaje y la forma más probable de ofrecer información precisa acerca de lo que el niño sabe y puede hacer académicamente, en su desarrollo, y funcionamiento al menos que esto no sea posible…".[70] Esto quiere decir que si el niño usa lenguaje de señas o si se comunica por medio de un dispositivo de aumento de la comunicación, las evaluaciones deben conducirse en lenguaje de señas con un intérprete o cuando el niño tenga acceso al dispositivo de aumento de la comunicación.

Las pruebas deben ser administradas por personal entrenado y con conocimientos, deben usarse para propósitos para los cuales son váli-

used to help determine (1) whether the student has a disability and, if so, (2) the content of the student's individualized educational program.[67] School districts may not use any "single measure or assessment as the **sole criterion for determining whether** the student has a disability or for determining the student's educational program."[68] Thus, the student cannot be identified as a student with a disability or the student's IEP developed based only on one assessment or measure.

The IDEA 2004 requires that assessments of children with disabilities are individualized and that the testing instruments are not racially or culturally biased.[69] To that end, tests and other evaluation materials must be "provided and administered in the language and form most likely to yield accurate information on what the child knows and can do academically, developmentally, and functionally unless it is not feasible. . ."[70] This means that if a child uses sign language or communicates through an augmentative communication device, the evaluations should be done with a sign language interpreter or with the child having access to the communication device.

Additionally, the tests must be administered by trained and knowledgeable people, must be used for purposes for which they are valid and reli-

---

[67] 20 U.S.C. 1414(b)(2)(A)(i)(ii)

[68] 20 U.S.C. 1414(b)(2)(B) énfasis suministrado.

[69] 20 U.S.C. 1414(b)(3)(A)

[70] 20 U.S.C. 1414(b)(3)(ii) Debe notarse que anteriormente, de acuerdo con IDEA 97, las pruebas y evaluaciones tenían que conducirse en el "lenguaje nativo" del niño.

[67] 20 U.S.C. 1414(b)(2)(A)(i)(ii)

[68] 20 U.S.C. 1414(b)(2)(B) emphasis applied.

[69] 20 U.S.C. 1414(b)(3)(A)

[70] 20 U.S.C. 1414(b)(3)(ii) It should be noted that previously, under the IDEA 97, tests and assessments had to be administered in the child's "native language."

El proceso de evaluación es multi-disciplinario. Esto quiere decir que el niño se evaluará por un equipo de individuos, donde cada miembro del equipo proviene de una disciplina o área de experiencia diferente.

The evaluation process is multi-disciplinary. This means the child will be assessed by a team of individuals, each member of the team coming from a different discipline or area of expertise.

das y confiables, y deben ser administradas de acuerdo con las instrucciones provistas por el diseñador de esa prueba.[71]

El proceso de evaluación es multidisciplinario. Esto quiere decir que el niño se evaluará por un equipo de individuos, donde cada miembro del equipo proviene de una disciplina o área de experiencia diferente. Los niños deben ser evaluados en las áreas en las cuales se anticipa que ellos tendrán una discapacidad. Los evaluadores también deben utilizar una variedad de herramientas y estrategias para recaudar información para desarrollar el IEP del niño. La información provista por los padres del niño se debe incluir en el proceso de evaluación. Como se discutió anteriormente en el capítulo acerca del ambiente menos restrictivo, también debe considerarse la información que se enfoca en ayudar al niño a que se involucre en el currículo de educación general.[72]

Repito, ningún procedimiento puede utilizarse como la base única para determinar si el niño tiene una discapacidad o para determinar su programa educativo. Recuerde que el distrito escolar debe notificar a los padres que su hijo va a ser evaluado y describir los procedimientos de evaluación que serán utilizados. Los padres deben dar su permiso por escrito para que se pueda llevar a cabo la evaluación.

able, and must be administered according to the instructions provided by the producer of the assessment.[71]

The evaluation process is multi-disciplinary. This means the child will be assessed by a team of individuals, each member of the team coming from a different discipline or area of expertise. Children must be assessed in all areas in which it is anticipated that they may have a disability. The evaluators must also use a variety of assessment tools and strategies to gather information to develop the child's IEP. Information provided from the child's parents should be included in the evaluation process. As discussed in the previous chapter regarding least restrictive environment, information that focuses on helping the child to be involved in the general education curriculum should also be considered.[72]

Again, no one procedure can be used as the sole basis for determining whether a child has a disability or for determining the child's educational program. Remember, the school district must notify parents that their child is going to be evaluated and describe the evaluation procedures that will be used. Parents must give their written permission for the evaluation to take place.

[71] 20 U.S.C. 1414(b)(3)(iii)(iv)(v)
[72] 20 U.S.C. 1414(b)(2)(ii)

[71] 20 U.S.C. 1414(b)(3)(iii)(iv)(v)
[72] 20 U.S.C. 1414(b)(2)(ii)

Evaluación de las Necesidades de los Estudiantes con Discapacidades/
Evaluating the Needs of Students with Disabilities

45

Usted recordará que las evaluaciones de tecnología de ayuda están incluídas en la definición de los servicios de tecnología ayuda. Una evaluación de tecnología de ayuda incluye una evaluación funcional del niño. Una evaluación funcional se enfoca en cómo la tecnología de ayuda puede ayudar al niño a realizar una tarea, tal como escribir, y no en por qué el niño no puede realizar esa tarea. Esta evaluación debe conducirse en el ambiente de costumbre del niño.[73] El ambiente de costumbre del niño es el lugar en donde el niño está acostumbrado a estar o se siente cómodo, tal como su hogar o su aula.

Cuando se hayan completado las evaluaciones, el equipo del IEP revisa la información de la evaluación. Los padres del niño son miembros del equipo del IEP.[74] Los padres, por lo tanto, tienen la oportunidad de revisar la información existente acerca de la evaluación de su hijo y solicitar información adicional acerca de áreas específicas, tales como la tecnología de ayuda, que puedan ser necesarias para desarrollar el programa del niño. Si los padres creen que el niño pueda tener necesidades que no están siendo consideradas, los padres deben solicitar específicamente una prueba para el niño en esa área en particular.

Discapacidades del Aprendizaje Específicas

Hay un cambio importante en IDEA 2004 con respecto al uso del estándar de discrepancias severas de parte de los distritos escolares locales para determinar si el estudiante tiene una discapacidad específica del aprendizaje. La definición de una discapacidad específica del aprendizaje no ha cambiado. "Una discapacidad es-

You may recall that assistive technology evaluations are included in the definition of assistive technology services. An assistive technology evaluation includes a functional evaluation of the child. A functional evaluation focuses on how assistive technology can help a child perform a task, such as writing, rather than focusing on why the child cannot perform the task. This evaluation must be conducted in the child's customary environment.[73] The child's customary environment is a place the child is used to, or comfortable in, such as the child's home or classroom.

Once evaluations have been completed, the assessment information is reviewed by the IEP team. The child's parents are members of the IEP team.[74] Parents, therefore, have an opportunity to review existing evaluation information about their child and to request additional information regarding specific areas, such as assistive technology, that may be needed to develop the child's program. If parents believe their child may have needs that are not being addressed, the parents should specifically request an assessment of the child in that particular area.

Specific Learning Disabilities

There is an important change in the IDEA 2004 regarding local school districts using the severe discrepancy standard to determine whether a student has a specific learning disability. The definition of specific learning disability has not changed. "Specific learning disability means a disorder in 1 or more of the basic psychologi-

---

[73] 20 U.S.C. 1402(2)
[74] 20 U.S.C. 1414(1)(d)(B)(i)

[73] 20 U.S.C. 1402(2)
[74] 20 U.S.C. 1414(1)(d)(B)(i)

pecífica del aprendizaje quiere decir un trastorno de uno o más de los procesos psicológicos básicos involucrados en el entendimiento o el uso del lenguaje, hablado o escrito, siempre y cuando este trastorno se manifieste así mismo como una habilidad imperfecta de escuchar, pensar, hablar, leer, escribir, deletrear, o hacer cálculos matemáticos".[75] Bajo los reglamentos que implementan a IDEA 97, los equipos del IEP podrían identificar que un estudiante tenía una discapacidad del aprendizaje si el estudiante tenía una discrepancia severa entre su desempeño y su habilidad intelectual en ciertas áreas. Ahora, con IDEA 2004, no se requiere que los distritos escolares utilicen el estándar de discrepancia severa cuando éstos determinan si un estudiante tiene una discapacidad específica del aprendizaje.[76]

cal processes involved in understanding or in using language, spoken or written, which disorder may manifest itself in the imperfect ability to listen, think, speak, read, write, spell, or do mathematical calculations."[75] Under the regulations implementing the IDEA 97, IEP teams could identify a student as having a learning disability if the student had a severe discrepancy between achievement and intellectual ability in certain areas. Now, under the IDEA 2004, school districts cannot be required to use the severe discrepancy standard when determining whether a student has a specific learning disability.[76]

> Ahora, con IDEA 2004, no se requiere que los distritos escolares utilicen el estándar de discrepancia severa cuando éstos determinan si un estudiante tiene una discapacidad específica del aprendizaje.

> Now, under the IDEA 2004, school districts cannot be required to use the severe discrepancy standard when determining whether a student has a specific learning disability.

Estándar de Discrepancia Severa

El estándar de discrepancia severa examina si el desempeño del estudiante en el aula está con-

Severe Discrepancy Standard

The severe discrepancy standard looks at whether a student's classroom achievement matches the student's age and ability levels in certain areas

---

[75] 20 U.S.C. 1402(30)(A) Note que el término discapacidad de aprendizaje incluye condiciones tales como "discapacidades perceptivas, lesiones cerebrales, disfunción cerebral mínima, dislexia, y afasia del desarrollo". 20 U.S.C. 1402(30)(B) Pero "el término no incluye un problema del aprendizaje que es principalmente resultado de discapacidades visuales, auditivas, o motrices, de retraso mental, de trastornos emocionales, o proveniente de una desventaja ambiental, cultural, o económica".
20 U.S.C. 1402(30)(C)
[76] 20 U.S.C. 1414(b)(6)(A)

[75] 20 U.S.C. 1402(30)(A) Note the term learning disability includes conditions such as "perceptual disabilities, brain injury, minimal brain dysfunction, dyslexia, and developmental aphasia." 20 U.S.C. 1402(30)(B) But the "term does not include a learning problem that is primarily the result of visual, hearing, or motor disabilities, of mental retardation, of emotional disturbance, or of environmental, cultural, or economic disadvantage." 20 U.S.C. 1402(30)(C)
[76] 20 U.S.C. 1414(b)(6)(A)

Evaluación de las Necesidades de los Estudiantes con Discapacidades/
Evaluating the Needs of Students with Disabilities

47

forme con la edad y los niveles de habilidad en ciertas áreas tales como la expresión oral, expresión escrita, habilidad de lectura, razonamiento matemático y cálculo matemático. Bajo los reglamentos que implementaban a IDEA 97, el Departamento de Educación de los Estados Unidos estableció una fórmula de discrepancia severa como parte del criterio para determinar si el estudiante tiene una discapacidad específica del aprendizaje.

De acuerdo con los reglamentos de IDEA 97, el equipo del IEP podría determinar que un estudiante tenía una discapacidad específica del aprendizaje si el equipo: (1) determinaba que el estudiante no estaba desempeñándose conforme a (equitativo) su edad y habilidad en una o más áreas tales como expresión oral, comprensión al escuchar, expresión escrita, habilidad básica de leer, compresión de lectura, cálculo matemático, o razonamiento matemático; y entonces determinaba (2) que el estudiante tenía una discrepancia severa (inconsistencia) entre su desempeño y habilidad intelectual en una o más de las áreas anteriormente mencionadas.[77]

Al renovar a IDEA 2004, sin embargo, el Congreso estaba preocupado de que el enfoque de la discrepancia severa no pudiera aplicarse "de una manera consistente (confiable y válida)". Además, el Congreso estaba preocupado que el enfoque de discrepancia severa era "problemático para los estudiantes que viven en la pobreza o que provienen de antecedentes culturales y lingüísticos diferentes" debido a que estos estudiantes pueden ser clasificados incorrectamente como que tienen discapacidad del aprendizaje cuando su dificultad en estas pruebas intelectuales se debe realmente a la falta de experiencia o de oportunidades educativas.[78]

like oral expression, written expression, reading skill, mathematical reasoning and mathematical calculation. Under the regulations implementing the IDEA 97, the U.S. Department of Education established a severe discrepancy formula as part of the criteria for determining that a student has a specific learning disability.

According to the IDEA 97 regulations, the IEP team could determine that a student had a specific learning disability if the team: (1) determined that the student was not achieving commensurate (equal) with the student's age and ability in one or more areas like oral expression, listening comprehension, written expression, basic reading skill, reading comprehension, mathematics calculation, or mathematics reasoning; and then determined (2) that the student has a severe discrepancy (inconsistency) between achievement and intellectual ability in one or more of the areas just mentioned.[77]

In reauthorizing the IDEA 2004, however, Congress was concerned that the severe discrepancy approach could not be applied "in a consistent (i.e., reliable and valid) manner." Moreover, Congress was concerned that the severe discrepancy approach was "problematic for students living in poverty or with or from culturally and linguistically different backgrounds" because these students may be mistakenly viewed as having learning disabilities when their difficulty on these intellectual tests are really because of their lack of experience or educational opportunity.[78]

---

[77] 34 C.F.R. 300.541
[78] S.Rept. 185, 108th Cong., 2da. Sesión 26 (2003)

---

[77] 34 C.F.R. 300.541
[78] S.Rept. 185, 108th Cong., 2d Sess. 26 (2003)

Por lo tanto, de acuerdo con IDEA 2004, las Agencias Estatales de Educación no pueden requerir que los distritos escolares locales de su estado consideren si el estudiante "tiene una discrepancia severa entre su desempeño y su habilidad intelectual de expresión oral, escuchar, comprensión, expresión escrita, habilidad básica de leer, comprensión de la lectura, cálculo matemático, o razonamiento matemático".[79]

IDEA 2004, sin embargo, específicamente permite que los distritos escolares utilicen un proceso de respuesta a la intervención para determinar si el estudiante tiene una discapacidad del aprendizaje. Un proceso de respuesta a la intervención (response to intervention, o RTI) es un proceso que determina cómo el estudiante "responde a una intervención científica y basada en la investigación. . ." como parte del proceso de evaluación.[80]

Bajo el proceso de respuesta a la intervención, antes de identificar si el estudiante tiene discapacidad del aprendizaje y colocarlo en educación especial, los educadores observan cómo se desempeña el estudiante en el currículo de educación general. Si el desempeño del estudiante no es el esperado, los maestros intentan "intervenciones" para mejorar el desempeño del estudiante. Algunos ejemplos de intervenciones son un personal más especializado, una proporción más chica de maestros a estudiantes, más tiempo en los temas, y programas más intensivos.[81]

Thus, under the IDEA 2004, State Education Agencies cannot require local school districts in their state to consider whether the student "has a severe discrepancy between achievement and intellectual ability in oral expression, listening, comprehension, written expression, basic reading skill, reading comprehension, mathematical calculation, or mathematical reasoning."[79]

The IDEA 2004, however, specifically allows school districts to use a response to intervention process to determine whether a student has a learning disability. A response to intervention (RTI) process is a process that determines how the student "responds to scientific, research-based intervention..." as part of the evaluation process.[80]

Under the response to intervention process, before identifying the student as having a learning disability and placing the student in special education, educators look at how the student is performing in the general curriculum. If there are questions regarding how the student is performing, teachers try "interventions" to improve the student's performance. Some examples of interventions are more specialized teaching staff, smaller teacher-student ratios, more time in the subject, and more intense programs.[81]

---

[79] 20 U.S.C. 1414(b)(6)(A)
[80] 20 U.S.C. 1414(b)(6)(B)
[81] Vaughn, S. (2003, December). *How many tiers are needed for Response to Intervention to achieve acceptable prevention outcomes?* Trabajo presentado en el Simposio sobre la Respuesta a la Intervención del Centro Nacional de Investigación sobre las Discapacidades, Kansas City, MO.

[79] 20 U.S.C. 1414(b)(6)(A)
[80] 20 U.S.C. 1414(b)(6)(B)
[81] Vaughn, S. (2003, December). *How many tiers are needed for Response to Intervention to achieve acceptable prevention outcomes?* Paper presented at the National Research Center on Learning Disabilities Responsiveness-to-Intervention Symposium, Kansas City, MO.

Evaluación de las Necesidades de los Estudiantes con Discapacidades/
Evaluating the Needs of Students with Disabilities

49

Después de que se intentan las intervenciones educativas, se colectan datos para evaluar qué tan bien ha funcionado la intervención. Si el desempeño del estudiante no mejora satisfactoriamente, entonces se puede determinar que el estudiante tiene una discapacidad específica del aprendizaje. En algunos modelos se utilizan varias capas o niveles de intervención. Cada nivel ofrece una intervención más intensa.[82] De acuerdo con IDEA 2004 las "intervenciones" deben ser intervenciones "científicas y basadas en la investigación".

Observe que IDEA 2004 no prohíbe que un distrito escolar utilice un estándar de discrepancia severa; simplemente dice que no se puede obligar al distrito a utilizarlo. De la misma forma, IDEA 2004 no requiere que un distrito escolar utilice un modelo de respuesta a la intervención científica, pero sí permite el uso del proceso de intervención científica.

Trastorno Deficitario de la Atención y Trastorno Deficitario de la Atención/Hiperactividad

Aunque el trastorno deficitario de la atención (attention deficit disorder, o ADD) y el trastorno deficitario de la atención/hiperactividad (attention deficit hyperactivity disorder, o ADHD) no están listados como una categoría separada de discapacidad en IDEA, los niños con estas discapacidades **pueden ser elegibles** para los servicios de IDEA. El trastorno deficitario de la atención y el trastorno deficitario de la atención/hiperactividad pueden incluirse como una discapacidad de aprendizaje específica o en la categoría de otros impedimentos de la salud (other health impairments, u OHI).

After educational interventions are tried, data is collected to assess how well the intervention worked. If the student's performance doesn't satisfactorily improve, then the student may be determined to have a specific learning disability. In some models, several layers or tiers of interventions may be used. Each tier provides a more intense intervention.[82] Under the IDEA 2004 the "interventions" must be "scientific, research-based" interventions.

Note that the IDEA 2004 does not prohibit a school district from using a severe discrepancy standard; it just says the district cannot be required to use it. Likewise, the IDEA 2004 doesn't require a school district to use a response to scientific intervention model, but it authorizes the use of a response to scientific intervention process.

Attention Deficit Disorder and Attention Deficit Hyperactivity Disorder

Although attention deficit disorder (ADD) and attention deficit hyperactivity disorder (ADHD) are not listed as a separate disability category in the IDEA, children with these disabilities **can be eligible** for IDEA services. Attention deficit disorder and attention deficit hyperactivity disorder can be included as a specific learning disability or in the category of other health impairments (OHI). Other health impairments can include a variety of impairments that are due to chronic or acute health problems. Included as other health impairments are asthma, attention deficit disorder

---

[82] Vaughn, S. (2003, December). *How many tiers are needed for Response to Intervention to achieve acceptable prevention outcomes?*

[82] Vaughn, S. (2003, December). *How many tiers are needed for Response to Intervention to achieve acceptable prevention outcomes?*

Otros impedimentos de la salud pueden incluir una variedad de impedimentos que son causados por problemas de salud crónicos o agudos. Se incluyen en estos impedimentos de la salud asma, trastorno deficitario de la atención o trastorno deficitario de la atención/hiperactividad, diabetes, epilepsia, enfermedades del corazón, hemofilia, envenenamiento con plomo, leucemia, nefritis, fiebre reumática, y la anemia de células falsiformes.[83]

Note que los niños con ADD o ADHD y otros impedimentos de la salud tales como asma, diabetes, epilepsia, leucemia, etc. pueden ser elegibles para servicios de IDEA, **siempre y cuando el niño necesite educación especial y servicios relacionados**. El equipo del IEP determinará si el estudiante necesita educación especial y servicios relacionados. No todos los niños con ADD o ADHD, u otros impedimentos de la salud, necesitarán educación especial y servicios relacionados debido a estos impedimentos. Pero si el impedimento resulta en que el estudiante necesite educación especial y servicios relacionados, entonces es elegible para los servicios de IDEA. Si el estudiante con ADD, ADHD u otro impedimento de la salud no es elegible para los servicios de IDEA, el estudiante puede ser elegible para los servicios bajo la Sección 504. Como se ha dicho antes, vamos a discutir la Sección 504 en forma específica en el Capítulo VIII.

Algunas veces los niños con ADD o ADHD y otras condiciones son tratados con medicamentos. En el pasado ha habido cierta preocupación de que los niños pueden ser innecesariamente medicados y que a veces las escuelas requieren que los niños estén usando medicamentos para

or attention deficit hyperactivity disorder, diabetes, epilepsy, heart conditions, hemophilia, lead poisoning, leukemia, nephritis, rheumatic fever, and sickle cell anemia.[83]

Note that children with ADD or ADHD and other health impairments such as asthma, diabetes, epilepsy, leukemia, etc. can be eligible for IDEA services, **provided that the child needs special education and related services**. The IEP team will determine if the student needs special education and related services. Not all children with ADD or ADHD, or other health impairments, will need special education and related services because of those impairments. But if the impairment results in the need for special education and related services, the student is eligible for IDEA services. If the student with ADD, ADHD, or another health impairment is not eligible for IDEA services, the student may be eligible for services under Section 504. Again, we'll specifically discuss Section 504 in Chapter VIII.

Sometimes children with ADD or ADHD and other conditions are treated with medication. In the past there has been some concern that children might be unnecessarily medicated and that schools have sometimes required children to be on medication in order to attend school.

---

[83] Vea los Reglamentos de IDEA 97 en 34 C.F.R. 300.7(c)(9)

[83] See the IDEA 97 Regulations at 34 C.F.R. 300.7(c)(9)

Evaluación de las Necesidades de los Estudiantes con Discapacidades/
Evaluating the Needs of Students with Disabilities

51

que puedan asistir a la escuela. IDEA 2004 requiere específicamente que cada Agencia Estatal de Educación prohíba que el personal escolar requiera que un niño obtenga una prescripción para una sustancia controlada para poder asistir a la escuela, ser evaluado, o recibir servicios de educación especial.[84]

Revaluación

El proceso de evaluación no termina cuando un niño con una discapacidad ha sido evaluado y colocado en educación especial. Los niños cambian conforme crecen, aprenden y se desarrollan. La naturaleza y la severidad de las discapacidades del niño pueden cambiar. IDEA, por lo tanto, decreta que los niños deben ser revaluados si las condiciones lo justifican o si el maestro o los padres solicitan una revaluación. Se debe hacer una revaluación por lo menos cada tres años.[85] Además, se tiene que revaluar a un niño con una discapacidad antes que se determine si ya no tiene una discapacidad y, por lo tanto ya no es elegible para los servicios bajo IDEA.[86]

Algunos estudiantes con discapacidades pueden graduarse de la escuela y recibir un diploma de educación regular. Otros pueden permanecer en la escuela y recibir servicios de educación especial hasta que cumplen la edad de 21 años y ya

> El proceso de evaluación no termina cuando un niño con una discapacidad ha sido evaluado y colocado en educación especial. Los niños cambian conforme crecen, aprenden y se desarrollan.

The IDEA 2004 specifically requires that each State Education Agency prohibit school personnel from requiring a child to obtain a prescription for a controlled substance in order to attend school, be evaluated, or receive special education services.[84]

Re-evaluation

Once a child with a disability has been evaluated and placed into special education, the evaluation process is not over. Children change as they grow, learn, and develop. A child's disabilities may change in their nature or severity. The IDEA, therefore, provides that children are re-evaluated if conditions warrant or if the child's teacher or parents request re-evaluation. A re-evaluation must be done at least every three years.[85] Additionally, a child with a disability must be evaluated before the child can be determined to no longer have a disability and, therefore, no longer be eligible for services under the IDEA.[86]

Some students with disabilities may graduate from school and receive a regular education diploma. Others may stay in school and receive special education services until they reach the age of twenty-one and are no longer eligible for services age-wise. School districts are not

> Once a child with a disability has been evaluated and placed into special education, the evaluation process is not over. Children change as they grow, learn, and develop.

---

[84] 20 U.S.C. 1412(a)(25)
[85] 20 U.S.C. 1414(a)(2)(A)(B)
[86] 20 U.S.C. 1414(a)(5)(A)

[84] 20 U.S.C. 1412(a)(25)
[85] 20 U.S.C. 1414(a)(2)(A)(B)
[86] 20 U.S.C. 1414(a)(5)(A)

no sean elegibles para los servicios debido a su edad. Los distritos escolares no están obligados a revaluar al estudiante si su elegibilidad está terminando debido a que éste se va a graduar con un diploma regular o si el estudiante ya no es elegible para recibir servicios debido a su edad.[87]

Cuando se conduce una evaluación inicial o una revaluación, el equipo del IEP revisará todos los datos existentes de la evaluación del estudiante. El equipo estudiará las evaluaciones y la información proveniente de los padres, las observaciones basadas en el aula y las observaciones de los maestros y proveedores de servicios relacionados. El equipo también estudiará las observaciones vigentes basadas en el aula, incluyendo evaluaciones locales o estatales.[88] Basando su decisión en la revisión de esta información, el equipo determinará los niveles actuales de las necesidades de desempeño académico y de desarrollo del estudiante. El equipo también determinará

- si el estudiante tiene una discapacidad;

- si el estudiante necesita educación especial y servicios relacionados;

- si se necesitan adiciones o modificaciones para ayudar al estudiante a que cumpla con las metas anuales mensurables de su IEP; y

- si se necesitan adiciones o modificaciones para ayudar al estudiante a que participe en el currículo general.[89]

El equipo del IEP considerará si se necesitan nuevas pruebas para determinar cualquiera de la información anterior. Si el equipo cree que se necesitan más pruebas y evaluaciones, el

required to re-evaluate the student if the student's eligibility for services is ending because the student is graduating with a regular diploma or the student is no longer eligible age-wise for services.[87]

When conducting an initial or re-evaluation, the IEP team will review all the existing evaluation data on the student. The team will look at evaluations and information from the student's parents, classroom-based observations, and observations by teachers and related service providers. The team will also look at current classroom-based assessments, including local or state assessments.[88] Basing its decision on a review of the information, the team will determine the student's present levels of academic achievement and developmental needs. The team will also determine

- whether the student has a disability;

- whether the student needs special education and related services;

- whether any additions, or modifications are needed to help the student meet the annual measurable goals in the student's IEP; and

- whether any additions or modifications are needed to help the student participate in the general curriculum.[89]

The IEP team will consider whether new assessments are needed to determine any of the above information. If the team believes more assessments and evaluations are needed, the

---

[87] 20 U.S.C. 1414(a)(5)(B)
[88] 20 U.S.C. 1414(c)(1)(A)
[89] 20 U.S.C. 1414(c)(1)(B)

[87] 20 U.S.C. 1414(a)(5)(B)
[88] 20 U.S.C. 1414(c)(1)(A)
[89] 20 U.S.C. 1414(c)(1)(B)

distrito escolar asegurará que estas evaluaciones se lleven a cabo.[90] Si el equipo del IEP decide que se necesitan evaluaciones adicionales, el distrito escolar es responsable de obtener el consentimiento informado de los padres para conducir estas evaluaciones. Sin embargo, si el distrito escolar hace un esfuerzo razonable de obtener el consentimiento de los padres y los padres no responden, el distrito no está obligado a obtener el consentimiento.[91] Por otro lado, el equipo del IEP puede determinar que no necesita datos adicionales para completar la revaluación. De ser así, el equipo informa a los padres del estudiante que el equipo cree que no serán necesarios más datos. Pero si los padres no están de acuerdo de que no se requieren evaluaciones adicionales, entonces se deben llevar a cabo estas evaluaciones adicionales.[92]

IDEA permite específicamente que el equipo del IEP, en el proceso de revaluación, no tenga que hacerle más pruebas al estudiante si éstas no son necesarias. El estudiante, por lo tanto, no necesita someterse a nuevas pruebas si existe suficiente información para determinar su elegibilidad para recibir servicios de educación especial y servicios relacionados. Esta opción conserva recursos y previene que los estudiantes sean revaluados simplemente por ser revaluados. Pero recuerde, los padres del estudiante tienen el derecho de que se revalúe el estudiante si ellos así lo creen necesario.

Resumen de Desempeño

IDEA 2004 incluye un nuevo requisito de que el distrito escolar provea a los estudiantes que ya no son elegibles para los servicios de IDEA con

school district will make sure the additional assessments are done.[90] If the IEP team decides that additional assessments are needed, the school district is required to get the parents' informed consent to those assessments. However, if the school district makes a reasonable effort to get consent and the parents don't respond, it may be excused from obtaining consent.[91] On the other hand, the IEP team may determine that it does not need any additional data to complete the re-evaluation. If so, the team tells the student's parents that the team believes no new data is needed. But if the parents disagree and request additional assessments, then the additional assessments must be conducted.[92]

The IDEA specifically allows the IEP team, in the re-evaluation process, to forgo retesting the student if no new testing is needed. The student, therefore, does not have to undergo additional testing if there is enough existing information to determine the child's eligibility for special education services and educational needs. This conserves resources and prevents students from being retested just for the sake of retesting. But remember, the student's parents have the right to have the student retested if they feel new assessments are needed.

Summary of Performance

The IDEA 2004 includes a new requirement that the school district provide students who are no longer eligible for IDEA services with a summary

---

[90] 20 U.S.C. 1414(c)(2)
[91] 20 U.S.C. 1414(c)(3)
[92] 20 U.S.C. 1414(c)(4)

[90] 20 U.S.C. 1414(c)(2)
[91] 20 U.S.C. 1414(c)(3)
[92] 20 U.S.C. 1414(c)(4)

IDEA 2004 incluye un nuevo requisito de que el distrito escolar provea a los estudiantes que ya no son elegibles para los servicios de IDEA con un resumen de los logros académicos y el desempeño funcional del estudiante. Este resumen debe incluir recomendaciones de cómo ayudar al estudiante a que logre sus metas después de salir de la escuela secundaria.

The IDEA 2004 includes a new requirement that the school district provide students who are no longer eligible for IDEA services with a summary of the student's academic achievement and functional performance. This summary must include recommendations on how to assist the student in meeting the student's postsecondary goals.

un resumen de los logros académicos y el desempeño funcional del estudiante. Este resumen debe incluir recomendaciones de cómo ayudar al estudiante a que logre sus metas después de salir de la escuela secundaria.[93] Un resumen que incluye una buena documentación acerca de la discapacidad y las necesidades del estudiante, así como de los apoyos y acomodaciones que el estudiante necesita para tener éxito, es una herramienta de transición muy buena. Un resumen con esta información podría utilizarse para documentar que el estudiante adulto es una persona con una discapacidad de acuerdo con la Sección 504 y el Acta para los Americanos con Discapacidades.

De forma distinta a las escuelas públicas, los colegios y otras instituciones de educación postsecundaria no están obligados a hacer evaluaciones para determinar si un individuo tiene una discapacidad o si necesita acomodaciones. Generalmente, en el mundo postsecundario, se espera que el individuo provea documentación de una discapacidad y sugiera las acomodaciones necesarias. Un resumen bien escrito del de-

of the student's academic achievement and functional performance. This summary must include recommendations on how to assist the student in meeting the student's postsecondary goals.[93] A summary that includes good documentation of the student's disability and needs, as well as of supports and accommodations the student needs to be successful, would be a very useful transition tool. A summary with that information could be used to document that the adult student is a person with a disability under Section 504 and the Americans with Disabilities Act.

Unlike the public schools, colleges and other post secondary institutions usually are not required to do assessments to determine if an individual has a disability and may need accommodations. Generally, in the postsecondary world, the individual is expected to provide documentation of disability and suggest accommodations needed. A well-written summary of performance might, therefore, be very useful to the student. This

---

[93] 20 U.S.C. 1414(a)(5)(B)(ii)

[93] 20 U.S.C. 1414(a)(5)(B)(ii)

Evaluación de las Necesidades de los Estudiantes con Discapacidades/
Evaluating the Needs of Students with Disabilities

55

sempeño, por lo tanto, puede ser muy útil para el estudiante. Este resumen también puede incluir información que ayude al estudiante a recibir servicios de parte de organizaciones vocacionales de rehabilitación y de otros proveedores de servicios para discapacidades estatales y locales. Por favor note que las agencias estatales de rehabilitación vocacional (vocational rehabilitation, o VR) tienen la obligación de evaluar a individuos que solicitan servicios de rehabilitación vocacional.

Evaluaciones Educativas Independientes

Los padres tienen el derecho de obtener una evaluación educativa independiente para su hijo.[94] Si los padres no están de acuerdo con las evaluaciones llevadas a cabo por el distrito escolar, los padres pueden obtener una evaluación de una entidad externa al distrito escolar. Los padres pueden no estar de acuerdo con los resultados o sentir que la evaluación de la escuela no fue apropiada. Si los padres obtienen una evaluación independiente, a su propio costo, el equipo del IEP está obligado a considerar los resultados de la evaluación. Los padres también pueden solicitar que el distrito pague por el costo de la evaluación externa.

Si los padres solicitan una evaluación independiente, el distrito escolar debe ofrecerles a los padres información acerca de dónde pueden ellos obtener esta evaluación independiente y cuáles son los criterios que el distrito tiene con respecto a las evaluaciones independientes. Si los padres solicitan una evaluación independiente costeada por el distrito, es la responsabilidad del distrito ofrecer la evaluación, o planear una audiencia

summary might also provide documentation that would help the adult student receive services from vocational rehabilitation services and other state and local disability service providers. Please note that state vocational rehabilitation agencies (VR) are required to assess individuals seeking vocational rehabilitation services.

Independent Educational Evaluations

Parents have the right to obtain an independent educational evaluation of their child.[94] If parents disagree with the evaluations done by the school district, the parents may obtain an evaluation from an entity outside the school district. The parents might disagree with the results or the appropriateness of the school's evaluation. If parents obtain an independent evaluation, at their own expense, the IEP team is required to consider the results of that evaluation. Parents may also request that the school district pay the cost of the outside evaluation.

If parents request an independent evaluation, the school district must give the parents information about where the parents can get an independent evaluation and what criteria the district has regarding independent evaluations. If parents request an independent evaluation at the district's expense, it is the district's responsibility to either provide the evaluation, or schedule an adminis-

---

[94] 20 U.S.C. 1415(b)(1)

[94] 20 U.S.C. 1415(b)(1)

administrativa para determinar si las evaluaciones del distrito fueron suficientes y precisas.

La audiencia administrativa, como se discutió en el Capítulo V, se conduce por un oficial imparcial de audiencia. Si el oficial de la audiencia determina que las evaluaciones del distrito no fueron apropiadas, el distrito debe pagar los costos de la evaluación independiente. De otra manera, si el oficial de audiencia determina que las evaluaciones del distrito fueron precisas y suficientes, los padres deben pagar el costo de la evaluación independiente.

Algunas veces los distritos escolares pagan por evaluaciones independientes para obtener información adicional acerca de las necesidades educativas de algún niño. El equipo del IEP puede aceptar una evaluación independiente para ayudarse a satisfacer las necesidades del niño. Adicionalmente una evaluación independiente a veces es útil para resolver desacuerdos entre los padres del niño y el personal de la escuela. La opinión de una persona independiente, sin interés personal en el asunto, puede ayudar a que los padres y la escuela resuelvan un desacuerdo y eviten la necesidad de recurrir a largos procedimientos de resolución de disputas. Una evaluación independiente puede ser una herramienta muy útil para que el equipo del IEP identifique las necesidades de un estudiante con una discapacidad.

trative hearing to determine if the district's assessments were sufficient and accurate.

The administrative hearing, as discussed in Chapter V, is conducted by an impartial hearing officer. If the hearing officer determines the district's assessments were inappropriate, the district must pay the costs of the independent evaluation. On the other hand, should the hearing officer determine the district's assessments were accurate and sufficient, the parents would bear the costs of the independent evaluation.

Sometimes school districts will purchase independent evaluations to obtain additional information on a child's educational needs. The IEP team may welcome an independent assessment to help them meet a child's needs. Additionally, an independent evaluation can sometimes be useful to help resolve disagreements between a child's parents and school personnel. The opinion of an independent person, with "no axe to grind," may help the parents and the school resolve a disagreement and avoid the need to resort to lengthier dispute resolution procedures. An independent evaluation may be a very helpful tool for an IEP team to identify the needs of a student with a disability.

IV El Programa Educativo Individualizado/ The Individualized Educational Program

Todos los asuntos que hemos discutido hasta este momento se fusionan con el Programa Educativo Individualizado (Individualized Educational Program, o IEP). El IEP es el proceso y el documento que delinea lo que es una educación pública gratis y apropiada para un niño en particular. Como lo hemos visto, el IEP determina cuál es el ambiente menos restrictivo para un estudiante individual y cuáles son los servicios y ayudas suplementarias que el estudiante puede necesitar para participar completamente en el ambiente educativo regular. El IEP identifica los servicios relacionados que un niño necesita para beneficiarse de su programa de educación especial. La reunión del IEP es donde las necesidades educativas de los estudiantes se discuten e identifican. Como es debido, con las enmiendas de IDEA 2004, el IEP se enfoca ahora más que en el pasado en asegurar que los estudiantes con discapacidades tengan un acceso

All of the issues we have discussed thus far come together in the Individualized Educational Program or IEP. The IEP is the process and the document that outlines what a free appropriate public education is for a particular child. As we have seen, the IEP determines what the least restrictive environment is for an individual student and what supplementary aids and services the student may need to participate fully in the regular education environment. The IEP identifies the related services a child needs to benefit from his special education program. The IEP meeting is where the educational needs of students are discussed and identified. Fittingly, with the 2004 amendments to the IDEA, the IEP focuses more now than in the past on ensuring that students with disabilities have significant access to the general curriculum. In the IDEA 2004, Congress also encourages flexibility in the IEP process.

significativo al currículo de educación general. En IDEA 2004, el Congreso también alienta la flexibilidad del proceso del IEP.

> IDEA 2004, por primera vez, incluye procedimientos que les permiten a los miembros del equipo del IEP a que se excusen de asistir a una reunión del IEP si no se va a discutir el enfoque o el área de experiencia del miembro del equipo. También por primera vez, IDEA incluye un proceso que permite que se enmiende el IEP sin necesidad de que participen todos los miembros del equipo.

IDEA 2004, por primera vez, incluye procedimientos que les permiten a los miembros del equipo del IEP a que se excusen de asistir a una reunión del IEP si no se va a discutir el enfoque o el área de experiencia del miembro del equipo.[95] También por primera vez, IDEA incluye un proceso que permite que se enmiende el IEP sin necesidad de que participen todos los miembros del equipo.[96]

Los procedimientos para enmendar el IEP y dispensar a un miembro del equipo de asistir a una

> . . . el IEP, ni tampoco puede algún miembro del equipo ser dispensado de asistir a la reunión, al menos que los padres del estudiante y el distrito escolar estén de acuerdo y que los padres den su consentimiento por escrito.

> The IDEA 2004, for the first time, includes procedures to permit members of the IEP team to be excused from attending an IEP meeting if the team member's area of expertise or focus is not being addressed. Also for the first time, the IDEA includes a process to allow the IEP to be amended without pulling together a meeting of all of the members of the team.

The IDEA 2004, for the first time, includes procedures to permit members of the IEP team to be excused from attending an IEP meeting if the team member's area of expertise or focus is not being addressed.[95] Also for the first time, the IDEA includes a process to allow the IEP to be amended without pulling together a meeting of all of the members of the team.[96]

The procedures for amending the IEP and excusing a team member from attending an IEP meeting, or part of an IEP meeting, will be dis-

> . . .the IEP cannot be amended, nor can a team member be excused from attending the meeting, unless both the student's parents and the school district agree and the parents consent in writing.

[95] 20 U.S.C. 1414(d)(1)(C)
[96] 20 U.S.C. 1414(d)(3)(D)

[95] 20 U.S.C. 1414(d)(1)(C)
[96] 20 U.S.C. 1414(d)(3)(D)

reunión del IEP, o parte de una reunión del IEP, se discutirán con más detalle más adelante en este capítulo. Pero es importante notar que al principio no se puede enmendar el IEP, ni tampoco puede algún miembro del equipo ser dispensado de asistir a la reunión, al menos que los padres del estudiante y el distrito escolar estén de acuerdo y que los padres den su consentimiento por escrito.

Nuestro destino es un programa educativo apropiado para cada estudiante con una discapacidad. El proceso IEP es el vehículo que nos llevará hacia esa meta. Debemos entender y utilizar este proceso para obtener los servicios apropiados para los estudiantes con discapacidades.

¿Quiénes Son los Miembros del Equipo del IEP?

Los Programas Educativos Individualizados o IEPs son documentos escritos que delinean los programas educativos específicos para cada estudiante con una discapacidad. Hay requerimientos muy específicos con respecto al contenido del IEP y una lista específica de la membresía del equipo encargado de desarrollar el IEP.[97] Una educación apropiada es individualizada, pero requiere de un equipo para alcanzarla. Los miembros del equipo son

1. los padres del estudiante;

2. no menos de uno de los maestros de educación regular del estudiante, si el estudiante actualmente está, o podría estar, participando en la educación regular;

3. no menos de uno de los maestros de educación especial del estudiante o, si lo es apropiado, alguien quien ofrece servicios de educación especial al estudiante;

cussed more fully later in this chapter. But it is important to note at the outset that the IEP cannot be amended, nor can a team member be excused from attending the meeting, unless both the student's parents and the school district agree and the parents consent in writing.

An appropriate educational program for each student with a disability is our destination. The IEP process is the vehicle that will get us there. We must understand and use this process to obtain appropriate services for students with disabilities.

Who Are the Members of the IEP Team?

Individualized Educational Programs or IEPs are written documents that outline specific educational plans for each student with a disability. There are very specific requirements regarding the contents of an IEP and a specific listing of the membership of the team charged with developing the IEP.[97] An appropriate education is individualized, but it takes a team to get there. Members of that team are

1. the student's parents;

2. not less than one of the student's regular education teachers, if the student currently is, or may be, participating in regular education;

3. not less than one of the student's special education teachers or, where appropriate, someone else who provides special education services to the student;

---

[97] 20 U.S.C. 1414(d)(1)(B)

[97] 20 U.S.C. 1414(d)(1)(B)

4. un representante del distrito escolar quien está calificado para ofrecer, o para supervisar el ofrecimiento, de instrucción especialmente diseñada para satisfacer las necesidades únicas de estudiantes con discapacidades y quien tenga conocimientos acerca del currículo general y de la disponibilidad de los recursos del distrito;

5. un individuo quien puede interpretar cómo la información de las evaluaciones puede impactar la instrucción del niño;

6. a discreción de los padres o del distrito escolar, otros individuos quienes tengan conocimientos o experiencia especial con respecto al niño, incluyendo el personal de servicios relacionados;

7. el estudiante con una discapacidad cuando sea apropiado;

8. el coordinador de la Parte C u otros representantes del sistema de la Parte C si el estudiante ha recibido servicios de la niñez temprana de la Parte C y si los padres solicitan su presencia para ayudar con "la transición de servicios sin complicaciones" de la Parte C a la Parte B.[98]

Los padres están incluidos específicamente como miembros del equipo del IEP. Para facilitar la participación de los padres en el desarrollo del IEP, se requiere que el distrito escolar notifique a los padres de la reunión. Este aviso debe proveerse en un tiempo razonable antes de la reunión. La reunión también debe planearse a una hora razonablemente conveniente para los padres. Además, si los padres son sordos o si no hablan inglés, se deben proveer intérpretes.[99]

4. a representative of the school district who is qualified to provide, or supervise providing, specially designed instruction to meet the unique needs of students with disabilities and who is knowledgeable about both the general curriculum and the availability of the district's resources;

5. an individual who can interpret how the information from evaluations can impact the child's instruction;

6. at the parents' or school district's discretion, other individuals who have knowledge or special expertise regarding the child, including related services personnel;

7. the student with a disability whenever appropriate;

8. the Part C service coordinator or other representatives of the Part C system if the student has received Part C early childhood services and if the parents request their presence to help with the "smooth transition of services" from Part C to Part B.[98]

Parents are specifically listed as members of the IEP team. To facilitate parent participation in developing the IEP, the school district is required to notify parents of the meeting. This notice must be provided in a reasonable time before the meeting. The meeting must also be scheduled at a reasonably convenient time for the parents. Moreover, if the parents are deaf or non-English speaking, interpreters must be provided.[99]

---

[98] 20 U.S.C. 1414(d)(1)(D)
[99] 20 U.S.C. 1415(d)(2)

[98] 20 U.S.C. 1414(d)(1)(D)
[99] 20 U.S.C. 1415(d)(2)

Puede haber otras personas que asistan a la reunión del IEP. Los padres tienen derecho a ser acompañados en la reunión por un abogado o por cualquier otra persona que ellos escojan para que les ayuden. Otras personas quienes pueden ser miembros del equipo son las personas quienes tienen conocimientos o experiencia con respecto a las necesidades de educación especial del estudiante. Estos individuos pueden ser proveedores de servicios relacionados; pueden ser individuos quienes hayan conducido evaluaciones independientes del estudiante; o pueden ser otros maestros de educación especial. Adicionalmente, **asistir** a la reunión del IEP no necesariamente significa que el individuo esté físicamente presente en la reunión. IDEA 2004 alienta las formas alternas de participar en la reunión. Por ejemplo, los padres y el distrito escolar pueden ponerse de acuerdo en permitir la participación por llamadas telefónicas de conferencia y por videoconferencias.[100]

Como se notó en el Capítulo II en donde discutimos el ambiente menos restrictivo, un miem-

> El maestro de educación regular puede ser una fuente importante de información acerca de los apoyos que el estudiante pueda necesitar para participar efectivamente en el aula regular. Además, al asistir a la reunión del IEP, el maestro de educación regular puede aprender acerca del estudiante, de la discapacidad del estudiante, y de los servicios y acomodaciones que pueda necesitar el estudiante para tener éxito.

There may be other persons who attend an IEP meeting. Parents have the right to be assisted at the meeting by an attorney or anyone else they choose to assist them. Other individuals who might be members of the team are persons who have special knowledge or expertise regarding the special educational needs of the student. These individuals may be related service providers; they may be individuals who have conducted independent evaluations of the student; or they might be other regular education teachers. Additionally, **attending** the IEP meeting does not necessarily mean an individual is physically present at the meeting. The IDEA 2004 encourages alternative means of participating in the meeting. For example, the parents and the school district may agree to allow participation by conference calls and video conferences.[100]

As noted in Chapter II discussing least restrictive environment, a key member of the IEP team is the student's regular education teacher.

> The regular education teacher can be an important source of information regarding the supports the student might need to participate effectively in the regular classroom. Moreover, by attending the IEP meeting, the regular education teacher can learn about the student, the student's disability, and what services, accommodations, and modifications the student may need to be successful.

---

[100] 20 U.S.C. 1414(f)

[100] 20 U.S.C. 1414(f)

bro clave del equipo del IEP es el maestro de educación regular del estudiante. El maestro de educación regular puede ser una fuente importante de información acerca de los apoyos que el estudiante pueda necesitar para participar efectivamente en el aula regular. Además, al asistir a la reunión del IEP, el maestro de educación regular puede aprender acerca del estudiante, de la discapacidad del estudiante, y de los servicios y acomodaciones que pueda necesitar el estudiante para tener éxito. Puede ser muy útil para el maestro de educación regular entender cómo y por qué se ofrecen estos servicios. Es más probable que los maestros que entienden por qué es necesario un apoyo o un servicio provean este apoyo efectivamente.

También discutimos en el Capítulo II que IDEA requiere que asista no menos de un maestro educación regular a la reunión del IEP. Como discutimos, puede haber veces cuando tener a más de un maestro de educación regular es apropiado. Por ejemplo, si el estudiante está en la escuela secundaria o en la escuela preparatoria, el estudiante probablemente tendrá varios maestros de educación regular para las diferentes clases. Los maestros del estudiante de las otras clases de educación regular también podrían beneficiarse de asistir a las reuniones y contribuir al desarrollo del IEP.

Repito, IDEA sólo requiere que no menos de un maestro de educación regular asista a la reunión del IEP. Pero, como se observó anteriormente, se pueden incluir a otros individuos de acuerdo a la discreción de los padres o del distrito escolar. Por lo tanto, si lo es apropiado, los padres pueden solicitar que asistan otros maestros de educación regular. Una vez más, como se observó en el Capítulo II, si los padres están solicitando miembros adicionales para el

The regular education teacher can be an important source of information regarding the supports the student might need to participate effectively in the regular classroom. Moreover, by attending the IEP meeting, the regular education teacher can learn about the student, the student's disability, and what services, accommodations, and modifications the student may need to be successful. It might be very helpful for the regular education teacher to understand how and why these services are provided. Teachers that understand why a service, support, or accommodation is necessary are more likely to provide the support effectively.

We also discussed in Chapter II that the IDEA requires not less than one regular education teacher attend the IEP meeting. As we discussed, there might be times when having more than one regular education teacher would be appropriate. For example, if the student is in middle school or high school, the student will probably have several regular education teachers for several different classes. The student's teachers from the other regular education classes might also benefit from attending the meeting and contributing to developing the IEP.

Again, the IDEA only requires that not less than one regular education teacher attend the IEP meeting. But, as noted above, other individuals may be included on the team at the discretion of the parents or school district. So, parents may request that other regular education teachers attend, if appropriate. Again, as noted in Chapter II, if parents are requesting additional team members, the parents may need to be a little extra patient and extra flex-

equipo, los padres deben tener un poquito más de paciencia y flexibilidad extra con el tiempo que se requiere para organizar la reunión. Es probable que mientras más gente participe en la reunión, más difícil será coordinar la planeación de la reunión.

ible with the amount of time it takes to schedule the meeting. It's likely that the more people who will be attending, the more difficult it will be to coordinate the meeting schedule.

Ausencias en el Equipo

Puede haber veces cuando no es necesario que un individuo quien normalmente está incluído en el equipo del IEP asista a una reunión del IEP o a parte de una reunión. Debido a esto, IDEA 2004 incluye un procedimiento para dispensar a un miembro del equipo de que asista. IDEA 2004 discute dos situaciones diferentes en las cuales se puede dispensar: (1) **no** se discutirá durante la reunión el área de experiencia del miembro acerca del currículo o servicios relacionados; o (2) **sí** se discutirá el área del currículo o servicios relacionados del miembro del equipo.

Primero, puede haber ocasiones en las cuales el área del currículo o de servicios relacionados del miembro del equipo no se va a discutir o modificar en una reunión del IEP en particular o en parte de esa reunión. También puede haber ocasiones en las cuales el miembro del equipo haya ofrecido su opinión con respecto a su área de responsabilidad o experiencia durante una parte más temprana de la reunión y el miembro necesita dispensarse de las partes más adelante de la reunión. Ocasionalmente las juntas del IEP duran varias horas. Algunas veces el IEP no puede completarse en una sola reunión. Se pueden necesitar más reuniones. Un miembro del equipo puede haber aportado su contribución en la primera reunión y tal vez no se le necesite para las reuniones subsecuentes. Si ese es el caso, los padres y el distrito escolar pueden estar de acuerdo en dispensar que ese miembro del equipo asista a la reunión.

Team Absences

There might be times when it isn't necessary for an individual who is usually included on the IEP team to attend an IEP meeting or part of the meeting. So, the IDEA 2004 includes a procedure to excuse a team member from attending. The IDEA 2004 discusses two different situations in which an IEP team member may be excused from attending all or part of an IEP meeting: (1) the team member's area of the curriculum or related services **will not** be discussed during the meeting; or (2) the team member's area of the curriculum or related services **will** be discussed.

First, there are times when a team member's area of the curriculum or related services will not be discussed or modified at a particular IEP meeting or portion of a meeting. There are also occasions in which the team member may have provided input related to the team member's area of responsibility or expertise in an earlier portion of the meeting and needs to be excused from the later portions of the meeting. Occasionally IEP meetings last for several hours. Sometimes the IEP may not be completed in one meeting. Additional meetings may be needed. A team member may have given their input in the first meeting and may not be needed for the subsequent meetings. If that is the case, the parents and the school district can agree to excuse the team member from attending the meeting.

Observe que tanto los padres y el distrito escolar deben de estar de acuerdo en dispensar que un miembro del equipo del IEP no asista a una reunión.[101] Además, los padres deben estar de acuerdo específicamente y dar su consentimiento por escrito para dispensar a un miembro del equipo de que asista a una reunión del IEP.[102]

Segundo, también puede haber ocasiones cuando, aún cuando el área del currículo o servicios relacionados del miembro del equipo se vayan a discutir durante la reunión, es útil dispensar al miembro del equipo de que asista a toda, o a parte de, la reunión del IEP. Por ejemplo, se necesita una reunión del IEP, pero el horario de un miembro en particular complica que se lleve a cabo la reunión. En este caso, IDEA 2004 permite que si los padres y el distrito escolar están de acuerdo, se puede dispensar a un miembro del equipo de que asista a la reunión. En este ejemplo, sin embargo, puesto que el área del currículo o servicios relacionados del miembro del equipo **se van a discutir o modificar** en la reunión, el miembro del equipo dispensado **debe** someter su material para el desarrollo del IEP por **escrito antes** de la reunión a los **padres** y al equipo del IEP.[103]

Repito, no se puede dispensar a un miembro del equipo de asistir a una reunión del IEP sin el acuerdo y consentimiento por escrito de los padres. Bajo esta nueva disposición que permite ausencias del equipo, pueden surgir situaciones en las cuales los padres hayan dado su consentimiento dispensando a un miembro del equipo del IEP de que asista a una reunión, pero durante la reunión, los padres se dan cuenta que ellos necesitaban al miembro del equipo en

Note, both the parents and the school district must agree to excuse an IEP team member from attending an IEP meeting.[101] Moreover, the parent must specifically agree and consent in writing to excusing the team member from attending the IEP meeting.[102]

Second, there also might be times when, even though a team member's area of curriculum or related services will be discussed at the meeting, it is helpful to excuse the team member from attending all, or part, of the IEP meeting. For example, an IEP meeting is needed, but a particular team member's schedule complicates arranging the meeting. In this case, the IDEA 2004 allows that if the parents and the school district agree, a team member may be excused from attending the meeting. In this example, however, since the team member's area of curriculum or related services **will** be discussed or modified at the meeting, the excused team member **must** submit input into developing the IEP **prior** to the meeting in **writing** to the **parent** and the IEP team.[103]

Again, a team member cannot be excused from attending an IEP meeting without the parent's written agreement and consent. Under this new provision allowing team absences, situations may arise in which parents have consented to excusing a team member from attending an IEP meeting, but during the meeting, the parents realize that they need the team member present. In that situation, perhaps the IEP meeting could be continued to another date or

---

[101] 20 U.S.C. 1414(d)(1)(C)
[102] 20 U.S.C. 1414(d)(1)(C)(iii)
[103] 20 U.S.C. 1414(d)(1)(C)(ii)

[101] 20 U.S.C. 1414(d)(1)(C)
[102] 20 U.S.C. 1414(d)(1)(C)(iii)
[103] 20 U.S.C. 1414(d)(1)(C)(ii)

la reunión. En esta situación, quizás la reunión del IEP deberá continuarse en otra fecha o se puede planear otra reunión del IEP que incluya al miembro ausente del equipo.

¿Cuáles Son los Componentes del IEP?

IDEA es muy específica con respecto al contenido del IEP.[104] Como discutimos anteriormente en el Capítulo I, las enmiendas a IDEA de 1997 trajeron consigo un incremento en el énfasis de ofrecer a los estudiantes con discapacidades acceso relevante al currículo general. IDEA 2004 continúa este énfasis. Por lo tanto, el IEP continuó enfocándose en la participación del estudiante en el currículo general y en asegurar el progreso de estudiante en el currículo general.

Un IEP debe incluir la siguiente información. Por favor observe que este lenguaje no es el lenguaje exacto utilizado en IDEA. Hasta cierto punto yo he parafraseado el contenido para hacer que el lenguaje sea más comprensible. Yo también, en muchos lugares, he usado la palabra de estudiante en vez de la palabra "niño". Los componentes del IEP se describen a continuación:

1. Una declaración de los niveles presentes de logro académico y desempeño funcional, incluyendo

> . . .el IEP continuó enfocándose en la participación del estudiante en el currículo general y en asegurar el progreso de estudiante en el currículo general.

another IEP meeting could be scheduled to include the absent team member.

What Are the Components of the IEP?

The IDEA is very specific regarding what an IEP must contain.[104] As we discussed in Chapter I, the 1997 amendments to the IDEA brought an increased emphasis on providing students with disabilities meaningful access to the general curriculum. The IDEA 2004 continues that emphasis. Thus, the IEP continues to focus on involving the student in the general curriculum and ensuring the student's progress in the general curriculum.

A proper IEP must include the following information. Please note that this language is not the exact language used in the IDEA. I have paraphrased to a certain extent to help make the legal language more understandable. I have also, in most places, used the word student in place of the word "child." The components of the IEP are described below:

1. A statement of the student's present levels of academic achievement and functional performance, including

> . . .the IEP continues to focus on involving the student in the general curriculum and ensuring the student's progress in the general curriculum.

---

[104] 20 U.S.C. 1414(d)(1)(A)(aa)(bb)

[104] 20 U.S.C. 1414(d)(1)(A)(aa)(bb)

a. cómo afecta la discapacidad del estudiante a la participación del estudiante y su progreso en el currículo general;

b. para los niños preescolares, si lo es apropiado, cómo afecta la discapacidad a la participación del niño en las actividades apropiadas; y

c. para estudiantes quienes toman evaluaciones alternas alineadas a estándares de desempeño alternos, una descripción de las metas o de los objetivos a corto plazo.

2. Una declaración de metas anuales mensurables, incluyendo metas académicas y funcionales, diseñadas para

    a. satisfacer las necesidades del estudiante que resultan debido a su discapacidad en una manera que permita al estudiante que participe y progrese en el currículo de educación general; y

    b. satisfacer las otras necesidades educativas del estudiante que resultan debido a su discapacidad.[105]

3. Una declaración acerca de cómo se medirán y cuándo se proveerán reportes acerca del progreso del estudiante hacia lograr las metas anuales (por ejemplo, utilizar reportes periódicos enviados al mismo tiempo que se envían las boletas de calificación).

4. Una declaración de la educación especial y servicios relacionados y ayudas y servi-

a. how the student's disability affects the student's involvement and progress in the general curriculum;

b. for preschool children, as appropriate, how the disability affects the child's participation in appropriate activities; and

c. for students who take alternate assessments aligned to alternate achievment standards, a description of benchmarks or short-term objectives.

2. A statement of measurable annual goals, including academic and functional goals, designed to

    a. meet the student's needs that result from the student's disability in a way that will enable the student to be involved in and make progress in the general curriculum; and

    b. meet the student's other educational needs that result from the student's disability.[105]

3. A statement about how the student's progress toward meeting the annual goals will be measured and when periodic reports on the progress the student is making toward meeting the annual goals will be provided (for example, using quarterly or other periodic reports, sent out at the same time report cards are issued).

4. A statement of the special education and related services and supplementary

---

[105] 20 U.S.C. 1414(d)(1)(A)(II) Observe que las metas anuales ya no tienen que incluir patrones de referencia ni objetivos a corto plazo.

[105] 20 U.S.C. 1414(d)(1)(A)(II) Note that the annual goals no longer need to include bench-marks and short-term objectives.

cios suplementarios *basados en investigación calificada, al mayor alcance práctico,* que se deben ofrecer al estudiante, o para beneficio del estudiante. Esto también deberá incluir una declaración de las modificaciones o apoyos del programa para el personal escolar que serán ofrecidas para que el estudiante[106]

a. avance apropiadamente hacia el logro de las metas anuales;

b. participe y progrese en el currículo de educación general y progrese en las actividades extracurriculares y otras actividades no académicas; y

c. se eduque y participe con otros estudiantes con discapacidades y estudiantes sin discapacidades en el currículo general y extracurricular y en otras actividades no académicas.

5. Una explicación del grado al cual el estudiante **no** participará con niños sin discapacidades en el aula regular, en las actividades extracurriculares y no académicas y en otras actividades generales del currículo, si es que las hay.

6. Una declaración de las acomodaciones individuales apropiadas que son necesarias para medir los logros académicos y el desempeño funcional de las evaluaciones del estado y del distrito, y si el equipo del IEP determina que el estudiante tendrá que tomar una evaluación alterna a nivel estatal o del distrito, entonces tiene que haber

aids and services, *based on peer reviewed research to the extent practicable* to be provided to the student, or on behalf of the student. This must also include a statement of the program modifications or supports for school personnel that will be provided for the student[106]

a. to advance appropriately toward attaining the annual goals;

b. to be involved and make progress in the general education curriculum and to make progress in extracurricular activities and other nonacademic activities; and

c. to be educated and participate with other students with disabilities and students without disabilities in the general curriculum and extracurricular and other nonacademic activities.

5. An explanation of the extent that the student will **not** participate with children without disabilities in the regular classroom, extracurricular and nonacademic activities and other general curriculum activities, if any.

6. A statement of any individual appropriate accommodations that are necessary to measure academic achievement and functional performance on state and district-wide assessments, and if the IEP team determines the student shall take an alternate assessment on a state or district-wide assessment there must be

---

[106] 20 U.S.C. 1414(d)(1)(A)(IV) Observe que el lenguaje en letras itálicas es nuevo.

[106] 20 U.S.C. 1414(d)(1)(A)(IV) Note that the language in italics is new.

a. una declaración de por qué el estudiante no puede participar en la evaluación regular; y

b. una declaración de que la evaluación alterna particular seleccionada para el estudiante es apropiada.

7. La **fecha proyectada** para el comienzo de los servicios y modificaciones listados en el artículo cuatro anterior y la **frecuencia, el lugar y la duración anticipada de estos servicios y modificaciones.**

8. Comenzando no más tarde que cuando el primer IEP estará en efecto, cuando el estudiante cumpla 16 años, y posteriormente actualizado anualmente,

a. metas postsecundarias mensurables apropiadas basadas en evaluaciones de transición apropiadas para la edad relacionadas con la educación, el entrenamiento, el empleo, y cuando lo es apropiado, con las escuelas de vida independiente;

b. los servicios de transición (incluyendo cursos de estudio) necesarios para ayudar a que el estudiante logre esas metas; y

c. comenzando no más tarde que un año antes de que el estudiante alcance la mayoría de edad de acuerdo con la ley estatal, una declaración de que el estudiante ha sido informado de sus derechos de acuerdo con IDEA que se le transferirán cuando alcance la mayoría de edad.

a. a statement why the student cannot participate in the regular assessment; and

b. a statement that the particular alternate assessment selected for the student is appropriate.

7. The **projected date** for the beginning of the services and modifications listed in item 4 above and the **anticipated frequency, location, and duration of those services and modifications.**

8. Beginning not later than the first IEP to be in effect when the student is 16, and updated annually afterwards,

a. appropriate measurable postsecondary goals based on age appropriate transition assessments related to training, education, employment, and where appropriate, independent living schools;

b. the transition services (including courses of study) needed to assist the student in reaching those goals; and

c. beginning not later than one year before the student reaches the age of majority under state law, a statement that the student has been informed of his rights under the IDEA that will transfer when he reaches the age of majority.

Desarrollo del IEP y Factores Especiales

Generalmente, cuando se desarrolla el IEP, el equipo del IEP debe tomar en consideración los talentos sobresalientes del estudiante, las preocupaciones de los padres con respecto al mejoramiento de la educación de su hijo, los resultados de la evaluación inicial o de la evaluación más reciente del estudiante y las necesidades académicas, de desarrollo y funcionales del estudiante.[107]

También hay factores especiales que deben considerarse cuando se desarrolla el IEP.[108] Si el comportamiento del estudiante impide el aprendizaje del estudiante o el aprendizaje de otros estudiantes, entonces deben considerarse intervenciones y apoyos de comportamiento positivos para abordar este comportamiento. Si el estudiante tiene habilidades limitadas en inglés, el equipo debe considerar las necesidades del lenguaje del estudiante y su relación con el IEP.

Además, para los estudiantes ciegos o quienes tienen impedimentos de la vista, el equipo debe considerar instrucción en Braille al menos que el equipo crea que la instrucción en Braille no sería apropiada. El equipo también debe considerar las necesidades de comunicación del estudiante. Si el estudiante es sordo o tiene dificultades para oír, el equipo debe considerar las necesidades de lenguaje y comunicación del estudiante, las oportunidades de comunicación directa con sus compañeros y con profesionales en el lenguaje y modo de comunicación del estudiante, el nivel académico, y una amplia variedad de necesidades, incluyendo oportunidades para instrucción directa en el modo de comunicación y lenguaje del estudiante.

Developing the IEP and Special Factors

Generally, when developing the IEP, the IEP team must take into account the student's strengths, the parents' concerns for enhancing their child's education, the results of the initial evaluation or the student's most recent evaluation, and the student's academic, developmental, and functional needs.[107]

There are also special factors that must be considered in developing the IEP.[108] If the student's behavior impedes the student's learning or the learning of other students, then positive behavioral interventions and supports and other strategies should be considered to address that behavior. If the student has limited proficiency in English, the team should consider the student's language needs as they relate to the IEP.

Moreover, for students who are blind or have visual impairments the team should consider instruction in Braille unless the team feels that instruction in Braille would be inappropriate. The team should also consider the communication needs of the student. If the student is deaf or hard of hearing, the team should consider the student's language and communication needs, opportunities for direct communication with peers and professionals in the student's language and communication mode, academic level, and full range of needs, including opportunities for direct instruction in the student's communication and language mode.

---

[107] 20 U.S.C. 1414(d)(3)(A)
[108] 20 U.S.C. 1414(d)(3)(B)

[107] 20 U.S.C. 1414(d)(3)(A)
[108] 20 U.S.C. 1414(d)(3)(B)

...los requerimientos de IDEA con respecto al contenido del IEP son muy preceptivos. Esto es muy importante debido a que el desarrollo del IEP es la clave para entregar servicios de calidad a los estudiantes con discapacidades.

...the IDEA's requirements regarding the contents of the IEP are very prescriptive. This is important because developing the IEP is the key to delivering quality services to students with disabilities.

Esto quiere decir que para los estudiantes cuyo modo de comunicación y lenguaje es el Lenguaje de Señas Americano, el equipo debe considerar ofrecer oportunidades para que esos estudiantes se comuniquen directamente con otros estudiantes e instructores que utilizan el Lenguaje de Señas Americano y no tener que usar un intérprete de lenguaje de señas. Finalmente, incluido entre esos factores especiales, está el requerimiento de que el equipo del IEP considere específicamente si el estudiante requiere dispositivos y servicios de tecnología de ayuda.

Como usted puede ver, los requerimientos de IDEA con respecto al contenido del IEP son muy preceptivos. Esto es muy importante debido a que el desarrollo del IEP es la clave para entregar servicios de calidad a los estudiantes con discapacidades. Ya que se hayan recopilado todos los datos de las evaluaciones, la reunión del IEP es donde se escriben los servicios para el estudiante en el documento IEP. Si el equipo está satisfecho de que se han recopilado suficientes datos, entonces el siguiente paso es asegurar que las necesidades del estudiante, así como los servicios para satisfacer esas necesidades, se escriban en el IEP.

Transferencia de Estudiantes

IDEA 2004 aclara el proceso IEP para los estudiantes quienes se transfieren entre distritos esco-

This means that for students whose communication and language mode is American Sign Language, the team should consider providing opportunities for those students to communicate directly with other students and instructors who use American Sign Language, rather than through a sign language interpreter. Finally, included among those special factors is a requirement that the IEP team specifically consider whether the student requires assistive technology devices and services.

As you can see, the IDEA's requirements regarding the contents of the IEP are very prescriptive. This is important because developing the IEP is the key to delivering quality services to students with disabilities. Once all the assessment data have been collected, the IEP meeting is where services for the student will be written into the IEP document. If the team is satisfied that sufficient data has been collected, then their next step is to ensure that the student's needs, with services to meet those needs, are written into the IEP.

Transfer Students

The IDEA 2004 clarifies the IEP process for students who transfer school districts during

lares durante el año escolar. IDEA 2004, primero, provee el proceso para los estudiantes que cambian de distrito escolar dentro del mismo estado, y, segundo, discute el proceso para estudiantes que provienen de un distrito fuera del estado.

Transferencia dentro del Mismo Estado

Como nosotros sabemos, todos los estudiantes con discapacidades tienen derecho a una educación pública gratis y apropiada. Por lo tanto, si el estudiante con una discapacidad cambia de distrito escolar dentro del mismo estado durante el año escolar, el distrito escolar que recibe al estudiante debe ofrecer al estudiante una educación pública gratis y apropiada. Esta educación pública apropiada gratuita incluirá servicios que son comparables o similares a los servicios descritos en el IEP del distrito escolar anterior del estudiante. Estos servicios comparables en el nuevo distrito deben ser desarrollados en colaboración con los padres del estudiante. Estos servicios **comparables** se ofrecerán hasta que el nuevo distrito escolar adopte el IEP del distrito escolar anterior o desarrolle e implemente un nuevo IEP.[109]

Transferencia desde Fuera del Estado

Similarmente, si un estudiante con un IEP se transfiere de un distrito escolar fuera del estado durante el año escolar, el distrito escolar del estado que recibe el estudiante debe ofrecer al estudiante una educación pública gratis y apropiada. Además, esta educación pública apropiada gratuita incluirá servicios que son comparables o similares a los servicios descritos en el IEP del distrito escolar anterior del estudiante. Estos servicios comparables en el nuevo distrito deben ser desarrollados en colaboración con los padres del estudiante. Estos servicios **compara-**

the school year. The IDEA 2004, first, provides the process for students who transfer school districts within the same state, and, second, discusses the process for students who transfer from outside the state.

Transfer within the Same State

As we know, all students with disabilities are entitled to a free appropriate public education. So, if a student with an IEP transfers school districts within the state during the school year, the school district receiving the student must provide the student a free appropriate public education. That free appropriate public education will include services that are comparable or similar to the services described in the student's IEP from the previous school district. These comparable services in the new district must be developed in consultation with the student's parents. The **comparable** services will be provided until the receiving school district adopts the IEP from the previous school district or develops and implements a new IEP.[109]

Transfer from Outside the State

Similarly, if a student with an IEP transfers from a school district in one state to a school district in another state during the school year, the school district in the receiving state must provide the student a free appropriate public education. Also, that free appropriate public education will include services that are comparable to the services described in the student's IEP from the previous school district, and the services must be developed in consultation with the student's parents. These **comparable** services will be provided until the receiving school

[109] 20 U.S.C. 1414(d)(2)(C)(i)

[109] 20 U.S.C. 1414(d)(2)(C)(i)

bles se ofrecerán hasta que el nuevo distrito escolar adopte el IEP del distrito escolar anterior o desarrolle e implemente un nuevo IEP.[110]

Servicios de Transición

Se deben incluir servicios de transición en el primer IEP que estarán en efecto en el momento en el cual el estudiante cumpla los 16 años.[111] Los servicios de transición son un conjunto coordinado de actividades que facilitan el cambio de un estudiante de la escuela a sus actividades después de graduarse. Para ese fin, las actividades de transición incluyen la educación postsecundaria, entrenamiento vocacional, empleo integrado (incluyendo empleo apoyado), educación continua y para adultos, servicios para adultos, vida independiente y participación en la comunidad.[112]

Puesto que el plan de transición consiste en anticipar lo que el estudiante va a querer hacer en

> Los servicios de transición son un conjunto coordinado de actividades que facilitan el cambio de un estudiante de la escuela a sus actividades después de graduarse. Para ese fin, las actividades de transición incluyen la educación postsecundaria, entrenamiento vocacional, empleo integrado (incluyendo empleo apoyado), educación continua y para adultos, servicios para adultos, vida independiente y participación en la comunidad.

district, in the new state, evaluates the student, and if necessary, develops a new IEP.[110]

Transition Services

Transition services must be included on the first IEP that will be in effect at the time the student reaches the age of 16.[111] Transition services are a coordinated set of activities that facilitate moving the student from school to post-school activities smoothly. To that end, transition activities include post-secondary education, vocational training, integrated employment (including supported employment), continuing and adult education, adult services, independent living, or community participation.[112]

Since the transition plan is anticipating what the student will want to do in the student's post-school future, the transition plan must

> Transition services are a coordinated set of activities that facilitate moving the student from school to post-school activities smoothly. To that end, transition activities include post-secondary education, vocational training, integrated employment (including supported employment), continuing and adult education, adult services, independent living, or community participation.

[110] 20 U.S.C. 1414(d)(2)(C)(ii)
[111] 20 U.S.C. 1414(d)(1)(A)(VII)(aa)(bb)
[112] 20 U.S.C. 1402(34)

[110] 20 U.S.C. 1414(d)(2)(C)(ii)
[111] 20 U.S.C. 1414(d)(1)(A)(VIII)(aa)(bb)
[112] 20 U.S.C. 1402(34)

el futuro postescolar del estudiante, el plan de transición debe estar basado en las necesidades individuales del estudiante y tomar en consideración los talentos sobresalientes, preferencias, e intereses del estudiante. Finalmente, el plan de transición incluye instrucción, servicios relacionados, experiencias en la comunidad, y el desarrollo de objetivos de empleo y de otros objetivos de la vida adulta. Los servicios de transición también pueden incluir, cuando lo es apropiado, adquirir las habilidades de la vida diaria y una evaluación vocacional funcional.[113]

Al desarrollar la parte del IEP que se refiere a la transición, el equipo debe incluir "metas de postsecundaria apropiadas y mensurables basadas en evaluaciones de transición apropiadas para la edad relacionadas con entrenamiento, educación, empleo y cuando lo es apropiado, habilidades de vivir independientemente".[114]

Las actividades de transición deben ser diseñadas dentro de un "proceso orientado a resultados que está enfocado en mejorar los logros académicos y funcionales" del estudiante.[115] Como se observó anteriormente, el plan de transición debe considerar las preferencias y los intereses del estudiante. Como parte de la determinación de estos intereses y preferencias, es muy apropiado incluir al mismo estudiante en transición como un miembro del equipo del IEP.[116]

Al coordinar las actividades de transición, el equipo del IEP tal vez quiera incluir a representantes o a las opiniones de agencias tales como la Agencia de Rehabilitación Vocacional Estatal (VR) y otras agencias que ofrecen servicios para adultos con discapacidades. La Agencia de Rehabilitación Vocacional Estatal está obligada

be based upon the individual student's needs and take into account the student's strengths, preferences and interests. Finally, the transition plan includes instruction, related services, community experiences, the development of employment and other post-school adult living objectives. Transition services can also include, when appropriate, acquiring daily living skills and functional vocational evaluation.[113]

In developing the transition portion of the IEP, the team must include "appropriate measurable postsecondary goals based upon age appropriate transition assessments related to training, education, employment, and where appropriate, independent living skills."[114] The transition activities must be designed within a "results-oriented process that is focused on improving the academic and functional achievement" of the student.[115] As noted above, the transition plan must take into account the student's preferences and interests. As part of determining those preferences and interests, it would be very appropriate to include the transitioning student in the IEP as a member of the IEP team.[116]

In coordinating the transition activities, the IEP team may want to include representatives or input from agencies such as the State Vocational Rehabilitation Agency (VR) and other agencies providing services to adults with disabilities. The State Vocational Rehabilitation Agency is required to provide services that are

---

[113] 20 U.S.C. 1402(34)
[114] 20 U.S.C. 1414(d)(1)(A)(VII)(aa)
[115] 20 U.S.C. 1402(34)
[116] 20 U.S.C. 1414(d)(1)(B)(vii)

[113] 20 U.S.C. 1402(34)
[114] 20 U.S.C. 1414(d)(1)(A)(VIII)(aa)
[115] 20 U.S.C. 1402(34)
[116] 20 U.S.C. 1414(d)(1)(B)(vii)

a ofrecer los servicios que sean necesarios para ayudar a un individuo con una discapacidad a obtener metas vocacionales y conseguir empleo.

Por lo tanto, para ser elegible para servicios de rehabilitación vocacional, la discapacidad del estudiante tiene que ser una barrera para el empleo y estos servicios deben ser necesarios para vencer esta barrera. Puesto que la Agencia de Rehabilitación Vocacional se enfoca en vencer las barreras para el empleo, la agencia ofrece sus servicios de acuerdo con un Plan para Empleo Individualizado (Individualized Plan for Employment, o IPE). Aunque VR generalmente ayuda a adultos con discapacidades, no hay limitaciones de edad para los servicios de rehabilitación vocacional. Consecuentemente, los estudiantes elegibles con discapacidades pueden recibir ayuda de la Agencia de Rehabilitación Vocacional a cualquier edad, dependiendo de sus necesidades vocacionales.

Incluir a la Agencia de Rehabilitación Vocacional en el proceso de planear la transición puede establecer un enlace con VR cuando el estudiante todavía está en la escuela, así como ayudar a identificar los apoyos que el estudiante necesitará al salir de la escuela. Puesto que tanto los distritos escolares como la Agencia de Rehabilitación Vocacional tienen responsabilidades de ofrecer servicios a estudiantes, puede ser importante incluir una declaración en el IEP del estudiante aclarando específicamente que hará cada agencia y cuando lo hará. Para facilitar el desarrollo de estas declaraciones, el asesor de rehabilitación vocacional del estudiante puede ser incluido en la reunión del IEP.

Repito, al desarrollar un conjunto coordinado de actividades, puede ser útil obtener la opinión de agencias, distintas al distrito escolar, que ofrecen servicios para adultos con discapacidades.

needed to help an individual with a disability obtain vocational goals and become employed.

Thus, to be eligible for vocational rehabilitation services, the student's disability must be a barrier to employment and the services must be needed to overcome that barrier. Since the Vocational Rehabilitation Agency is focused on overcoming barriers to employment, the VR Agency provides its services according to an Individualized Plan for Employment (IPE). While VR generally serves adults with disabilities, there is no age limitation for vocational rehabilitation services. Consequently, eligible students with disabilities can receive assistance from the Vocational Rehabilitation Agency at any age, depending upon their vocational needs.

Including the Vocational Rehabilitation Agency in the transition planning process can establish a link with VR while the student is still in school, as well as help identify supports the student will need after leaving school. Since both school districts and the Vocational Rehabilitation Agency have responsibilities to provide students with services, it might be important to include a statement on the student's IEP specifically clarifying what each agency will do and when they will do it. To facilitate developing these statements, the student's vocational rehabilitation counselor might be included in the IEP meeting.

Again, in developing a coordinated set of activities it might be useful to get input from agencies, other than the school district, that provide services to adults with disabilities. The transi-

El proceso de transición debe incluir conectar al estudiante, o proveer enlaces con gente, organizaciones y agencias que el estudiante pueda necesitar para que le ayuden en su transición o que el estudiante pueda necesitar en el futuro. Al hacer esas conexiones, el **Resumen de Desempeño** discutido en el Capítulo III, puede ser una herramienta muy útil.

Como se notó anteriormente, el Resumen de Desempeño es ofrecido al estudiante por el distrito escolar si el estudiante se gradúa con un diploma regular o cuando el estudiante ya no es elegible para servicios educativos debido que el estudiante ha cumplido 21 años. El Resumen de Desempeño incluye recomendaciones de cómo ayudar al estudiante a que logre sus metas postsecundarias.[117] Estas metas postsecundarias deben declararse en el IEP como una parte del proceso de transición.

Por lo tanto, el Resumen de Desempeño podría incluir, por ejemplo, recomendaciones acerca de las modificaciones, asistencia y acomodaciones que el estudiante pueda necesitar de las escuelas vocacionales, educación superior, rehabilitación vocacional y proveedores de servicios para adultos con discapacidades para satisfacer las metas postsecundarias del estudiante.

Servicios Específicos

El equipo del IEP deberá incluir una declaración de la educación especial y servicios rela-

> El equipo del IEP deberá incluir una declaración de la educación especial y servicios relacionados y servicios y ayudas suplementarias que se ofrecerán al estudiante como parte del IEP.

tion process should include connecting the student, or providing linkages to people, organizations, and agencies the student may need to assist in transition or the student may need in the future. In making those connections, the **Summary of Performance** discussed in Chapter III, might be a very useful tool.

As noted earlier, the Summary of Performance is provided to the student by the school district if the student graduates with a regular diploma or when the student is no longer eligible for educational services because the student has reached the age of twenty-one. The Summary of Performance includes recommendations on how to assist the student in meeting postsecondary goals.[117] Those postsecondary goals should be stated on the IEP as part of the transition process.

Thus, the Summary of Performance could include, for example, recommendations regarding modifications, assistance, and accommodations the student may need from vocational schools, higher education, vocational rehabilitation, and adult disability service providers to meet the student's postsecondary goals.

Specific Services

The IEP team must include a statement of the special education and related services and sup-

> The IEP team must include a statement of the special education and related services and supplementary aids and services that will be provided to the student as part of the IEP.

[117] 20 U.S.C. 1414(c)(5)(B)(ii)   [117] 20 U.S.C. 1414(c)(5)(B)(ii)

cionados y servicios y ayudas suplementarias que se ofrecerán al estudiante como parte del IEP. Adicionalmente, el IEP, incluirá una declaración de las modificaciones y apoyos del programa que serán ofrecidos por el personal escolar para ayudar al estudiante.[118]

Además, una vez que un servicio haya sido específicamente escrito en el IEP, entonces el IEP también deberá incluir información para asegurar que se ofrezca este servicio. Para cada servicio y modificación declarados en el IEP, el IEP también deberá declarar

1. la fecha proyectada para que comience servicio;

2. la frecuencia anticipada del servicio;

3. el lugar en donde se ofrecerán el servicio y la modificación; y

4. la duración, o cuánto durarán, el servicio y la modificación.[119]

Esta información ayuda a asegurar que los servicios se ofrezcan cuándo y dónde deberán ser entregados, por el tiempo que se propuso el equipo del IEP y con la frecuencia que determinó el equipo del IEP.

Repasando, Revisando y Enmendando el IEP

Una vez que se haya completado el proceso del IEP y se haya escrito el IEP, éste permanecerá en vigencia hasta que el equipo del IEP lo revise y haga cambios o los padres y el distrito escolar lleguen a un acuerdo de enmendarlo. El IEP debe ser revisado cuando menos una vez al año, pero puede revisarse más frecuentemente si es necesario. El equipo del IEP puede reunirse

plementary aids and services that will be provided to the student as part of the IEP. Additionally, the IEP will include a statement of the program modifications or supports that will be provided for school staff to assist the student.[118]

Furthermore, once a service has been specifically written into the IEP, then the IEP must also include additional information to help ensure the services are provided. For each service and modification stated on the IEP, the IEP must also state

1. the projected date that service is to begin;

2. the anticipated frequency of the service;

3. the location where the service and modification will be provided; and

4. the duration, or how long, the service and modification will be provided.[119]

This information helps ensure that services are provided when and where they are meant to be delivered, for as long as the IEP team intended, and as often as the IEP team intended.

Reviewing, Revising, and Amending the IEP

Once the IEP process is completed and the IEP is written, it will remain in effect until the IEP team reviews and changes it, or the parents and the school district agree to amend it. The IEP must be reviewed at least annually, but it can be reviewed more frequently if necessary. The IEP team can meet and review the IEP as necessary to address concerns as they arise.

[118] 20 U.S.C. 1414(d)(1)(A)(IV)
[119] 20 U.S.C. 1414(d)(1)(A)(VII)

[118] 20 U.S.C. 1414(d)(1)(A)(IV)
[119] 20 U.S.C. 1414(d)(1)(A)(VII)

y revisar el IEP cuando lo sea necesario para abordar problemas cuando estos surjan.

Por ejemplo, si el estudiante no está progresando hacia sus metas anuales como se esperaba. Tal vez el estudiante ha sido revaluado y el equipo necesita reunirse para discutir los resultados de la revaluación. O, quizás los padres del estudiante tienen información nueva acerca del estudiante que debe ser considerada por el equipo del IEP.[120] Por lo tanto, cuando lo es necesario, el equipo del IEP puede reunirse para repasar y revisar el IEP. Algunas veces los padres y el distrito escolar pueden querer cambiar el IEP, pero no creen que sea necesario convocar una reunión del IEP para hacer los cambios. IDEA 2004 tiene un nuevo proceso para enmendar el IEP sin la necesidad de convocar una reunión del equipo del IEP.

For example, the student may not make the progress that was expected toward the annual goals. Perhaps the student has been re-evaluated and the team needs to meet to discuss the results of the re-evaluation. Or, maybe the student's parents have new information regarding the student that needs to be considered by the IEP team.[120] Thus, when necessary, the IEP team can meet to review and revise the IEP. Sometimes the parents and school district may want to change the IEP, but they may not feel that it is necessary to convene an IEP meeting to make the changes. The IDEA 2004 has a new process to amend the IEP without convening an IEP team meeting.

Enmendando el IEP

De acuerdo con IDEA 2004 los padres y el distrito escolar pueden ponerse de acuerdo para enmendar el IEP y estar de acuerdo en NO convocar una reunión del IEP para hacer los cambios. Si ambos los padres y el distrito están de acuerdo, los cambios al IEP pueden documentarse por escrito y se puede enmendar el IEP sin necesidad de tener que escribir de nuevo el IEP por completo. Si ellos lo solicitan, se les debe ofrecer a los padres una copia de la

Amending the IEP

Under the IDEA 2004 the parents and the school district can agree to change the IEP and agree NOT to convene an IEP team meeting to make the changes. If the parents and district both agree, changes to the IEP can be documented in writing and the IEP amended without redrafting the entire IEP. If they request it, the parents must be provided with a copy of the revised IEP that includes the amendments.[121] Note that the IEP cannot be amended with-

---

> Si ambos los padres y el distrito están de acuerdo, los cambios al IEP pueden documentarse por escrito y se puede enmendar el IEP sin necesidad de tener que escribir de nuevo el IEP por completo.

> If the parents and district both agree, changes to the IEP can be documented in writing and the IEP amended without redrafting the entire IEP.

---

[120] 20 U.S.C. 1414(d)(4)

[120] 20 U.S.C. 1414(d)(4)
[121] 20 U.S.C. 1414x(d)(3)(D) and (F)

revisión del IEP que incluye las enmiendas.[121] Observe que el IEP no puede enmendarse sin una reunión del IEP al menos que los padres y el distrito escolar ambos estén de acuerdo.

Cuando ambos los padres y el distrito están de acuerdo, enmendar el IEP sin convocar una reunión del IEP puede ser una manera eficiente de adaptar el IEP para satisfacer las necesidades del estudiante. Pero cambiar el IEP sin una reunión del equipo puede causar confusión con respecto a lo que está y lo que no está incluido en el IEP del estudiante. Los padres y el personal escolar, por lo tanto, deben asegurar que todos los involucrados entiendan cómo se está enmendando el IEP y que estas enmiendas estén claramente documentadas.

Usando el Proceso IEP

El IEP es tanto una herramienta de planeación como de comunicación. El proceso IEP, cuando se lleva a cabo apropiadamente, es una excelente manera de diseñar programas para los estudiantes con discapacidades. Una vez más, un importante primer paso en el proceso es asegurar que se hayan recopilado suficientes datos de evaluación en todas las áreas apropiadas en las cuales el estudiante pueda tener necesidades educativas, incluyendo la tecnología de ayuda.

En una reunión del IEP bien conducida, el equipo siempre se enfoca en las necesidades únicas de ese estudiante en particular. Si las necesidades de otros estudiantes o las necesidades administrativas del personal docente se filtran a las discusiones, la reunión puede desviarse y pueda dar como resultado un plan no bien hecho. No es que las necesidades de otros estudiantes o las de la administración no sean importantes. Son importantes, pero el propósito de la reunión del

out an IEP meeting unless the parents and the school district both agree.

When both the parents and district agree, amending the IEP without convening an IEP team meeting can be an efficient way to adapt the IEP to meet the student's needs. But changing the IEP without a team meeting may cause confusion regarding what is and is not included in the student's IEP. Parents and school staff, therefore, should make sure that everyone involved understands how the IEP is being amended and that the amendments are clearly documented.

Using the IEP Process

The IEP is both a planning and a communication tool. The IEP process, when done properly, is an excellent way to design programs for students with disabilities. Again, an important first step in the process is ensuring that sufficient assessment data has been collected in all the appropriate areas in which the student may have educational needs, including assistive technology.

In a properly run IEP meeting, the team always focuses the discussion on the unique needs of that particular student. If the needs of other students or the administrative needs of the education staff creep into the discussion, the meeting can get off track and may result in a poor plan. It isn't that the needs of other students or the administration are not important. They are important, but the purpose of the IEP meeting is to discuss the unique needs of the individual

[121] 20 U.S.C. 1414(d)(3)(D) y (F)

IEP es el de discutir las necesidades únicas de un estudiante individual con una discapacidad. Si el equipo se enfoca en los recursos que se necesitan para servir a otros estudiantes, o en los problemas administrativos y logísticos requeridos para ofrecer servicios, el equipo tendrá la tentación de limitar las recomendaciones necesarias para este estudiante en particular.

El IEP es también una excelente herramienta de comunicación. Al final de la reunión, los padres y los otros involucrados en la educación del estudiante tendrán un documento que específicamente identifica las habilidades presentes del estudiante, sus necesidades educativas, sus metas y objetivos y los servicios específicos para lograr las necesidades, metas y objetivos identificados. Todos los que participan sabrán cuando comienzan los servicios, con qué frecuencia se ofrecerán, cuánto durarán y en donde se ofrecerán. Cualquiera quien estudie el IEP de este estudiante en particular será capaz de comprender esta información básica.

Un IEP bien escrito puede, por lo tanto, prevenir malentendidos con respecto a los servicios que recibe el estudiante. Prevenir malentendidos ayuda a asegurar que el estudiante realmente reciba los servicios que debe recibir. La buena comunicación a través del proceso del IEP también puede prevenir malentendidos que puedan canalizarse a audiencias de debido proceso u otros procedimientos de resolución de disputas. A primera vista, los requerimientos del proceso IEP pueden parecer tediosos para los distritos escolares, pero el tiempo dedicado a escribir un buen IEP es un tiempo muy bien usado.

Sugerencias para los Padres

Los padres son miembros con jerarquía equitativa en el equipo del IEP y tienen el derecho

student with a disability. If the team focuses on resources needed to serve other students, or administrative/logistical problems involved in providing services, the team will be tempted to limit recommendations for services needed by this particular student.

The IEP is also an excellent communication tool. At the end of the meeting, the parents and others involved in educating the student will have a document that specifically identifies the student's current abilities, educational needs, goals and objectives, and specific services to meet those identified needs, goals and objectives. Everyone involved will know when the services will begin, how often they will be provided, how long they will last, and where they will be provided. Anyone looking at that particular student's IEP will be able to gather that basic information.

A properly written IEP can, therefore, prevent misunderstandings regarding the services a student is to receive. Preventing misunderstandings helps assure that the student actually receives the services the student should receive. Good communication through the IEP process can also prevent misunderstandings that might lead to due process hearings or other dispute resolution procedures. At first glance, the requirements of the IEP process may seem time consuming for school districts, but the time needed to properly write an IEP is time well spent.

Hints for Parents

The parents are equal members of the IEP team and have the right to participate fully in the

de participar de forma completa en la reunión. Los padres tienen el derecho de hacer preguntas a los otros participantes en la reunión. Si los padres lo escogen, ellos pueden traer a alguien, inclusive a un abogado, para que les ayude en la reunión del IEP. Es raramente necesario que los padres traigan a un abogado a la reunión, pero puede ser muy útil para los padres traer a alguien que les ayude en la reunión del IEP.

Aunque los maestros y otro personal docente usualmente tratan de enfocarse en los talentos sobresalientes de los estudiantes, las reuniones del IEP a veces se centran en los problemas que tiene o que está causando el estudiante. Por lo tanto, los padres, quienes han estado esperando la reunión con la esperanza de que se desarrollará un programa con éxito, pueden descorazonarse con lo que puede parecer una letanía sin fin de un problema tras otro. No es difícil imaginarse que un padre tenga la tendencia de alejarse del proceso o de enfurecerse. Hay muy pocas cosas en este mundo que son más dolorosas que escuchar comentarios negativos acerca de nuestros hijos. Aunque la persona que está conduciendo la reunión del IEP debe tratar de evitar esta situación, un defensor o persona de apoyo puede ser muy útil para ayudar a los padres y a los otros miembros del equipo a que se reenfoquen y dirijan la reunión en una dirección más positiva.

meeting. Parents have the right to ask questions of other participants in the meeting. If parents choose, they may bring someone, even an attorney, to assist them in the IEP meeting. It is rarely necessary for parents to bring a lawyer to an IEP meeting, but it might be very helpful for the parents to bring someone to support and assist them in the IEP meeting.

While teachers and other educational staff usually try to focus on the strengths of students, IEP meetings can sometimes center on the problems the student has or may be causing. Thus, a parent, who may have been looking forward to the meeting in the hope that a successful program will be developed, may become disheartened listening to a seemingly endless litany of one problem after another. It isn't hard to imagine that the parent may tend to withdraw from the process or become angry. There are very few things in this world that are more painful than hearing negative comments about one's own child. Although whoever is chairing the IEP meeting should try to avoid this scenario, an advocate or support person may be very useful to help the parent and other members of the team refocus and get the meeting on a more positive track.

> Los padres son miembros con jerarquía equitativa en el equipo del IEP y tienen el derecho de participar de forma completa en la reunión. Los padres tienen el derecho de hacer preguntas a los otros participantes en la reunión.

> The parents are equal members of the IEP team and have the right to participate fully in the meeting. Parents have the right to ask questions of other participants in the meeting.

Los padres pueden tener razones muy válidas para enfurecerse en la reunión del IEP. Como se observó, los otros miembros del equipo pueden haber hecho comentarios negativos acerca del estudiante. No obstante que estos comentarios puedan haber sido no intencionales, todavía pueden ser dolorosos. Tal vez no se haya cumplido adecuadamente el IEP y el estudiante no haya recibido los servicios necesarios. O, quizás es muy difícil diseñar el programa para este estudiante en particular debido a la naturaleza o severidad de su discapacidad de tal manera que, no obstante los mayores esfuerzos de todos, el proceso ha sido frustrante.

O tal vez el maestro de educación general o administrador, no familiarizado con IDEA, ha hecho un comentario no apropiado al respecto: "Nosotros no tenemos que hacer eso para su niño". O, "Si hacemos eso para su hijo, tendremos que cortar servicios para otros estudiantes". Aunque los padres tengan razones válidas para enfurecerse, los padres deben tratar de no "perder el control". Obviamente, mantener el control es más fácil de decir que de hacer, pero a veces los miembros del equipo no pueden captar la información debido al enfurecimiento del padre. Existe la tendencia de no darle valor a las opiniones de los padres a los cuales se les percibe como enfurecidos. Mi mensaje para los padres no es que no deben enfurecerse, sino que traten de controlar sus emociones. Hay que mantener la calma.

Si los padres tienen alguna pregunta, ellos deben hacerla durante la reunión. Por ejemplo si la reunión da principio y no están disponibles todos los datos de la evaluación, los padres tienen la libertad de solicitar que se posponga la reunión a una fecha posterior cuando los datos estén disponibles. Sin la información apropiada

Parents may have very valid reasons for getting angry at an IEP meeting. As noted, other members of the team may have made negative comments about the student. Even if such comments are unintentional, they may still be hurtful. Perhaps the IEP hasn't been adequately complied with in the past and the student hasn't received needed services. Or, perhaps designing a program for this particular individual is very difficult due to the nature or severity of the student's disability, so that, despite everyone's best efforts, the process has been frustrating.

Maybe a general education teacher or administrator, unfamiliar with the IDEA, has made an inappropriate comment to the effect: "We don't have to do that for your child." Or, "If we do that for your child, we'll have to cut services for other kids." While parents have valid reasons to become angry, parents should try not to "lose their cool." Obviously, keeping cool is easier said than done, but sometimes team members can't see through the anger. The views of parents who are perceived as too angry may be discounted. My message to parents is not that they should not get angry, but that they try to keep the anger in check. Keep cool.

If parents have any questions at all, they should raise them at the meeting. For example, if the meeting begins and all the assessment data are not available, the parents should feel free to request that the meeting be rescheduled for a later date when all the data will be available. Without the proper assessment information,

acerca de la evaluación, el equipo no puede desarrollar correctamente el IEP. En la mayoría de las circunstancias, quien conduce la reunión del IEP debe posponer la reunión y dar tiempo suficiente para que se colecten los datos. Pero si no se propone posponer la reunión, los padres deberán hacérselo notar al equipo.

Los padres deben prepararse antes de asistir a la reunión del IEP. Un poco de preparación ayuda mucho a aumentar la habilidad de los padres de participar en la reunión. Los padres deben repasar la información de la evaluación y la del actual IEP para prepararse para el desarrollo de un nuevo IEP. Los padres deben hacer una lista de todas las cosas sobre las cuales tienen preguntas o las cuales están causándoles preocupaciones.

Vale la pena repetir que los padres no deben ir solos a la reunión del IEP. Aunque el personal docente a veces trata de apoyar a los padres, encontrarse con un cuarto lleno de maestros y otros profesionales puede ser intimidante. Si es posible, los padres deben traer a alguien para que les ayude. Si a los padres les ayuda un defensor, ellos deben compartir sus preguntas con este individuo y discutir la próxima reunión del IEP.

La reunión del IEP es el lugar apropiado para discutir cualquier asunto relacionado con el desarrollo del programa educativo del estudiante. Si los padres tienen apoyo a su punto de vista de parte de un educador independiente, terapeuta, u otro profesional, es muy útil traer a este individuo a la reunión del IEP. Esto ofrece la oportunidad para que los otros miembros del equipo del IEP escuchen los puntos de vista de ese profesional directamente y de que hagan preguntas. Si no es posible traer a este profesional independiente a la reunión, entonces traer su reporte es la siguiente mejor alternativa.

the team cannot properly develop the IEP. In most circumstances, whoever chairs the IEP meeting should reschedule it for a time when sufficient data has been collected. But if they do not reschedule the meeting, the parent should bring it to the team's attention.

Parents should prepare for the IEP meeting. A little preparation will go a long way toward increasing the parents' ability to participate in the meeting. Parents should review assessment information and the current IEP to prepare for developing a new IEP. Parents should make a list of all the things they have questions about or that are causing them concern.

It's worth repeating that parents should not go alone to an IEP meeting. While school personnel often try to support parents, encountering a roomful of teachers and other professionals can be intimidating. If possible, parents should take someone with them to help. If parents are assisted by an advocate, they should share their questions with that individual and discuss the upcoming IEP meeting.

The IEP meeting is the appropriate place to discuss any issues related to developing the student's educational program. If the parents have support for their view from an independent educator, therapist, or other professional, it is very helpful to bring that individual to the IEP meeting. That provides an opportunity for the other members of the IEP team to hear that professional's views directly and to ask questions. If it isn't possible to bring the independent professional to the meeting, then bringing their report would be the next best thing.

Finalmente, al final de la reunión o reuniones, si ya se ha escrito el IEP, los padres deben asegurarse de que el IEP incluye lo que se discutió y se acordó. Los padres deben salir de la reunión con una copia del IEP.

Sugerencias para Educadores y Otros Miembros del Equipo del IEP

Primero y más que nada, ¡recuerden de quien es este niño! Los maestros y administradores del distrito escolar tienen la obligación de asegurar que el IEP esté diseñado para asegurar que el estudiante reciba una educación pública gratis y apropiada. El personal del distrito escolar toma seriamente esta obligación. Pero el estudiante no es el niño de ellos. El distrito escolar no será responsable para siempre de servir el estudiante, pero los padres del estudiante serán para siempre los padres del estudiante. Mucho de la educación especial no es una ciencia exacta. Hay muchas veces cuando la absolutamente mejor opción a seguir puede ser incierta. En estas circunstancias, ¿por qué no estar de acuerdo con los deseos de los padres?

Segundo, escuchen, escuchen y escuchen. Escuchen lo que los padres y lo que los individuos a quienes ellos invitaron tienen que decir. No interrumpan la discusión o traten de establecer un límite arbitrario de tiempo para finalizar la reunión. Un director de educación especial que anuncia al principio de la reunión del IEP que sólo se ha programado una hora y media para la reunión, establece el tono incorrecto. Por supuesto, hay ocasiones en las cuales es necesario tener un límite de tiempo para la reunión, quizás algunos miembros del equipo sólo están disponibles por un tiempo limitado ese día. Pero, ellos usualmente pueden programar otra reunión si no se completa el proceso durante el tiempo disponible. Además, IDEA 2004

Finally, at the end of the meeting or meetings, if an IEP has been written, the parents should make sure the IEP includes what was discussed and agreed to. Parents should leave the meeting with a copy of the IEP.

Hints for Educators and Other Members of the IEP Team

First and foremost, remember whose kid it is! The teachers and administrators from the school district have an obligation to ensure the IEP is designed to ensure the student receives a free appropriate public education. School district personnel take that obligation seriously. But the student is not their child. The school district will not be forever responsible for serving the student, but the student's parents will be forever the parents. Much of special education is not an exact science. There are times when the absolute best course of action may be uncertain. In those circumstances, why not agree with the parents' wishes?

Second, listen, listen, and listen. Hear what the parents and what the individuals they have invited to the meeting have to say. Don't cut the discussion short or set an arbitrary time limit to finish the meeting. A special education director announcing at the start of the IEP meeting that they have only scheduled an hour and a half for the meeting sets the wrong tone. To be sure, there are occasions when there is a need for a time limit for the meeting. Perhaps some team members are only available for a limited amount of time that day. But, they can usually schedule another meeting if the process is not completed in the allotted time. Moreover, the IDEA 2004 has allowed flexibility so that if the parents consent, staff members can be excused

permite mucha flexibilidad para que si los padres lo consienten, se pueda dispensar que los miembros del equipo asistan a la reunión o a una parte de la reunión y ellos pueden dar su aportación a través de un reporte por escrito, si es que lo es necesario.[122]

Tercero, hay que ser abierto al contestar las preguntas y no ponerse a la defensiva si se cuestionan sus recomendaciones. Hay que ser abiertos con los padres que solicitan consejos de profesionales independientes y traen a estos individuos a la reunión. El proceso IEP debe ser una discusión en donde los padres hacen preguntas de los educadores, los educadores se hacen preguntas entre ellos mismos, e inclusive los educadores les hacen preguntas a los padres. Este es el proceso. Parte de ser un profesional es estar abierto a estas discusiones.

Finalmente, como les sugerí a los padres, eviten enfurecerse. No pierdan el control. Por supuesto, hay veces que los padres están equivocados o mal informados acerca de lo que están pidiendo y difíciles en la forma en que lo piden. Pero enfurecerse sólo hace que la situación empeore. Hay que ser profesional, considerado y cortés. El comportamiento rudo y desconsiderado es la raíz de muchas disputas y audiencias de debido proceso. El que seamos adultos no quiere decir que no se pueden herir nuestros sentimientos. Los sentimientos heridos pueden hacer que un granito de desacuerdo se convierta en una montaña a la hora de la audiencia de debido proceso.

Conclusión

Lo que se considera apropiado, así como lo que se considera bello, es cuestión de perspectiva. Todos los participantes en la reunión del IEP,

from attending all or part of the meeting and can then give input through a written report, if necessary.[122]

Third, be open to answering questions and don't become defensive if your recommendations are questioned. Be open to the parents seeking advice from independent professionals and bringing those individuals to the meeting. The IEP process is meant to be a discussion, with the parents asking questions of the educators, educators asking questions of each other, and even educators asking questions of the parent. That's the process. Part of being a professional is being open to an open discussion.

Finally, as I suggested to parents, avoid getting angry. Don't lose your cool. Certainly, there are times when parents are mistaken or misinformed about what they are asking for and difficult in how they ask for it. But getting angry will only make the situation worse. Be professional, considerate, and courteous. Rude and inconsiderate behavior is the root of many disputes and due process hearings. Just because we're adults doesn't mean our feelings can't get hurt. Hurt feelings can make a mole hill of a disagreement into a mountain of a due process hearing.

Conclusion

Appropriate, like beauty, is in the eye of the beholder. All the participants in the IEP meeting, therefore, should take full advantage of that

---

[122] 20 U.S.C. 1414(d)(1)(C)

[122] 20 U.S.C. 1414(d)(1)(C)

Lo que se considera apropiado, así como lo que se considera bello, es cuestión de perspectiva. Todos los participantes en la reunión del IEP, por lo tanto, deben aprovechar la oportunidad de diseñar un programa que satisfará las necesidades únicas del estudiante con una discapacidad.

Appropriate, like beauty, is in the eye of the beholder. All the participants in the IEP meeting, therefore, should take full advantage of that opportunity to design a program that will meet the unique needs of the student with a disability.

por lo tanto, deben aprovechar la oportunidad de diseñar un programa que satisfará las necesidades únicas del estudiante con una discapacidad. El proceso del IEP funciona cuando se lleva a cabo apropiadamente. Para que el proceso funcione, los participantes tienen que estar preparados para la reunión y contribuir a la discusión. Hacer preguntas contribuye a la reunión. Cada miembro del equipo puede contribuir a la formación de un programa apropiado para el estudiante. Repito, los padres son expertos en su niño y la preparación adecuada ayudará a los padres a compartir su experiencia con los otros miembros del equipo del IEP.

Los padres son miembros del equipo del IEP, pero ellos no pueden vetar las recomendaciones de todos los otros miembros. El equipo del IEP toma decisiones basadas en consenso. Un consenso significa que el grupo está generalmente de acuerdo con el IEP. Un acuerdo general no significa un acuerdo unánime. Algunos individuos pueden no estar completamente de acuerdo con el IEP al final de la reunión. Si, al final de la reunión, los padres no están de acuerdo con el programa recomendado, ellos tendrán el derecho de apelar la recomendación. Por ejemplo, si los padres querían que se incluyera terapia del habla como un servicio relacionado en el IEP y el equipo no lo incluyó, entonces los

opportunity to design a program that will meet the unique needs of the student with a disability. The IEP process works when it is done properly. In order for the process to work, the participants need to be prepared for the meeting and contribute to the discussion. Asking questions contributes to the meeting. Each member of the team can contribute to what makes up an appropriate program for the student. Again, parents are experts on their child, and adequate preparation will help parents share their expertise with other members of the IEP team.

The parents are members of the IEP team, but they cannot veto the recommendations of all the other members. The IEP team makes decisions based on a consensus. A consensus means the group has general agreement on the IEP. General agreement doesn't mean unanimous agreement. Some individuals may not fully agree with the IEP at the end of the meeting. If, at the end of the meeting, the parents disagree with the recommended program, they have the right to appeal that recommendation. For example, if the parents wanted speech therapy to be included as a related service on the IEP, and the team did not include it, then the parents have the right to challenge the IEP through the appeal process.

padres tienen derecho de desafiar el IEP a través del proceso de apelación.

Los padres tienen el derecho de solicitar una audiencia de debido proceso y de que un oficial imparcial de audiencia resuelva el desacuerdo. También hay otras opciones menos formales disponibles a los padres para resolver disputas. Todos estos procedimientos se discutirán en el siguiente capítulo. Si los padres no están de a-cuerdo con el IEP recomendado, pero deciden no apelar, el distrito escolar puede seguir adelan-te e implementar el IEP.

Parents have the right to request a due process hearing and have an impartial hearing officer resolve the disagreement. There are also other less formal options to resolve disputes available to parents. All of these procedures will be dis-cussed in the next chapter. If the parents dis-agree with the recommended IEP, but choose not to appeal, the school district can go ahead and implement the IEP.

Notas: Notes:

Notas: Notes:

Notas: Notes:

V Resolución de Disputas de Acuerdo con IDEA/ Resolving Disputes under the IDEA

Durante el transcurso de todos los procedimientos que hemos discutido hasta este punto, puede haber desacuerdos. Los padres pueden estar en desacuerdo con los educadores, los educadores pueden estar en desacuerdo con los padres y los educadores pueden estar en desacuerdo entre ellos mismos. Aunque muchos planes educativos se desarrollan en armonía, pueden surgir conflictos en la evaluación, revaluación y en el proceso de desarrollo del IEP. Estos conflictos no deben ser inesperados o temidos. Pueden surgir desacuerdos serios hasta cuando el proceso IEP está funcionando perfectamente y todos los par-

Throughout all of the procedures we have discussed to this point, there may be disagreements. The parents may disagree with the educators, the educators may disagree with the parents, and the educators may disagree among themselves. While many educational plans will be developed harmoniously, conflict may arise in the evaluation, re-evaluation, and IEP development process. That conflict should not be unexpected or feared. Serious disagreements may arise even when the IEP process is working perfectly and all participants are doing their best. Disagreement does not mean disas-

> Aunque muchos planes educativos se desarrollan en armonía, pueden surgir conflictos en la evaluación, revaluación y en el proceso de desarrollo del IEP.

> While many educational plans will be developed harmoniously, conflict may arise in the evaluation, re-evaluation, and IEP development process.

ticipantes están haciendo lo mejor que pueden. Un desacuerdo no quiere decir un desastre. Las diferencias no quieren decir un fracaso. IDEA espera que los miembros del equipo no siempre vayan a estar de acuerdo con respecto al IEP.

IDEA 2004 ofrece oportunidades adicionales para que los padres y los distritos escolares resuelvan disputas antes de convocar una audiencia de debido proceso. De acuerdo con IDEA 2004, cualquier disputa, incluyendo asuntos que hayan sucedido antes de que la queja del debido proceso se haya presentado, puede ser arreglada a través de mediación. Los acuerdos de mediación deben ser por escrito y pueden imponerse por los tribunales.

Además, antes de se organiza una audiencia de debido proceso, un aviso de queja de debido proceso debe ser mandado al distrito escolar o al padre, dependiendo de quien solicita la audiencia. El aviso de queja de debido proceso informa a la otra parte cuáles son los asuntos y que se necesita para resolver la disputa. Este podría ayudar a resolver los asuntos antes de la audiencia.

Además, en el presente se requiere una sesión de resolución entre los padres y el distrito escolar antes de que ocurra la audiencia. Esto es cierto al menos que los padres y el distrito escolar estén de acuerdo en no utilizar la sesión de resolución o estén de acuerdo en tratar mediación. La mediación, la sesión de resolución y los procedimientos de audiencia de debido proceso serán discutidos con más detalle más adelante en este capítulo, pero primero vamos a ver algunas de las maneras informales para resolver disputas.

El Proceso IEP

El proceso IEP por sí mismo ofrece oportunidades para resolver conflictos y desacuerdos.

ter. Differences don't mean failure. The IDEA expects that team members will not always see eye to eye on the IEP.

The IDEA 2004 offers additional opportunities for parents and school districts to resolve disputes before actually convening a due process hearing. Under the IDEA 2004, any dispute, including issues that happened before a due process complaint has been filed, can be mediated. Mediation agreements have to be in writing and can be enforced in court.

Additionally, before a due process hearing can be convened, a due process complaint notice must be sent to either the school district or the parent, depending on which one is requesting the hearing. The due process complaint notice tells the other side what the issues are and what is needed to resolve the dispute. This might help get the issues resolved before the hearing.

Moreover, a resolution session between the parents and the school district is now required before the hearing occurs. This is true unless the parents and school district agree to waive (or not use) the resolution session or agree to try mediation instead. The mediation, resolution session, and due process hearing procedures will be discussed more fully later in this Chapter, but first let's look at some informal ways to resolve disputes.

The IEP Process

The IEP process itself offers opportunities to resolve conflicts and disagreements. As noted in the

Como notamos en el capítulo anterior, la reunión del IEP es un lugar excelente para hacer preguntas, discutir asuntos y resolver desacuerdos. Todos los participantes en la reunión del IEP deben presentar sus preocupaciones y tratar de que se resuelvan durante la reunión. Pero a veces hay problemas que no pueden resolverse durante la reunión.

Por ejemplo, los padres pueden estar totalmente convencidos que los datos de la evaluación indican que el niño necesita una silla de ruedas adaptada como un dispositivo de tecnología de ayuda, pero el personal de la escuela no está de acuerdo de que se necesita una silla de ruedas para que el niño se beneficie del programa de educación especial. El hecho de que no se resuelva este asunto a la satisfacción de todos participantes de la reunión no significa que el proceso no está funcionando. Quiere decir que a lo mejor se necesita tratar de resolver la disputa a través de otros medios.

Algunas veces se llega a un acuerdo con respecto al IEP, pero hay disputas acerca de cómo se está implementando, e inclusive, de si se está implementando. Por ejemplo, el IEP puede indicar que el estudiante necesita tener una grabadora de cintas, pero los padres se dan cuenta más tarde que nunca se le brindó la grabadora de cintas. Quizás la grabadora de cintas si se proveyó pero no para todas las clases del estudiante como lo requiere el IEP. Quizás la grabadora de cintas estuvo disponible durante el primer semestre, pero no se ha vuelto a ofrecer desde las últimas vacaciones y el IEP indicó que la duración de este servicio de tecnología de ayuda tenía que ser para el año escolar completo.

Éstas son violaciones claras de IDEA, porque, como ya lo sabemos, los servicios tienen que ofrecerse como lo especifica el IEP, incluyen-

previous chapter, the IEP meeting is an excellent place to ask questions, discuss issues, and iron out disagreements. All of the participants in the IEP meeting should raise their concerns and try to get them resolved at the meeting. But sometimes issues cannot be resolved at the meeting.

For example, parents may strongly believe that the assessment data indicates their child needs an adapted wheelchair as an assistive technology device, but school personnel disagree that the wheelchair is needed for the child to benefit from the educational program. The fact the issue is not resolved to everyone's satisfaction at the meeting doesn't mean the process isn't working. It means we may need to try to resolve the dispute through another means.

Sometimes the IEP is agreed upon, but there are disputes regarding how it is being implemented, or even, whether it is being implemented. For example, the IEP may indicate that the student needs to have a tape recorder, but the parents later find out that a tape recorder was never provided. Perhaps the tape recorder is provided, but it isn't provided in all of the student's classes as required by the IEP. Maybe the tape recorder was provided through the first semester, but it hasn't been provided since the holidays, and the IEP specifically indicated that the duration for this assistive technology service was the entire school year.

These are all clear violations of the IDEA, because, as we know, services are to be provided as specified in the IEP, including the specified

do la frecuencia y duración especificada de los servicios. Hay una variedad de maneras, tanto formales como informales, para resolver este tipo de disputas.

Procedimientos Informales de Resolución de Disputas

Los procedimientos informales de resolución de disputas usualmente involucran escribirle a, o hablar con el personal escolar. Los padres pueden tratar de discutir el asunto con los maestros, directores y administradores de la escuela. Muchos distritos escolares tienen sus propios procedimientos de apelación informal por escrito.

Estos procedimientos usualmente comienzan cuando los padres solicitan una conferencia con el director de educación especial. Si el asunto no se resuelve en la reunión con el director de educación especial, entonces los reglamentos del distrito pueden permitir que haya una revisión con el superintendente del distrito. Estos procedimientos varían de distrito a distrito, así que los padres tienen que obtener una copia de los procesos informales que se utilizan en su distrito escolar en particular.

Muchos desacuerdos pueden resolverse a través de estos métodos más informales. En particular, la mayoría de los Directores de Educación Especial, si se les informa que un IEP no se está implementado, ellos asegurarán que el IEP se implemente lo más pronto posible.

Los padres, sin embargo, no están obligados a usar los procedimientos informales del distrito escolar para resolver disputas. Ellos pueden proceder directamente al proceso formal solicitando una audiencia de debido proceso. Los padres también pueden empezar a resolver el desacuerdo informalmente, pero más adelante

frequency and duration of the service. There are a variety of ways, both formal and informal, to resolve these kinds of disputes.

Informal Dispute Resolution Procedures

Informal dispute resolution procedures usually involve writing to, and/or talking with school personnel. Parents might try discussing the issue with teachers, principals, and school administrators. Many school districts have their own written informal appeal procedures.

These procedures usually begin with the parents requesting a conference with the director of special education. If the issue is not resolved in the meeting with the special education director, then the district's policies might allow for a higher level review with the district superintendent. These procedures may vary from school district to school district, so parents should get a copy of the informal procedures used in their particular school district.

Many disagreements may be resolved through these more informal methods. In particular, most Directors of Special Education, if informed that an IEP wasn't being implemented, would make sure that the IEP was being implemented as soon as possible.

Parents, however, are not required to use the school district's informal procedures to resolve disputes. They may proceed directly to the formal process by requesting a due process hearing. Parents may also start to resolve the disagreement informally, but later request a due process hearing if they no longer want to use

solicitar una audiencia de debido proceso si ya no quieren continuar utilizando el proceso informal. Las negociaciones informales de resolución deben continuar hasta que se haya solicitado una audiencia. De hecho, la mayoría de los casos en los cuales se solicita una audiencia se resuelven a través de negociación antes del comienzo de la audiencia.

Garantías de Procedimiento

De acuerdo con IDEA los distritos escolares deben proveer protecciones extensivas llamadas garantías de procedimiento para los derechos educativos de los padres y los estudiantes con discapacidades. Una parte importante de estas protecciones es el requisito de decirle a los padres cuáles son sus derechos de acuerdo con IDEA. Sin información acerca de sus derechos, los padres no pueden abogar efectivamente por sus hijos.

Para ese propósito, los distritos escolares deben proveer dos tipos de **avisos** a los padres. Los distritos deben proveer (1) un **aviso previo por escrito** a los padres cuando el distrito escolar toma o rechaza tomar ciertas acciones y (2) un **aviso de garantías de procedimiento** cuando menos una vez al año. El aviso de garantías de procedimiento también debe proveerse cuando lo soliciten los padres, cuando se presente una queja, o cuando se refiera al estudiante para una evaluación inicial para determinar su elegibilidad para servicios de educación especial.

> Una parte importante de estas protecciones es el requisito de decirle a los padres cuáles son sus derechos de acuerdo con IDEA. Sin información acerca de sus derechos, los padres no pueden abogar efectivamente por sus hijos.

the informal process. Informal settlement negotiations can still continue after a hearing has been requested. In fact, most cases in which a hearing is requested are settled through negotiation before the hearing begins.

Procedural Safeguards

Under the IDEA school districts must provide extensive protections called procedural safeguards for the educational rights of parents and of students with disabilities. An important part of those protections is the requirement to tell parents what their rights are under the IDEA. Without information about their rights, parents cannot be effective advocates.

To that end, school districts must provide two different types of **notices** to parents. School districts must provide (1) a **prior written notice** to parents when the school district takes or refuses to take certain actions, and (2) a **procedural safeguards notice** at least once a year. The procedural safeguards notice must also be provided when the parents request it, when a complaint is filed, or when the student is being referred for an initial evaluation to determine eligibility for special education services.

> An important part of those protections is the requirement to tell parents what their rights are under the IDEA. Without information about their rights, parents cannot be effective advocates.

Por su parte, los padres deben entregar al distrito escolar un **aviso de queja de debido proceso** cuando los padres deseen solicitar una audiencia de debido proceso. Discutiremos cada uno de estos avisos en este capítulo.

Aviso Previo por Escrito

Cuando el distrito escolar tiene la intención de cambiar la colocación, identificación, o evaluación del estudiante, o la manera en la cual el distrito ofrece una educación pública gratis y apropiada para el estudiante, el distrito debe notificar a los padres, por escrito, acerca de los cambios propuestos por el distrito. Adicionalmente, si los padres del estudiante piden un cambio en la identificación, evaluación, o colocación educativa del estudiante, o en la manera en que se le está proveyendo una educación pública gratis y apropiada al estudiante y el distrito se rehúsa a hacer el cambio, el distrito escolar también debe notificárselo a los padres.[123] Este aviso a los padres del estudiante se llama el aviso previo por escrito.

El aviso previo debe ser por escrito y contener la siguiente información:

1. Una descripción de la acción propuesta o rechazada por el distrito escolar;

2. Una explicación de por qué el distrito escolar propone o se rehúsa a tomar la acción. El distrito también debe incluir una descripción de cada procedimiento de evaluación, expediente, o reporte del distrito escolar utilizado como la razón para la acción propuesta o la acción rechazada;

3. Una declaración de que los padres tienen protecciones (garantías de procedimiento) y de cómo obtener una copia de las

On the other hand, parents must provide the school district with a **due process complaint notice** when the parents wish to request a due process hearing. Each of these notices will be discussed in this chapter.

Prior Written Notice

Whenever the school district intends to change the student's educational placement, identification, evaluation, or how the district provides the student a free appropriate public education the school district must notify the student's parents, in writing, about the district's proposed changes. Additionally, if the student's parents ask for a change in the student's identification, evaluation, educational placement, or how the student is provided a free appropriate public education, and the school district refuses to make the change, the school district must also notify the student's parents.[123] This notice to the student's parents is called prior written notice.

The prior notice must be in writing and contain the following information:

1. A description of the action proposed or refused by the school district;

2. An explanation of why the school district proposes or refuses to take the action. The district must also include a description of each evaluation procedure, assessment, record, or report to the school district used as a reason for the proposed action or refused action;

3. A statement that the parents have protections (procedural safeguards) and how to get a copy of the procedural

---

[123] 20 U.S.C. 1415(b)(3)

[123] 20 U.S.C. 1415(b)(3)

garantías de procedimiento (si el aviso previo involucra enviar al estudiante a una evaluación, debe incluirse una copia de las garantías de procedimiento junto con el aviso);

4. Las fuentes en donde los padres pueden obtener ayuda para entender el aviso previo;

5. una descripción de las opciones que consideró el equipo del IEP y la razón por la cual esas opciones fueron rechazadas; y

6. una descripción de los factores que son pertinentes para la decisión del distrito escolar.[124]

El aviso previo por escrito les da a los padres la información que ellos necesitan para entender por qué el distrito escolar está o no está tomando cierta acción. Esta información debe ayudar a los padres a que entiendan la razón por la cual el distrito escolar tomó la decisión y darles la información que pueden utilizar para hacer preguntas. Mientras mejor entiendan todos la razón de la decisión, lo más probable será que los desacuerdos se puedan evitar o resolver temprano durante el proceso.

Aviso de Garantías de Procedimiento

El aviso de garantías de procedimiento informa a los padres acerca de sus derechos. Los distritos escolares deben entregarle a los padres un aviso de garantías de procedimiento: (1) cuando se

> El aviso de garantías de procedimiento informa a los padres acerca de sus derechos.

safeguards (if the prior notice involves an initial referral for evaluation, a copy of the procedural safeguards must be included with the notice);

4. Sources where the parents may be able to get help in understanding the prior notice;

5. A description of the options the IEP team considered and the reason why those options were rejected; and

6. A description of the factors that are relevant to the school district's decision.[124]

The prior written notice gives parents the information they need to understand why the school district is or is not taking a certain action. This information should help the parents understand the reason for the school district's decision and give them information that can be used to ask questions. The better everyone understands the reason for the decision, the more likely it is that the disagreements can be avoided or resolved early on in the process.

Procedural Safeguards Notice

The procedural safeguards notice tells parents about their rights. School districts must give parents the procedural safeguards notice: (1) when the student is referred for an initial

> The procedural safeguards notice tells parents about their rights.

---

[124] 20 U.S.C. 1415(c)(1)

[124] 20 U.S.C. 1415(c)(1)

va a enviar al estudiante a una evaluación inicial o cuando los padres solicitan la evaluación; (2) la primera vez que el padre presenta una queja acerca de la identificación, evaluación, o colocación educativa del estudiante o de la disposición de una educación pública gratis y apropiada para el estudiante; y (3) si los padres solicitan el aviso.

El aviso de garantías de procedimiento debe incluir una explicación completa de las garantías de procedimiento. Este aviso necesita ser fácilmente entendible y, para ese propósito, debe estar escrito en el lenguaje nativo de los padres (al menos que sea claramente imposible ofrecerlo en el lenguaje nativo de los padres). El aviso de garantías de procedimiento debe incluir información acerca de:

1. Evaluación educativa independiente;

2. Aviso previo por escrito;

3. Consentimiento de los padres;

4. Acceso a los expedientes educativos;

5. Oportunidad de presentar y resolver quejas, incluyendo

   a. el período de tiempo para presentar una queja;

   b. la oportunidad para que el distrito escolar resuelva la queja; y

   c. la disponibilidad de mediación;

6. Colocación del estudiante mientras proceda la audiencia de debido proceso;

7. Procedimientos para los estudiantes quienes están sujetos a la colocación temporal en un ambiente educativo alterno de acuerdo con los procedimien-

evaluation or the parent requests an evaluation; (2) the first time the parent files a complaint about the identification, evaluation, educational placement of the student or the provision of a free appropriate public education to the student; and (3) if the parent requests the notice.

The procedural safeguards notice must include a full explanation of the procedural safeguards. The notice needs to be easily understandable and, to that end, it must be in the parents' native language (unless it is clearly not feasible to provide it in the parents' native language). The procedural safeguards notice must include information about

1. Independent educational evaluation;

2. Prior written notice;

3. Parental consent;

4. Access to educational records;

5. The opportunity to present and resolve complaints, including

   a. the time period to make a complaint;

   b. the opportunity for the school district to resolve the complaint; and

   c. the availability of mediation;

6. The student's placement while a due process hearing is proceeding;

7. Procedures for students who are subject to placement in an interim alternative educational setting under the IDEA's procedures for disciplining students with disabilities;

tos de IDEA para disciplinar a los estudiantes con discapacidades;

8. Requisitos para la colocación unilateral por los padres en escuelas privadas a costo público;

9. Audiencias de debido proceso, incluyendo los requerimientos para divulgar los resultados y recomendaciones de la evaluación;

10. Apelaciones a nivel estatal (si es que el estado tiene apelaciones a nivel estatal);

11. Demandas civiles, incluyendo el período de tiempo para presentar una demanda civil; y

12. Cuotas de abogados.[125]

Los avisos de garantías de procedimiento ofrecen a los padres la información que ellos necesitan si no están de acuerdo con las acciones del distrito escolar o con las decisiones del equipo del IEP. Aunque a primera vista la cantidad de información que se requiere que los distritos escolares ofrezcan a los padres como parte de este aviso puede parecer onerosa, esta información es esencial para que los padres puedan proteger efectivamente el derecho de su hijo a una educación pública gratis y apropiada.

Los padres tienen el derecho a una audiencia imparcial de debido proceso para resolver cualquier queja relacionada con la identificación, evaluación, o colocación educativa del niño, o la disposición de una educación pública gratis y apropiada para el niño.[126]

8. Requirements for unilateral placement by parents in private schools at public expense;

9. Due process hearings, including the requirements for disclosing evaluation results and recommendations;

10. State-level appeals (if the state has a state-level appeal);

11. Civil actions (law suits), including the time period to file a civil action; and

12. Attorney's fees.[125]

The procedural safeguards notice provides parents with the information they need if they disagree with actions of the school district or decisions of the IEP team. While at first glance, the amount of information school districts are required to provide to parents as part of this notice may seem onerous, this information is essential if parents are to be able to effectively protect their child's right to a free appropriate public education.

Parents have the right to have an impartial due process hearing to resolve any complaints relating to the identification, evaluation, or educational placement of their child, or the provision of a free appropriate public education to the child.[126]

---

[125] 20 U.S.C. 1415(d)(2)
[126] 20 U.S.C. 1415(b)(6)(A)

[125] 20 U.S.C. 1415(d)(2)
[126] 20 U.S.C. 1415(b)(6)(A)

Padres Suplentes

Algunos niños con discapacidades no tienen padres o no se pueden localizar a los padres. Puesto que el derecho del niño de recibir una educación pública gratis y apropiada de acuerdo con el IEP está generalmente protegido a través de la defensa de los padres, los niños sin padres no tienen esta importante protección. El Congreso estaba consciente de esta preocupación e incluyó en IDEA un proceso de garantías de procedimiento para asignar a un *padre suplente* que actúe por parte de los estudiantes con discapacidades bajo esas circunstancias.

Consecuentemente, cuando no se conocen a los padres del niño, cuando no pueden localizarse, o cuando la potestad del niño está bajo el estado, debe asignarse a un individuo que actúe como suplente de los padres en el proceso educativo. Para asegurar la objetividad, el individuo asignado para actuar como el padre suplente no puede ser "un empleado de la Agencia Estatal de Educación, *la agencia local educativa*, o cualquier otra agencia que esté involucrada en la educación o el cuidado del niño".[127]

Observe que el padre suplente no puede ser un empleado de "ninguna otra agencia que esté involucrada en la educación o el cuidado del

> ...cuando no se conocen a los padres del niño, cuando no pueden localizarse, o cuando la potestad del niño está bajo el estado, debe asignarse a un individuo que actúe como suplente de los padres en el proceso educativo.

[127] 20 U.S.C. 1415(b)(2)(A)

Surrogate Parents

Some children with disabilities do not have parents or their parents cannot be located. Since a child's right to a free appropriate public education under the IDEA is generally protected through parent advocacy, children without parents would be missing an important protection. Congress was conscious of this concern and included in the IDEA's procedural safeguards a process for appointing a *surrogate parent* to act on behalf of students with disabilities under these circumstances.

Consequently, whenever the parents of a child are unknown, can't be located, or the child is a ward of the State, an individual must be assigned to act as a surrogate for the parents in the education process. To ensure objectivity, the individual appointed to act as the surrogate parent cannot be "an employee of the State Education Agency, the *local education agency*, or any other agency that is involved in the education or care of the child."[127]

Note that the surrogate parent cannot be an employee of "any other agency that is involved in the education or care of the child." Children

> ...whenever the parents of a child are unknown, can't be located, or the child is a ward of the State, an individual must be assigned to act as a surrogate for the parents in the education process.

[127] 20 U.S.C. 1415(b)(2)(A)

niño". Los niños con discapacidades quienes no tienen padres frecuentemente están bajo el cuidado de departamentos de servicios sociales y agencias similares. Debido a que estas agencias están involucradas en el cuidado del niño, las trabajadoras sociales empleadas por tales agencias no son elegibles para actuar como padres suplentes del niño.

Eso no quiere decir que una trabajadora social asignada a ayudar al niño en estas circunstancias no podría asistir a la reunión del IEP o a otras reuniones educativas, si lo es apropiado, representando al niño. De hecho, la trabajadora social puede ser muy útil en el proceso de la planeación educativa. Pero la trabajadora social no puede ser un padre suplente.

El estado debe hacer un esfuerzo razonable para que el padre suplente sea asignado durante los primeros **30 días** después de determinar que el niño necesita un padre suplente.[128] El padre suplente tiene todos los derechos que cualquier padre tendría para representar a su niño con una discapacidad. El padre suplente tiene la autoridad de dar su consentimiento a evaluaciones y colocaciones en educación especial, revisar expedientes educativos, asistir a reuniones del IEP y utilizar procedimientos de resolución de disputas, incluyendo las audiencias de debido proceso.

Audiencias Imparciales de Debido Proceso

Aviso de Queja de Debido Proceso

Acabamos discutir dos tipos diferentes de avisos; aviso previo por escrito y aviso de garantías de procedimiento. Estos avisos (1) le informan a los padres qué es lo que el distrito está o no está haciendo y por qué y (2) le informan a los

with disabilities who do not have parents are often in the care of departments of social services and similar agencies. Since those agencies are involved in the care of the child, social workers employed by such agencies are not eligible to act as surrogate parents on behalf of the child.

That does not mean that a social worker assigned to help a child in these circumstances could not attend an IEP meeting or other educational meetings, if appropriate, on behalf of the child. In fact, the social worker would likely be very helpful in the educational planning process. But the social worker cannot be the surrogate parent.

The state must make reasonable efforts to ensure the surrogate is appointed within **30 days** of determining the child needs a surrogate parent.[128] The surrogate parent has all of the rights that any parent would have to act on behalf of the child with a disability. The surrogate parent has the authority to consent to assessments and placement in special education, review educational records, attend IEP meetings, and pursue dispute resolution procedures, including due process hearings.

Impartial Due Process Hearings

Due Process Complaint Notice

We have just discussed two different types of notice; prior written notice and the procedural safeguards notice. These notices (1) tell parents what the school district is or is not doing and why, and (2) tell parents what their rights are

---

[128] 20 U.S.C. 1415(b)(2)(A) y (B)

[128] 20 U.S.C. 1415(b)(2)(A) and (B)

padres cuáles son sus derechos bajo el proceso. El aviso previo por escrito y el aviso de garantías de procedimiento son avisos que el distrito escolar entrega a los padres. Un tercer tipo de aviso es el aviso de queja de debido proceso. Cuando el padre o el distrito escolar quieren solicitar una audiencia de debido proceso para resolver una disputa, el aviso de queja de debido proceso es un aviso que se debe entregar al lado opuesto en la disputa.[129] El aviso de queja de debido proceso le informa al distrito o a los padres quién es el estudiante, cuáles son los problemas y sugiere maneras de resolver la disputa.

Observe que los **distritos escolares** y también los padres pueden solicitar una audiencia de debido proceso. Con el motivo de simplificar y debido a que la mayoría de las audiencias son solicitadas por los padres, la discusión en este capítulo acerca de las audiencias y otros procedimientos de resolución de disputas será discutida principalmente desde la perspectiva de los padres. Por lo tanto, tengan en cuenta, que mientras la discusión más adelante describe el proceso cuando un padre solicita una audiencia, los derechos, requerimientos y horarios (con respecto a las respuestas al aviso, enmiendas del aviso, mediación, sesión de resolución y audiencias de debido proceso y apelaciones) son generalmente los mismos cuando el distrito escolar solicita la audiencia.

in the process. The prior written notice and procedural safeguards notice are notices that school districts provide to parents. A third type of notice is the due process complaint notice. When either a parent or school district wants to request a due process hearing to resolve a dispute, the due process complaint notice is a notice that must be provided to the other side in the dispute.[129] The due process complaint notice tells the school district or the parent, who the student is, what the issues are, and suggests ways to resolve the dispute.

Note that **school districts** as well as parents can request a due process hearing. For the sake of simplicity, and because most hearings are requested by parents, the discussion in this chapter regarding hearings and other dispute resolution procedures will be discussed primarily from the parents' perspective. Thus, be mindful, that while the discussion below describes the process when a parent is requesting a hearing, the rights, requirements, and timelines (regarding responses to the notice, amending the notice, mediation, resolution session, and due process hearings and appeals) are generally the same when the school district requests the hearing.

Antes de que los padres soliciten una audiencia de debido proceso, IDEA 2004 requiere que los padres envíen un aviso de queja de debido proceso al distrito escolar y a la Agencia Estatal de Educación.

Before parents pursue a due process hearing, the IDEA 2004 requires that the parents send a due process complaint notice to the school district and the State Education Agency.

---

[129] 20 U.S.C. 1415(b)(7)(A) y (B)

[129] 20 U.S.C. 1415(b)(7)(A) and (B)

Antes de que los padres soliciten una audiencia de debido proceso, IDEA 2004 requiere que los padres envíen un aviso de queja de debido proceso al distrito escolar y a la Agencia Estatal de Educación. Este es un cambio a IDEA 97.

Previamente, de acuerdo con IDEA 97, se requería que los padres enviaran un aviso al distrito escolar acerca de los problemas y resoluciones propuestas, pero los padres todavía tenían el derecho a una audiencia de debido proceso aunque no se haya enviado el aviso. Ahora, bajo IDEA 2004, los padres o su abogado deben enviar un aviso de queja de debido proceso.[130]

El aviso de queja de debido proceso le otorga al distrito escolar, o a la Agencia Estatal de Educación, la oportunidad de resolver el problema antes de que ocurra la audiencia de debido proceso. Este aviso de los padres de que tienen una queja es confidencial, debe ser por escrito y debe incluir

1. el nombre y la dirección del estudiante y el nombre de la escuela a la que asiste el estudiante;

2. una descripción de la naturaleza del problema incluyendo los hechos relacionados al problema; y

3. la resolución propuesta para el problema al grado en que los padres sepan acerca de una posible resolución en el momento en el cual presentan el aviso de queja de debido proceso.

Como se observó anteriormente, en el presente se requiere que el aviso de queja de debido proceso sea enviado antes de que se convoque una audiencia de debido proceso. Por lo tanto, las

Before parents pursue a due process hearing, the IDEA 2004 requires that the parents send a due process complaint notice to the school district and the State Education Agency. This is a change from the IDEA 97.

Previously, under the IDEA 97, parents were required to send a notice to the school district about problems and proposed resolutions, but the parents could still have a due process hearing even if the notice was not sent. Now, under the IDEA 2004, the parents or their attorney must send the due process complaint notice.[130]

The due process complaint notice gives the school district, or the State Education Agency, a chance to resolve the problem before there is a due process hearing. This notice from the parents that they have a complaint is confidential, must be written, and it must include

1. the student's name, address, and the name of the school the student attends;

2. a description of the nature of the problem including the facts relating to the problem; and

3. a proposed resolution of the problem to the extent the parents know about a possible resolution at the time they file the due process complaint notice.

As noted above, the due process complaint notice is now required to be sent before a due process hearing can be convened. Accordingly, State Education Agencies are required to devel-

---

[130] 20 U.S.C. 1415(b)(7)(B)

[130] 20 U.S.C. 1415(b)(7)(B)

Agencias Estatales de Educación están obligadas a desarrollar una forma de muestra para el aviso de queja de debido proceso.[131] El Apéndice B incluye una muestra de un aviso de queja de debido proceso. Aunque este aviso contiene todos los requisitos de IDEA, el lector debe averiguar si su Agencia Estatal de Educación en particular ha desarrollado una muestra para el aviso.

El contenido del aviso de queja de debido proceso es muy importante. Los padres no pueden presentar problemas en la audiencia de debido proceso que no hayan sido identificados en el aviso de queja de debido proceso al menos que esté de acuerdo el distrito escolar.[132]

Como veremos más adelante, el aviso de queja de debido proceso puede enmendarse para añadir más quejas. Los padres también pueden presentar un aviso de queja de debido proceso para algún problema distinto de lo que se haya descrito en el aviso de queja de debido proceso que haya sido presentado anteriormente.[133] Por lo tanto, si surge una queja que no se haya incluido en el aviso de queja de debido proceso y si la escuela no está de acuerdo en que ese problema sea parte de la actual audiencia, los padres pueden solicitar una audiencia diferente por separado para esa queja. Debido a ésto, puede ser más eficiente y económico para el distrito escolar acceder a incluir el nuevo problema en la actual audiencia.

Respuesta al Aviso de Queja de Debido Proceso

Hay dos formas en que el distrito escolar puede responder al Aviso de Queja de Debido Proceso. El distrito escolar puede (1) responder a los problemas específicos identificados en el Aviso

op a model form for the due process complaint notice.[131] A sample due process complaint notice is included as Appendix B. While this notice contains all of the IDEA's requirements, the reader should check to determine whether their particular State Education Agency has developed a particular form for the notice.

The content of the due process complaint notice is very important. Parents cannot raise issues at the due process hearing that were not identified in the due process complaint notice unless the school district agrees.[132]

As we will see, the due process complaint notice can be amended to add issues. Parents can also request a separate due process complaint on an issue that is separate from the due process complaint they have already filed.[133] Thus, if an issue comes up that was not included in the due process complaint notice, and the school district does not agree to let the new issue be a part of the current hearing, the parents may request a separate hearing on that issue. In that event, it might be more efficient and economical for the school district to agree to include the new issue in the current hearing.

Response to the Due Process Complaint Notice

There are two ways the school district can respond to the Due Process Complaint Notice. The school district can (1) respond to the specific issues identified in the Due Process Com-

---

[131] 20 U.S.C. 1415(b)(8)
[132] 20 U.S.C. 1415(f)(3)(B)
[133] 20 U.S.C. 1415(o)

[131] 20 U.S.C. 1415(b)(8)
[132] 20 U.S.C. 1415(f)(3)(B)
[133] 20 U.S.C. 1415(o)

de Queja de Debido Proceso y/o (2) informarle al oficial de la audiencia que el Aviso de Queja de Debido Proceso no es suficiente debido a que el aviso no tiene toda la información requerida. El distrito escolar está obligado a responder a los asuntos específicos identificados en el Aviso de Queja de Debido Proceso, pero informarle al oficial de la audiencia que el aviso es insuficiente es a la discreción del distrito.

Respuesta a los Asuntos Específicos Abordados en el Aviso de Queja de Debido Proceso

Como se observó anteriormente, el distrito escolar está obligado a enviar a los padres la respuesta del distrito con respecto a los asuntos identificados en la queja.[134] Esta repuesta se debe atender cada uno de los asuntas que se plantearon en el aviso de Queja de Debido Proceso. Esta respuesta debe enviarse durante los siguientes **10 días** de haber recibido el Aviso de Queja de Debido Proceso.[135]

Adicionalmente, si el distrito escolar no ha enviado todavía el aviso previo por escrito con la información discutida anteriormente, el distrito escolar puede incluir esta información en su respuesta. Si ese es el caso, la respuesta del distrito escolar debe incluir toda la información requerida de un aviso previo por escrito con respecto a las razones por las cuales el distrito escolar está haciendo un cambio o está rehusando a hacer un cambio solicitado por los padres.[136]

Suficiencia del Aviso de Queja de Debido Proceso

Si el distrito escolar cree que el Aviso de Queja de Debido Proceso no contiene toda la información que se requiere legalmente o que no tiene sufi-

plaint Notice and/or (2) tell the hearing officer that the school district believes the Due Process Complaint Notice is not sufficient because the notice doesn't have all of the required information. The school district is required to respond to the specific issues identified in the Due Process Complaint Notice, but telling the hearing officer that the notice is insufficient is at the district's discretion.

Response to the Specific Issues Raised in the Due Process Complaint Notice

As noted above, the school district is required to send the parent the school district's response to the specific issues identified in the complaint.[134] This response should address each of the issues raised in the Due Process Complaint Notice. The response must be sent within **10 days** of receiving the Due Process Complaint Notice.[135]

Additionally, if the school district has not already sent the prior written notice information discussed above, the district must include that information in its response. If that is the case, the school district's response must contain all of the information required in a prior written notice regarding the reasons the school district is making a change or refusing to make a change requested by the parents.[136]

Sufficiency of the Due Process Complaint Notice

If the school district believes the Due Process Complaint Notice doesn't contain all of the information that is legally required or doesn't have

[134] 20 U.S.C. 1415(c)(2)(B)(ii)
[135] 20 U.S.C. 1415(c)(2)(B)(ii)
[136] 20 U.S.C. 1415(c)(2)(B)(i)(I)

[134] 20 U.S.C. 1415(c)(2)(B)(ii)
[135] 20 U.S.C. 1415(c)(2)(B)(ii)
[136] 20 U.S.C. 1415(c)(2)(B)(i)(I)

ciente información, entonces el distrito escolar puede informarle al oficial de la audiencia que el Aviso de Queja de Debido Proceso es insuficiente. El distrito escolar tiene **15 días** a partir de la fecha en que recibieron el Aviso de Queja de Debido Proceso para informarle al oficial de la audiencia que el distrito cree que el aviso es insuficiente.[137]

El oficial de la audiencia tiene después **5 días** a partir de cuando reciba el aviso de que el Aviso de Queja de Debido Proceso es insuficiente para decidir si es o no es suficiente. El oficial de la audiencia puede decidir la suficiencia del Aviso de Queja de Debido Proceso basado "solamente en la información contenida en el aviso". Esto implica que el oficial solamente estudia el aviso; el oficial de la audiencia no usa otra evidencia para decidir si el aviso es suficiente.[138]

Enmiendas al Aviso de Queja de Debido Proceso

Si los padres tienen preocupaciones de que su aviso de queja de debido proceso no será suficiente o si los padres quieren incluir más proble-mas o más información, ellos pueden enmendar o modificar el aviso. El aviso de queja de debido proceso puede enmendarse si (1) el distrito escolar da su consentimiento por escrito y todavía tiene la oportunidad de resolver la queja enmendada a través de la sesión de resolución, o (2) el oficial de la audiencia otorga el permiso de enmendar el aviso de queja de debido proceso.

El oficial de la audiencia puede otorgar permiso de enmendar el aviso en cualquier momento, pero no más de **cinco días** antes de la audiencia.[139] Si se enmienda el aviso de queja de debido proceso, entonces el calendario para la audiencia empieza de nuevo a partir del momento en que se presente la enmienda del aviso.[140]

enough information, then the school district can inform the hearing officer that the district believes the Due Process Complaint Notice is insufficient. The school district has **15 days** from the time it receives the parent's Due Process Complaint Notice to inform the hearing officer that the district believes the notice is insufficient.[137]

The hearing officer then has **five days** after receiving a notice that the Due Process Complaint Notice is insufficient to decide whether or not it is sufficient. The hearing officer is supposed to decide the sufficiency of the Due Process Complaint Notice "on the face of the notice." This implies that the hearing officer only looks at the notice; the hearing officer does not look at other evidence to decide whether the notice is sufficient.[138]

Amending the Due Process Complaint Notice

If the parents are concerned that their Due Process Complaint Notice might not be sufficient or the parents want to include additional issues or information, they can amend or modify the notice. The Due Process Complaint Notice can be amended if (1) the school district consents in writing and still has a chance to resolve the amended complaint through a resolution meeting, or (2) the hearing officer grants permission to amend the Due Process Complaint Notice.

The hearing officer can grant permission to amend the notice anytime, but not later than **five days** before the hearing.[139] If the Due Process Complaint Notice is amended, then the timeline for the hearing starts over at the time the amended notice is filed.[140]

[137] 20 U.S.C. 1415(c)(2)(A) y (C)
[138] 20 U.S.C. 1415(c)(2)(D)
[139] 20 U.S.C. 1415(c)(2)(E)
[140] 20 U.S.C. 1415(c)(2)(E)(ii)

[137] 20 U.S.C. 1415(c)(2)(A) and (C)
[138] 20 U.S.C. 1415(c)(2)(D)
[139] 20 U.S.C. 1415(c)(2)(E)
[140] 20 U.S.C. 1415(c)(2)(E)(ii)

La mediación es un proceso en el cual una tercera persona objetiva y neutral (el mediador) trabaja con ambos lados de una disputa para ayudarlos a llegar a un acuerdo.

Mediation is a process in which an objective and neutral third party (the mediator) works with both sides of a dispute to help them reach an agreement.

Mediación

Como se discutió al principio de este capítulo, IDEA 2004 ofrece sesiones de resolución y mediación como oportunidades adicionales para que los padres y los distritos escolares resuelvan sus disputas. La mediación es un proceso en el cual una tercera persona objetiva y neutral (el mediador) trabaja con ambos lados de una disputa para ayudarlos a llegar a un acuerdo.

El mediador no considera la evidencia ni determina asuntos legales. Decidir asuntos legales y considerar la evidencia es la responsabilidad de un oficial de la audiencia. El trabajo del mediador es el de ayudar a ambos lados a que lleguen a un acuerdo que resuelva la disputa.

Bajo IDEA 2004, las Agencias Estatales de Educación y los distritos escolares deben tener procedimientos que permitan a los padres y a los distritos escolares ser capaces de mediar cualquier asunto, incluyendo asuntos que ocurran antes de que se presente una queja de debido proceso. Esto significa que los padres y los distritos escolares pueden tratar de mediar sus disputas sin la necesidad de solicitar una audiencia de debido proceso.[141]

La participación en la mediación es voluntaria para ambos lados y completamente opcional. Además, los procesos adoptados por los distritos escolares y la Agencia Estatal de Educación de-

Mediation

As discussed at the beginning of this chapter, the IDEA 2004 provides a resolution session and mediation as additional opportunities for parents and school districts to resolve disputes. Mediation is a process in which an objective and neutral third party (the mediator) works with both sides of a dispute to help them reach an agreement.

The mediator does not weigh evidence or determine legal issues. Deciding legal issues and weighing evidence is the job of a hearing officer. The mediator's job is to help the two sides to reach an agreement that ends the dispute.

Under the IDEA 2004, State Education Agencies and school districts must have procedures that allow parents and school districts to be able to mediate any issue, including issues that occur before a Due Process Complaint is filed. This means that parents and school districts can try to mediate disputes without requesting a due process hearing.[141]

Participation in mediation is voluntary by both sides and completely optional. Moreover, the procedures adopted by school districts and the State Education Agency must ensure that me-

---

[141] 20 U.S.C. 1415(e)(1)

[141] 20 U.S.C. 1415(e)(1)

ben asegurar que la mediación no se utilice para negar o demorar el derecho de los padres a una audiencia de debido proceso.[142] Por lo tanto, al estar de acuerdo en una mediación, ni los padres ni el distrito escolar renuncian a su derecho de solicitar una audiencia imparcial de debido proceso. Se puede intentar la mediación antes de que se solicite la audiencia o después de que se haya solicitado la audiencia y se quiera tratar de hacer un último esfuerzo para resolver la disputa. En cualquier caso, si la mediación no tiene éxito, cualquier lado puede solicitar la audiencia, o el caso puede continuar hacia la audiencia.

Las discusiones que ocurren durante la mediación, sin embargo, son confidenciales y no pueden utilizarse más adelante como evidencia en la audiencia de debido proceso o en una demanda.[143] Es importante la confidencialidad de las discusiones durante la mediación. Para que el mediador sea efectivo, ambos lados deben sentir que pueden hablar libremente durante la discusión de mediación.

Obviamente, el éxito del proceso de mediación está cercanamente enlazado a las habilidades y el entrenamiento del mediador. Para ese fin, IDEA requiere que la mediación sea conducida por un mediador calificado e imparcial quien esté entrenado en las técnicas de mediación eficaz.[144] Por lo tanto, la Agencia Estatal de Educación debe de mantener una lista de mediadores quienes están calificados como mediadores y quienes tienen conocimientos acerca de las leyes de educación.[145]

Finalmente, la Agencia Estatal de Educación es responsable por los costos del proceso de media-

diation is not used to deny or delay a parent's right to a due process hearing.[142] Thus, by agreeing to mediation, neither the parents nor the school district give up the right to pursue an impartial due process hearing. Mediation could be attempted before a hearing is requested or after a hearing has been requested and a last effort is being made to resolve the dispute. In either case, if the mediation is unsuccessful, either side can request a hearing, or the case can continue toward a hearing.

The discussions that occur during mediation, however, are confidential and cannot be used later as evidence in a due process hearing or lawsuit.[143] The confidentiality of the mediation discussions is important. For the mediator to be effective, both sides must be able to speak freely in the mediation discussion.

Obviously, the success of the mediation process is closely linked to the skills and training of the mediator. To that end, the IDEA requires that the mediation be conducted by a qualified and impartial mediator who is trained in effective mediation techniques.[144] Accordingly, the State Education Agency must maintain a list of mediators who are qualified as mediators and know about special education law.[145]

Finally, the State Education Agency is responsible for the costs of the mediation

---

[142] 20 U.S.C. 1415(e)(2)(A)(ii)
[143] 20 U.S.C. 1415(e)(2)(G)
[144] 20 U.S.C. 1415(e)(2)(A)(iii)
[145] 20 U.S.C. 1415(e)(2)(C)

[142] 20 U.S.C. 1415(e)(2)(A)(ii)
[143] 20 U.S.C. 1415(e)(2)(G)
[144] 20 U.S.C. 1415(e)(2)(A)(iii)
[145] 20 U.S.C. 1415(e)(2)(C)

ción.[146] Se presume que, la obligación del estado es la de cubrir los costos del mediador y no los costos del distrito escolar o de los padres por su tiempo o el costo de los abogados si es que ellos escogen ser representados por abogados.

Las Resoluciones a través de Mediación Son Legalmente Vinculantes

En el pasado algunos padres y distritos escolares han sido renuentes a mediar disputas debido a su preocupación de que, aunque se llegue a un acuerdo, el otro lado no cumpla con su obligación. Para ayudar a aliviar esta preocupación, IDEA 2004 requiere que cuando se llegue a un acuerdo, éste sea legalmente vinculante.[147]

De acuerdo con esto, IDEA requiere que si la disputa se resuelve a través de la mediación, los dos lados están haciendo un acuerdo vinculante. El acuerdo legalmente vinculante debe de (1) declarar que las discusiones en la mediación son confidenciales y no pueden usarse como evidencia en una audiencia o demanda; (2) firmarse por ambos los padres y un representante del distrito escolar quien tenga la autoridad de vincular al

> En el pasado algunos padres y distritos escolares han sido renuentes a mediar disputas debido a su preocupación de que, aunque se llegue a un acuerdo, el otro lado no cumpla con su obligación. Para ayudar a aliviar esta preocupación, IDEA 2004 requiere que cuando se llegue a un acuerdo, éste sea legalmente vinculante.

process.[146]Presumably, the State's obligation is to cover the costs of the mediator, not the costs to the school district or the parents for their time or the costs of their lawyers, if they choose to be represented by lawyers.

Resolution through Mediation Is Legally Binding

In the past some parents and school districts have been reluctant to mediate disputes out of concern that, even if an agreement is reached, the other side will not live up to their end of the bargain. To help relieve this concern, the IDEA 2004 requires that if an agreement is reached, it is legally binding.[147]

Accordingly, the IDEA requires that if the dispute is resolved through mediation, the two sides make a legally binding agreement. The legally binding agreement must (1) state that the discussions in the mediation are confidential and can't be used as evidence in a hearing or lawsuit; (2) be signed by both the parents and a representative of the school district who has the authority to bind the school district to

> In the past some parents and school districts have been reluctant to mediate disputes out of concern that, even if an agreement is reached, the other side will not live up to their end of the bargain. To help relieve this concern, the IDEA 2004 requires that if an agreement is reached, it is legally binding.

---

[146] 20 U.S.C. 1415(e)(2)(D)
[147] 20 U.S.C. 1415(e)(2)(F)

[146] 20 U.S.C. 1415(e)(2)(D)
[147] 20 U.S.C. 1415(e)(2)(F)

distrito escolar al acuerdo; y (3) poderse imponer en los tribunales estatales o en los tribunales de distrito de los Estados Unidos.[148]

Mediación Quiere Decir Encontrar una Opción Intermedia

El proceso de mediación es menos formal y menos técnicamente legal que el proceso de una audiencia imparcial. Los padres pueden traer un abogado, pero el enfoque de la discusión es en resolver la disputa y no en los argumentos legales de los dos lados. Hay una reunión, en vez de una audiencia. No se llaman a testigos ni se introduce evidencia. El mediador ayuda a ambos lados a llegar al fondo del problema.

La mediación es una excelente manera de resolver muchos desacuerdos. Recuerde, sin embargo, que la mediación es totalmente opcional y voluntaria. De hecho, para que la mediación trabaje, no puede ser forzada a ninguno de los dos lados. Ambos lados tienen que estar dispuestos a tratar de resolver la disputa. Mediación quiere decir encontrar una opción intermedia. Si ambos lados tienen la voluntad, un mediador capacitado puede ayudarles a encontrar esta opción intermedia.

Sesión de Resolución

IDEA 2004 agregó una sesión de resolución como todavía otra manera de resolver disputas antes de

> Ya que se haya presentado una Queja para Audiencia de Debido Proceso, pero antes de que ocurra la audiencia, se requiere que el distrito escolar convoque una reunión con los padres y el miembro o miembros relevantes del equipo del IEP para tratar de resolver la disputa.

[148] 20 U.S.C. 1415(e)(2)(F)

the agreement; and (3) be enforceable in State court or a United States district court.[148]

Mediation Means Finding a Middle Course

The mediation process is less formal and less legalistic than the impartial hearing process. Parents can bring a lawyer, but the focus of the discussion is on resolving the dispute, not on the legal arguments of the two sides. There is a meeting, rather than a hearing. No witnesses are called and no evidence is introduced. The mediator helps both sides to get to the bottom of the problem.

Mediation is an excellent way to resolve many disagreements. Remember, however, that mediation is entirely optional and voluntary. In fact, for mediation to work, it can't be forced on one side or the other. Both sides must be open to trying to resolve the dispute. Mediation means finding a middle course. If both sides are willing, a skilled mediator can help them find that middle course.

Resolution Session

The IDEA 2004 has added a resolution session as yet another way to resolve disputes before a

> Once a Due Process Hearing Complaint has been filed, but before the hearing occurs, the school district is required to convene a meeting with the parents and the relevant member or members of the IEP team to try to resolve the dispute.

[148] 20 U.S.C. 1415(e)(2)(F)

que se convoque una audiencia de debido proceso. Ya que se haya presentado una Queja para Audiencia de Debido Proceso, pero antes de que ocurra la audiencia, se requiere que el distrito escolar convoque una reunión con los padres y el miembro o miembros relevantes del equipo del IEP para tratar de resolver la disputa.

Los miembros relevantes del equipo del IEP son los miembros del equipo del IEP quienes tienen conocimientos específicos acerca de los hechos identificados en la Queja de Audiencia de Debido Proceso. La reunión también debe incluir a un representante del distrito escolar quien tenga la autoridad de tomar decisiones por parte del distrito escolar.

La reunión NO puede incluir a un abogado que represente al distrito escolar al menos que los padres traigan un abogado a la reunión. Si los padres, sin embargo, sí traen a un abogado a la reunión y la queja puede resolverse, los padres no tienen derecho de ser reembolsados por los honorarios del abogado por asistir a la sesión de resolución.[149] El propósito de la reunión es para que los padres tengan oportunidad de discutir su queja y para darle la oportunidad al distrito de resolverla.[150]

La sesión de resolución es requerida al menos que los padres y el distrito escolar estén de acuerdo por escrito en declinarla o si los dos lados están de acuerdo en usar mediación. La sesión de resolución debe convocarse dentro de los siguientes **15 días** a partir de cuando el distrito escolar reciba la queja de audiencia de debido proceso de parte de los padres.[151]

Si el distrito escolar no ha resuelto la queja de los padres a su satisfacción durante los siguientes 30

due process hearing is convened. Once a Due Process Hearing Complaint has been filed, but before the hearing occurs, the school district is required to convene a meeting with the parents and the relevant member or members of the IEP team to try to resolve the dispute.

The relevant members of the IEP team are the members of the IEP team who have specific knowledge of the facts identified in the Due Process Hearing Complaint. The meeting must also include a representative of the school district who has the authority to make decisions on behalf of the school district.

The meeting may NOT include an attorney representing the school district unless the parents bring an attorney to the meeting. If the parents, however, do bring an attorney to the meeting and the complaint is resolved, the parents are not entitled to be reimbursed for the attorney's time for attending the resolution session.[149] The purpose of the meeting is for the parents to be able to discuss their complaint and to give the school district a chance to resolve it.[150]

This resolution session is required unless the parents and the school district agree in writing to waive it or the two sides agree to use mediation instead. The Resolution Session must be convened within **15 days** of the school district receiving the parent's Due Process Hearing Complaint.[151]

If the school district has not resolved the complaint to the parents' satisfaction within **30**

---

[149] 20 U.S.C. 1415(i)(3)(D)(iii)
[150] 20 U.S.C. 1415(f)(1)(B)
[151] 20 U.S.C. 1415(f)(1)(B)(i)(I)

[149] 20 U.S.C. 1415(i)(3)(D)(iii)
[150] 20 U.S.C. 1415(f)(1)(B)
[151] 20 U.S.C. 1415(f)(1)(B)(i)(I)

días después de haber recibido la queja, entonces puede ocurrir la audiencia. Además, si la queja no se resuelve durante los siguientes **30 días**, el calendario para la audiencia dará comienzo al final de los 30 días.[152] Si la queja se resuelve, los dos lados firmarán un acuerdo legalmente vinculante por escrito resolviendo la queja.

Estableciendo el Acuerdo de la Sesión de Resolución

Si los padres y el distrito escolar resuelven la queja a través de la Sesión de Resolución, ellos desarrollarán un acuerdo por escrito. El acuerdo por escrito debe firmarse por los padres y por un representante del distrito escolar quien tenga la autoridad de vincular o comprometer al distrito escolar. El acuerdo por escrito puede imponerse tanto en un tribunal estatal, como en un tribunal de distrito de los Estados Unidos.

Cada lado, sin embargo, tiene **tres días hábiles** después de haber firmado el acuerdo para cancelar, o salirse de, el acuerdo. **Note que los días que se refieren aquí son días hábiles, no días de calendario.**[153]

Audiencia Imparcial de Debido Proceso

Asuntos de la Audiencia

IDEA 2004 ha hecho algunos cambios significativos a los procedimientos de audiencias de debido proceso. Como se observó anteriormente, los asuntos que no fueron identificados en el Aviso de Queja de Debido Proceso no pueden presentarse durante la audiencia. También, la decisión del oficial de la audiencia debe de "hacerse basada en motivos relevantes hacia la determinación de que el niño recibió una educación pública gratis y apropiada."[154]

days of** receiving the complaint, then the due process hearing can occur. Moreover, if the complaint is not resolved within the 30 days, the timelines for the hearing will commence at the end of the 30 days.[152] If the complaint is resolved, the two sides will make a legally binding written agreement resolving the complaint.

Resolution Session Settlement Agreement

If the parents and the school district resolve the complaint through the Resolution Session, they will develop a written agreement. The written agreement must be signed by both the parent and a representative of the school district who has the authority to bind or commit the school district. The written agreement is enforceable in either State court, or a United States district court.

Each side, however, still has **three business days** after the agreement is signed to void, or get out of, the agreement. **Note the days referred to here are business days, not calendar days.**[153]

Impartial Due Process Hearing

Hearing Issues

The IDEA 2004 has made some significant changes to the due process hearing procedures. As noted earlier, issues that were not identified in the Due Process Complaint Notice cannot be raised at the hearing. Also, the hearing officer's decision must "be made on substantive grounds based on a determination of whether the child received a free appropriate public education."[154]

---

[152] 20 U.S.C. 1415(f)(1)(B)(ii)
[153] 20 U.S.C. 1415(f)(1)(B)(iii) y (iv)
[154] 20 U.S.C. 1415(f)(3)(E)

[152] 20 U.S.C. 1415(f)(1)(B)(ii)
[153] 20 U.S.C. 1415(f)(1)(B)(iii) and (iv)
[154] 20 U.S.C. 1415(f)(3)(E)

Generalmente, esto significa que el oficial de la audiencia debe tomar la decisión basada en razones relevantes (actuales, fundamentales o esenciales) y no por razones de procedimiento (directivas o funcionales). Debe de haber un enlace funcional entre la violación de IDEA y la alegación de que el estudiante no esté recibiendo una educación pública gratis y apropiada.

El Congreso estaba preocupado de que había habido casos "en los cuales el oficial de la audiencia había determinado que una escuela negó una educación pública gratis y apropiada (FAPE) a un niño con una discapacidad basado únicamente en una cuestión técnica, en vez de realmente demostrar que la educación del niño fue dañada debido a una falla de procedimiento…".[155]

El Congreso, sin embargo, comprendió que hay violaciones de procedimiento que pueden negarle un estudiante una educación pública gratis y apropiada. "Por ejemplo, la falla de una escuela de darle a los padres acceso a la información sobre la evaluación inicial para poder hacer una decisión informada y a tiempo acerca de la educación de su hijo puede ser equivalente a una violación de FAPE".[156] Por lo tanto, en los casos que involucran una queja acerca de violaciones de procedimiento de IDEA, el oficial de la audiencia puede determinar que el estudiante no recibió una educación pública gratis y apropiada, pero "solamente si las irregularidades de procedimiento

Generally, this means the hearing officer must make a decision on substantive (actual, fundamental or essential) grounds rather than procedural (directive or functional) grounds. There must be a link between the violation of the IDEA and the student not receiving a free appropriate public education.

Congress was concerned that there had been cases "in which a hearing officer has found that a school denied FAPE to a child with a disability based upon a mere procedural technicality, rather than an actual showing that the child's education was harmed by the procedural flaw. . ."[155]

Congress, however, understood that there are procedural violations that can deny a student a free appropriate public education. "For example, a school's failure to give a parent access to initial evaluation information to make an informed and timely decision about their child's education can amount to a FAPE violation."[156] Therefore, in cases involving a complaint about a procedural violation of the IDEA, the hearing officer may determine the student did not receive a free appropriate public education, but "only if the procedural inadequacies

---

[155] Reporte de CRS para el Congreso, El Acta para la Educación de los Individuos con discapacidades (IDEA):un Analysis de los Cambios Hechos por P.L. 108-446, Jan. 5, 2005 p. 27, citando a S.Rept. 185, 108th Cong., 1st Sesión, 40 (2003)

[156] Reporte de CRS para el Congreso, El Acta para la Educación de los Individuos con discapacidades (IDEA):un Analysis de los Cambios Hechos por P.L. 108-446, Jan. 5, 2005 p. 27, citando a S.Rept. 185, 108th Cong., 1st Sesión., 41 (2003)

[155] CRS Report for Congress, Individuals with Disabilities Education Act (IDEA): Analysis of Changes Made by P.L. 108-446, Jan. 5, 2005 p. 27, quoting S.Rept. 185, 108th Cong., 1st Sess., 40 (2003)

[156] CRS Report for Congress, Individuals with Disabilities Education Act (IDEA): Analysis of Changes Made by P.L. 108-446, Jan. 5, 2005 p. 27, quoting S.Rept. 185, 108th Cong., 1st Sess., 41 (2003)

1. impidieron el derecho del niño a una educación pública gratis y apropiada;

2. significativamente impidieron la oportunidad de los padres de participar en el proceso de toma de decisiones con respecto a la disposición de una educación pública gratis y apropiada para el niño; o

3. causaron la privación de beneficios educativos".[157]

Período de Tiempo para Solicitar una Audiencia

IDEA 2004 especifica un **período de dos años** para solicitar una audiencia. Generalmente, el padre o el distrito escolar debe solicitar una audiencia dentro de los dos años a partir de la fecha en que el padre o el distrito "supieron o debían de haber sabido" acerca de la violación que es la base de la solicitud de la audiencia. Este período de dos años se aplicará al menos que el Estado tenga su propio período explícito para solicitar audiencias.[158]

El período de dos años no se aplicará a un padre, sin embargo, si el padre fue bloqueado de solicitar una audiencia debido a que (1) el dis-

> Generalmente, el padre o el distrito escolar debe solicitar una audiencia dentro de los dos años a partir de la fecha en que el padre o el distrito "supieron o debían de haber sabido" acerca de la violación que es la base de la solicitud de la audiencia.

---

1. impeded the child's right to a free appropriate public education;

2. significantly impeded the parent's opportunity to participate in the decision-making process regarding the provision of a free appropriate public education to the parent's child; or

3. caused a deprivation of educational benefits."[157]

Timeline for Requesting a Hearing

The IDEA 2004 has a **two-year timeline** for requesting a hearing. Generally, the parent or school district must request a hearing within two years of the date the parent or district "knew or should have known" about the violation that is the basis of the hearing request. This two-year timeline will be applied unless the State has its own explicit timeline for requesting hearings.[158]

The two-year timeline will not apply to a parent, however, if the parent was prevented from requesting a hearing because (1) the school district specifically misrepresented that it had resolved the problem, or (2) the school district

> Generally, the parent or school district must request a hearing within two years of the date the parent or district "knew or should have known" about the violation that is the basis of the hearing request.

---

[157] 20 U.S.C. 1415(f)(3)(E)(i) y (ii)
[158] 20 U.S.C. 1415(f)(3)(C)

[157] 20 U.S.C. 1415(f)(3)(E)(i) and (ii)
[158] 20 U.S.C. 1415(f)(3)(C)

trito escolar específicamente representó incorrectamente que había resuelto el problema, o (2) el distrito escolar no divulgó información a los padres que el distrito estaba obligado a divulgar a los padres.[159]

Derechos en el Proceso de la Audiencia

Ambos lados en la audiencia, los padres y el distrito escolar, tienen los siguientes derechos durante la audiencia:

- el derecho de ser acompañados y aconsejados por un abogado y por individuos con conocimientos especiales o entrenamiento acerca de los problemas de los niños con discapacidades

- el derecho de presentar evidencia y confrontar, interrogar y obligar la participación de testigos

- el derecho a un registro por escrito, o a opción de los padres, una grabación electrónica exacta, de la audiencia

- el derecho por escrito, o a opción de los padres, en forma electrónica, de una relación de los hechos y decisiones[160]

Adicionalmente, no más tarde que **cinco días** antes de la audiencia, cada lado debe divulgar al otro lado todas las evaluaciones que se hayan completado antes de esa fecha. Además, cada lado debe divulgarle al otro lado las recomendaciones que ellos planean utilizar durante la audiencia, las cuales estén basadas en las evaluaciones. Si las evaluaciones y recomendaciones no se divulgan **cinco días** antes de la audiencia, el oficial de la audiencia puede prevenir que éstas se utilicen durante la audiencia. Esto es cierto al menos que el otro

withheld information from the parent that the district was required to give to the parent.[159]

Rights in the Hearing Process

Both sides to a hearing, parent and school district, have the following rights in the hearing:

- the right to be accompanied and advised by counsel (lawyer) and by individuals with special knowledge or training with respect to the problems of children with disabilities

- the right to present evidence and confront, cross-examine, and compel the attendance of witnesses

- the right to a written, or, at the option of the parents, electronic verbatim (exact) record of the hearing

- the right to written, or at the option of the parents, electronic findings of fact and decisions[160]

Additionally, not less than **five days** before the hearing, each side must disclose to the other all evaluations that have been completed by that date. Moreover, each side must disclose to the other side recommendations they plan on using at the hearing that are based on those evaluations. If the evaluations and recommendations are not disclosed **five days** before the hearing, the hearing officer may prevent the evaluation or recommendation from being used at the hearing. This is true unless the other side agrees

---

[159] 20 U.S.C. 1415(f)(3)(D)
[160] 20 U.S.C. 1415(h)

[159] 20 U.S.C. 1415(f)(3)(D)
[160] 20 U.S.C. 1415(h)

lado esté de acuerdo en permitir que se utilicen durante la audiencia las evaluaciones o recomendaciones que no se hayan divulgado.[161]

Calificaciones del Oficial de la Audiencia

El oficial de la audiencia debe ser imparcial. Esto quiere decir que el oficial de la audiencia no puede tener un interés personal o profesional que esté en conflicto con su objetividad durante la audiencia.[162] Objetividad quie-re decir que el oficial de la audiencia no tiene ningún sesgo o prejuicio personal o profesional que pueda afectar su juicio con respecto a los asuntos de la audiencia o del resultado de la audiencia. Además el oficial de la audiencia no puede ser un empleado de la Agencia Estatal de Educación o del distrito escolar que esté involucrado en la educación o el cuidado del estudiante.

Finalmente, el oficial de la audiencia debe tener el conocimiento y la habilidad de entender las disposiciones de IDEA y sus reglamentos así como las interpretaciones legales de los tribunales para poder conducir audiencias de acuerdo a prácticas legales estándares. El oficial de la audiencia también debe ser capaz de tomar y escribir decisiones de acuerdo con prácticas legales estándares.[163]

Proceso de Apelación

Apelación Administrativa

Ambos lados pueden apelar la decisión del oficial de la audiencia. Si la audiencia se condujo por el distrito escolar al nivel estatal, entonces la decisión puede apelarse con la Agencia Estatal de Educación. La Agencia Estatal de Educación

to let the undisclosed evaluation or recommendation be used at the hearing.[161]

Qualifications of the Hearing Officer

The hearing officer must be impartial. That means the hearing officer cannot have a personal or professional interest that conflicts with the person's objectivity at the hearing.[162] Objectivity means the hearing officer doesn't have any personal or professional bias or prejudice that would affect their judgment regarding the issues in the hearing or the outcome of the hearing. Moreover, the hearing officer cannot be an employee of the State Education Agency or the school district that is involved in the education or care of the student.

Finally, the hearing officer must have the knowledge and ability to understand the provisions of the IDEA and its regulations as well as legal interpretations by the courts in order to conduct hearings according to standard legal practice. The hearing officer must also be able to make and write decisions according to standard legal practice.[163]

Appeal Process

Administrative Appeal

Either side can appeal the hearing officer's decision. If the hearing was conducted by the school district at the local level, then the decision can be appealed to the State Education Agency. The State Education Agency must conduct an

---

[161] 20 U.S.C. 1415(f)(2)
[162] 20 U.S.C. 1415(f)(3)(A)(i)(II)
[163] 20 U.S.C. 1415(f)(3)(A)(ii)(iii)(iv)

[161] 20 U.S.C. 1415(f)(2)
[162] 20 U.S.C. 1415(f)(3)(A)(i)(II)
[163] 20 U.S.C. 1415(f)(3)(A)(ii)(iii)(iv)

debe conducir una revisión imparcial de los hallazgos y la decisión del oficial de la audiencia a nivel local y después hacer una decisión independiente. En estas circunstancias, habrá una decisión de un oficial de la audiencia imparcial a nivel local la cual se revisará por otro oficial a nivel estatal.[164]

A esto generalmente se le conoce como un proceso de dos etapas o de dos niveles. La audiencia local conducida por el distrito escolar es la pri-mera etapa o el primer nivel y la apelación que es revisada a nivel estatal por un oficial es el segundo.

En algunos estados la Agencia Estatal de Educación conduce la audiencia imparcial y no el distrito escolar. En esas circunstancias, puesto que la Agencia Estatal de Educación conduce la primera audiencia, no se requiere el proceso para revisar la decisión a nivel estatal. Estos estados tienen un proceso de audiencia de una sola etapa.

Cualquier lado tiene el derecho de presentar una demanda civil en un tribunal estatal o en un tribunal de distrito federal para que el tribunal revise la decisión final. Si el estado tiene un proceso de una sola etapa, entonces la decisión es la decisión de esa audiencia. Si el estado tiene un proceso de dos etapas, la decisión final será la segunda decisión hecha a nivel estatal.[165] Por lo tanto, es importante saber si su estado tiene un proceso de una etapa o dos etapas. Se les debe ofrecer a los padres la información pertinente al proceso de audiencias y apelaciones como parte de los avisos de garantías de procedimiento discutidos anteriormente en este capítulo.

impartial review of the local level hearing officer's findings and decision and then make an independent decision. In these circumstances, there will be a decision by an impartial hearing officer at the local-level that is reviewed by another official at the state level.[164]

This is generally referred to as a two-tiered or two-level hearing process. The local hearing conducted by the school district is the first tier or level, and the appeal that is reviewed by a state-level official is the second.

In some states the State Education Agency conducts the impartial hearing, not the local school district. In those circumstances, since the State Education Agency conducts the first hearing, a process for reviewing the decision at the state level isn't required. These states have a one-tiered hearing process.

Either side has the right to file a civil action (lawsuit) in state or federal district court to get a court review of the final decision. If the state has a one-tiered process, then the final decision is the decision from that hearing. If the state has a two-tiered process, the final decision will be the second decision made at the state level.[165] Thus, it is important to know if your state has a one-tiered or two-tiered process. Information about the hearing and appeal process must be provided to parents as part of the procedural safeguards notice discussed earlier in this chapter.

---

[164] 20 U.S.C. 1415(g)
[165] 20 U.S.C. 1415(i)(1) y (2)

[164] 20 U.S.C. 1415(g)
[165] 20 U.S.C. 1415(i)(1) and (2)

Demanda Civil

Como se observó anteriormente, cada lado puede presentar una demanda en el tribunal estatal o en el tribunal federal de distrito. El lado que presenta la demanda tiene **90 días a partir de la fecha de la decisión del oficial de la audiencia** para presentar la demanda.[166] Este **período de 90 días** se aplicará al menos que **el estado tenga otro período de tiempo específico** para presentar la demanda. En este caso, el período de tiempo específico del estado se aplicará. En la demanda el tribunal revisará los expedientes de las audiencias administrativas, escuchará evidencia adicional si la solicita cualquiera de los lados y basará su decisión en la preponderancia (mayoría, mayor peso) de la evidencia. Finalmente, el tribunal otorgará el alivio (remedio, premio) que el tribunal decida que es apropiado.[167] Después de que el tribunal estatal o el tribunal federal de distrito tome una decisión, ambos lados pueden seguir apelando a través del proceso de apelación en particular.

Honorarios de Abogados

Los padres quienes ganan su audiencia, o ganan en el proceso de apelación, pueden ser recompensados por los honorarios de sus abogados.[168] Pero los honorarios de los abogados de los padres pueden ser reducidos por los tribunales por varias razones. Si el abogado de los padres no proveyó el aviso de confidencialidad por escrito discutido anteriormente, el tribunal puede reducir la recompensa de los honorarios del abogado.

El tribunal también puede reducir la recompensa de los honorarios de los abogados si la corte determina que el abogado de los padres alargó la disputa, si los honorarios no son razonables

Civil Action

As noted, either side can file an action in state or federal district court. The side filing the lawsuit has **90 days from the date of the hearing officer's decision** to file the lawsuit.[166] This **90-day timeline** will apply unless the **state has its own specific timeline** for filing a civil action. If that is the case, the state's specific timeline will apply. In the civil action the court shall receive the records of the administrative hearings, hear additional evidence at the request of either side, and base its decision on a preponderance (majority, outweighing) of the evidence. Finally, the court will grant the relief (remedy, award) the court decides is appropriate.[167] After the state or federal district court makes its decision, either side can appeal further through that particular appeal process.

Attorney's Fees

Parents who win their hearing, or win in the appeal process, may be awarded their attorney's fees.[168] But the parents' attorney's fees can be reduced by the court for several reasons. If the attorney for the parents did not provide the written confidential notice discussed previously, the court may reduce the award of attorney's fees.

The court may also reduce the parents' award of attorney's fees if the court determines that the parent or the parent's attorney unreasonably protracted (dragged out) resolving the

---

[166] 20 U.S.C. 1415(i)(2)(A)(B)
[167] 20 U.S.C. 1415(i)(C)
[168] 20 U.S.C. 1415(i)(3)(B)

[166] 20 U.S.C. 1415(i)(2)(A)(B)
[167] 20 U.S.C. 1415(i)(C)
[168] 20 U.S.C. 1415(i)(3)(B)

de acuerdo con las tarifas locales de la comunidad para trabajo legal similar, o si el tiempo que se utilizó y los servicios globales otorgados fueron excesivos.[169] Pero las disposiciones que reducen los honorarios de los abogados de los padres no se aplican si el tribunal determina que el distrito escolar o la Agencia Estatal de Educación alargaron la resolución del caso de manera no razonable.

Adicionalmente, se pueden negar los honorarios a los abogados de los padres en algunas circunstancias cuando el distrito escolar ha hecho una oferta previa para resolver el caso. No se pueden recompensar a los padres por los honorarios de sus abogados si los padres rechazaron una oferta de resolución de parte del distrito escolar la cual fue hecha **10 días** antes de que diera comienzo la audiencia y si el tribunal determina que los resultados de los padres obtenidos a través de la audiencia o litigio no son mejores que la oferta previa de resolución de parte del distrito.[170] Pero si el tribunal decide que los padres estaban substancialmente justificados en rechazar la oferta de resolución del distrito escolar, el tribunal todavía puede recompensar a los padres por los honorarios de los abogados.[171]

Generalmente, a los padres no se les reembolsa por el tiempo que pasen sus abogados en las reuniones del IEP. Esto es cierto al menos que el IEP haya sido convocado como resultado de un procedimiento administrativo (audiencia) o judicial (demanda). Los estados tienen la alternativa de ofrecer o no ofrecer honorarios para abogados para sesiones de mediación convocadas como resultado de una audiencia o de un litigio.[172] Y,

dispute, if the fees unreasonably exceeded the prevailing rate in the community for similar legal work, or if the time spent and legal services furnished were excessive.[169] But the provisions reducing the parents' attorney's fees do not apply if the court determines that the school district or State Education Agency unreasonably protracted settling the case.

Additionally, attorney's fees may be denied to the parents in some circumstances when the school district has made an offer to settle the case. Attorney's fees may not be awarded to the parents if the parents have rejected an offer of settlement from the school district that was made **10 days** before the hearing started, and the court determines that the results the parents obtained through the hearing or litigation is not better than the district's settlement offer.[170] But if the court decides the parent was substantially justified in rejecting the school district's settlement offer, the court can still award the parents' attorney's fees.[171]

Generally, parents cannot be reimbursed for their attorney's time spent in IEP meetings. This is true unless the IEP meeting was convened as a result of an administrative proceeding (hearing) or judicial (court) action. States can choose whether or not to provide attorney's fees for mediation sessions called as a result of a hearing or litigation.[172] And, as noted earlier, attorney's fees generally cannot be awarded for

---

[169] 20 U.S.C. 1415(i)(3)(F)
[170] 20 U.S.C. 1415(i)(3)(D)
[171] 20 U.S.C. 1415(i)(3)(E)
[172] 20 U.S.C. 1415(i)(3)(D)(ii)

[169] 20 U.S.C. 1415(i)(3)(F)
[170] 20 U.S.C. 1415(i)(3)(D)
[171] 20 U.S.C. 1415(i)(3)(E)
[172] 20 U.S.C. 1415(i)(3)(D)(ii)

como se observó anteriormente, generalmente no se pueden otorgar honorarios de abogados para el tiempo que use el abogado en la Sesión de Resolución requerida antes de que comience una audiencia.[173]

IDEA 2004 incluye nuevas disposiciones que permiten que al distrito escolar o Agencia Estatal de Educación se le otorguen honorarios de abogados en ciertas circunstancias. Estas circunstancias generalmente involucran situaciones cuando el abogado de los padres (1) presenta demandas frívolas (débiles, insignificantes) o continúa litigando después de que el litigio se haya vuelto frívolo, no razonable, o sin fundamentos, o (2) presenta o continúa demandas por propósitos impropios tales como para acosar, causar demoras innecesarias, o innecesariamente aumentar el costo de litigio.[174]

La Regla de Permanecer-en-su-Lugar

A través del proceso de la audiencia y de la apelación, el estudiante permanecerá en su lugar en el programa educacional en donde él o ella estaban antes de que se presentara la solicitud para una audiencia.[175] Si el estudiante está solicitando admisión inicial a una escuela

> A través del proceso de la audiencia y de la apelación, el estudiante permanecerá en su lugar en el programa educacional en donde él o ella estaban antes de que se presentara la solicitud para una audiencia.

an attorney's time in the Resolution Session required before a hearing commences.[173]

The IDEA 2004 includes new provisions allowing the school district or State Education Agency to be awarded attorney's fees in certain circumstances. These circumstances generally involve the parent or the parents' attorney (1) filing frivolous (flimsy, insignificant) actions or continuing to litigate after the litigation clearly became frivolous, unreasonable, or unfounded, or (2) filing or pursuing actions for improper purposes such as to harass, to cause unnecessary delay, or to needlessly increase the cost of the litigation.[174]

The Stay-put Rule

Throughout the hearing and the appeal process, the student will "stay-put" in the educational program he or she was in before the request for a hearing was filed.[175] If the student is applying for initial admission to public school, then, with the parents' consent, the school district will admit the student to public school. "Stay-Put" means

> Throughout the hearing and the appeal process, the student will "stay-put" in the educational program he or she was in before the request for a hearing was filed.

[173] 20 U.S.C. 1415(i)(3)(D)(iii)
[174] 20 U.S.C. 1415(i)(3)(B)(i)(II)(III)
[175] 20 U.S.C. 1415(j)

[173] 20 U.S.C. 1415(i)(3)(D)(iii)
[174] 20 U.S.C. 1415(i)(3)(B)(i)(II)(III)
[175] 20 U.S.C. 1415(j)

pública, entonces, con el consentimiento de los padres, el distrito escolar admitirá al estudiante a la escuela pública. "Permanecer-en-su-Lugar" quiere decir que el estudiante permanece en la colocación que se definió en el IEP antes de que diera principio la disputa.

Por ejemplo, el IEP del estudiante actualmente incluye un dispositivo para el aumento de la comunicación como una ayuda o servicio suplementario. El equipo del IEP se reúne y por encima de las protestas de los padres, el equipo recomienda que este dispositivo ya no sea necesario y lo elimina por escrito como un servicio del IEP. Si los padres solicitan una audiencia imparcial del debido proceso, el IEP que incluye el dispositivo para el aumento de la comunicación deberá de permanecer en efecto durante la audiencia. El estudiante deberá continuar teniendo acceso al dispositivo para el aumento de la comunicación debido a que fue incluido en el IEP en vigencia. El estudiante permanecerá dentro del programa en vigencia, al menos que el distrito escolar y los padres del estudiante estén de acuerdo en colocar al estudiante en un ambiente diferente durante la apelación.

De otra manera, si el IEP del estudiante no incluye al dispositivo para el aumento de la comunicación y los padres solicitaron una audiencia para poder obtener el dispositivo, la colocación del estudiante durante la audiencia será en un programa que no incluya al dispositivo para el aumento de la comunicación. El estudiante permanecerá en su programa del IEP vigente el cual no incluye al dispositivo para el aumento de la comunicación, al menos que los padres y el distrito escolar puedan llegar a un acuerdo diferente.

Bajo la regla de permanecer-en-su-lugar, los padres del estudiante y el distrito escolar tienen la opción de estar de acuerdo en colocar al estu-

the student stays in the placement that was defined by the IEP before the dispute began.

For example, a student's IEP currently includes an augmentative communication device as a supplementary aid or service. The IEP team meets, and despite the parents' objection, the team recommends that this device is no longer needed and deletes it as a service written on the IEP. If the parents request an impartial due process hearing, the IEP that includes the augmentative communication device would remain in effect during the hearing. The student would continue to have access to the augmentative communication device because it was included in the current IEP. The student will stay-put in the current program, unless the school district and the student's parents agree to place the student in another setting during the appeal.

On the other hand, if the student's current IEP did not include the augmentative communication device, and the parents requested a hearing in order to obtain the device, the student's placement during the hearing would be in a program without the augmentative communication device. The student would stay-put in the current IEP program that does not include the augmentative communication device, unless the parents and the school district are able to agree to some other arrangement.

Under the stay-put rule, the student's parents and the school district can still agree to place the student in a setting other than the current pro-

diante en un ambiente diferente del programa en vigencia durante el proceso de apelación. Si llegan a un acuerdo con respecto a una colocación, diferente a la colocación actual, el estudiante puede permanecer ahí durante la apelación.

Ya sea la colocación actual del estudiante, otra colocación a la cual los padres y el distrito se pongan de acuerdo, o una colocación basada en una determinación por un juez de ley administrativa, la colocación de permanecer-en-su-lugar permanecerá en pie, al menos hasta que el tribunal de distrito llegue a una decisión. Si la decisión del tribunal de distrito se apela a un tribunal superior, el estudiante permanecerá en el programa delineado en la decisión del tribunal de distrito.

Hay una excepción a la regla de permanecer-en-su-lugar para cambios en la colocación cuando los estudiantes están siendo disciplinados. Por favor vea el capítulo acerca de la disciplina para una discusión concerniente al proceso de apelación y los ambientes en donde pueden colocarse a los estudiantes durante esas apelaciones.

Pensamientos y Sugerencias Acerca de la Resolución de Disputas

Como discutimos al principio de este capítulo, los desacuerdos, disputas y conflictos en el proceso de educación especial no deben ser inesperados ni temidos. De hecho, si nunca hay desacuerdos, el proceso IEP y los otros procedimientos de planeación probablemente no están siendo utilizados efectivamente. Nosotros debemos esperar que haya desacuerdos. Los individuos con buenas intenciones pueden tener diferencias de opinión honestas acerca de los servicios para los estudiantes con discapacidades. Es a través de discutir esas diferencias de opinión que se puede llegar a una acuerdo acerca del programa adecuado para el estudiante. Queremos tener un

gram during the appeal process. If they agree to a placement, other than the current placement, the student will stay there during the appeal.

Whether it is the current placement, another placement the parents and district agree upon, or a placement based on a determination by an administrative law judge, the stay-put placement will remain, at least until a district court reaches a decision. If the district court's decision were to be appealed to a higher court, the student would stay in the program outlined in the district court's decision.

There is an exception to the stay-put rule for appeals of changes in placement when students are being disciplined. Please see the chapter on discipline for a discussion of that appeal process and where students are placed during those appeals.

Thoughts and Hints about Dispute Resolution

As we discussed at the beginning of this chapter, disagreements, disputes and conflict in the special education process should not be unexpected or feared. In fact, if there are never any disagreements, the IEP process and other planning procedures probably aren't being used effectively. We should expect disagreement. Well meaning individuals can have honest differences of opinion about services for students with disabilities. It's through discussing those differences of opinion that we will arrive at an appropriate program for the student. We want an IEP process in which each team member feels free to state their opinions and ask questions of other team members.

proceso del IEP en el cual cada miembro del equipo se sienta libre de declarar sus opiniones y hacer preguntas a los otros miembros del equipo.

Recuerde, lo apropiado, como la belleza, es cuestión de perspectiva. Más frecuentemente, los desacuerdos pueden arreglarse en la reunión del IEP, o a través de discusiones informales y procedimientos de resolución de disputas.

Pero hay ocasiones cuando los desacuerdos no pueden resolverse y cuando pueden ser necesarios procedimientos más formales. En estas circunstancias, IDEA 2004 ofrece opciones adicionales tales como la mediación y las sesiones de resolución previas a la audiencia para resolver el desacuerdo. Se puede tratar la mediación hasta cuando no se presente un aviso de queja de debido proceso y continúen las acciones hacia una audiencia. Estas opciones adicionales son buenas, porque todos los involucrados deben querer, si es posible, resolver la disputa sin la necesidad de una audiencia de debido proceso o de un litigio.

Las audiencias son contenciosas y hay confrontaciones. Las audiencias son como un juicio. Los abogados presentan evidencia, llaman a testigos y hacen argumentos legales. Las audiencias consumen tiempo y son costosas. Ambos lados pagan por sus abogados. El distrito escolar también paga por el tiempo de su personal y a veces paga por el costo del oficial de la audiencia. Cada lado de la disputa debe pensar cuidadosamente antes de seguir adelante en el camino hacia una audiencia de debido proceso.

Traten de ver la disputa tanto objetivamente y desde el punto de vista del otro lado. Evalúen los puntos fuertes y las debilidades de su posición. Los padres pueden tratar de hablar con una tercera persona objetiva, ya sea un abogado o un defensor que no sea un abogado. Por ejemplo,

Remember, appropriate, like beauty, is in the eye of the beholder. Most often, disagreements can be worked out in the IEP meeting itself, or through informal discussions and dispute resolution procedures.

But there are times when the disagreements do not get resolved, and when more formal procedures may be necessary. In those circumstances, the IDEA 2004 offers additional options such as mediation and the prehearing resolution session to resolve the disagreement. Mediation can be tried even without filing a due process complaint notice and moving towards a hearing. These additional options are good, because everyone involved should want, if at all possible, to resolve the dispute short of a due process hearing and litigation.

Hearings are contentious and adversarial. Hearings are like a trial. Attorneys will put on evidence, call witnesses, and make legal arguments. Hearings are time consuming and costly. Both sides pay for their attorneys. The school district also pays for its staff time and often pays for the cost of the hearing officer. Each side of the dispute should think carefully before going too far down the road to a due process hearing.

Try to look at the dispute both objectively and from the other side's point of view. Play the devil's advocate. Assess the strengths and weaknesses of your position. Parents might try talking to an objective third party, whether it's an attorney or non-attorney advocate. For ex-

usted puede ver en la sección de este capítulo dedicada al aviso de queja de debido proceso, que este aviso y su contenido son muy importantes. El aviso es requerido y no se pueden incluir asuntos en la audiencia que no hayan sido descritos en el aviso.

Por lo tanto, es importante que el aviso sea completo y que describa precisamente los asuntos. Una tercera persona objetiva puede ayudar a pensar acerca de la situación y aclarar los hechos y los asuntos. Adicionalmente, el defensor objetivo puede revisar el borrador del aviso de queja de debido proceso para asegurar que sea comprensible y completo.

El aviso de queja de debido proceso debe contener una propuesta de resolución al problema. Por lo tanto, es importante evaluar lo que usted quiere que suceda para resolver el problema o los problemas. Aunque usted no esté pensando en solicitar una audiencia, es importante que se pregunte a usted mismo qué necesita suceder para resolver la disputa. No tome decisiones cuando esté enfurecido. Aunque la mayoría del tiempo la mayoría de los educadores tratan de hacer lo mejor que puedan para trabajar efectiva y cortésmente con las familias, hay veces cuando tal vez no se pueda. Hay veces cuando los padres tienen todo el derecho de estar enfurecidos. Pero no haga decisiones importantes cuando usted esté enojado. No deje que su furia oscurezca su juicio.

Finalmente, habiendo dicho que las audiencias de debido proceso son contenciosas, costosas y que hay confrontaciones, es muy claro que a veces son muy necesarias. Además, debido a que son contenciosas, costosas, y con confrontaciones, la mayoría de las veces en las cuales se solicita una audiencia los problemas se resuelven antes de que dé comienzo dicha audiencia.

ample, as you can tell from the section of this chapter on the due process complaint notice, that notice and its content are very important. The notice is required, and issues may not be included in the hearing if they are not described in the notice.

So, it is important that the notice is complete and accurately describes the issues. An objective third party can help brainstorm the situation and clarify the facts and issues. Additionally, the objective advocate can review the draft due process complaint notice to be sure it is understandable and complete.

The due process complaint notice must contain a proposed resolution to the problem. So, it is important to assess what you want to happen to resolve the problem or problems. Even if you are not thinking about requesting a hearing, it is important to ask yourself what needs to happen to resolve the dispute. Don't make decisions when you are angry. While most of the time most educators try to do their best and try to work effectively and courteously with families, there are times when they might not. There are times when parents have every right to be angry. But do not make major decisions when you're angry. Don't let anger cloud your judgment.

Finally, having said that due process hearings are contentious, costly, and adversarial, let me point out that they are also sometimes very necessary. Moreover, because they are contentious, costly, and adversarial, most cases in which a hearing is requested are settled before the hearing occurs. But there are times when the issues are significant and the issues do not get

Pero hay otras veces en las cuales los asuntos son serios y estos no pueden resolverse. En esas circunstancias, una audiencia de debido proceso es la manera adecuada de asegurar que un estudiante con una discapacidad reciba una educación pública gratis y apropiada.

resolved. In those circumstances, a due process hearing is an appropriate way to ensure that a student with a disability receives a free appropriate public education.

Notas:

Notes:

Proceso de Resolución de Disputas

Aviso de Queja de Debido Proceso (Queja) enviado por los padres al distrito escolar.

✕ Observe que el proceso de resolución de conflicto comienza cuando los padres envían un aviso de queja de debido proceso (Queja).[176] Los días mencionados en este proceso son días de calendario, no días escolares. Los días empiezan a contarse a partir de la fecha en la cual el distrito escolar recibe la Queja.

10 días para responder a la Queja:

El distrito escolar tiene 10 días de calendario a partir de recibir la Queja para enviar una respuesta que responda específicamente a los asuntos abordados en la Queja.

S	M	T	W	T	F	S
	1	2	3	4	5	6
7	8	9	10	11	12	13
14	15	16	17	18	19	20
21	22	23	24	25	26	27
28	29	30	31			

15 días para reclamar que la Queja es insuficiente:

El distrito escolar tiene 10 días de calendario a partir de recibir la Queja para notificar al oficial de la audiencia que el distrito escolar cree que la Queja es insuficiente (no contiene la información requerida de acuerdo con IDEA en 20 U.S.C. 1415(b)(7)(A)).

 El oficial imparcial de audiencia (impartial hearing officer, o IHO) tiene 5 días de calendario a partir de la fecha en la cual el IHO recibe la reclamación del distrito escolar de que la Queja es insuficiente para decidir si la Queja es suficiente.

15 días Sesión de Resolución:

Dentro de los siguientes 15 días a partir de recibir la Queja el distrito escolar debe convocar una Sesión de Resolución. La sesión de resolución es una reunión de los padres y los miembros relevantes del equipo del IEP para tratar de resolver la Queja. La Sesión de Resolución debe convocarse al menos que los padres y el distrito escolar estén de acuerdo en dispensar la sesión o tratan en vez de usar Mediación.

30 días del periodo de tiempo comienza con respecto a la audiencia de debido proceso.

 Si la Queja no se resuelve dentro de los 30 días de calendario a partir de la fecha en que se recibió la Queja, se puede llevar a cabo una audiencia de debido proceso y comienza la linea de tiempo de la audiencia de debido proceso.

---

[176] Para simplificar, en este ejemplo los padres envían un Aviso de Queja de Debido Proceso al distrito escolar. Pero observe que los distritos escolares también pueden dar inicio a un proceso de audiencia enviándole un Aviso de Queja de Debido Proceso a los padres.

Dispute Resolution Timeline

Due Process Complaint Notice (Complaint) sent by parent to school district.

✗ Note the conflict resolution timelines are triggered by parents sending a due process complaint notice (Complaint).[176] The days referred to in this timeline are calendar days, not school days. The days are counted from the date the school district receives the Complaint.

10 days to respond to Complaint:

The school district has 10 calendar days from receiving the Complaint to send a response that specifically addresses the issues raised in the Complaint.

15 days to claim Complaint is insufficient:

 The school district has 15 calendar days from receiving the Complaint to notify the hearing officer the school district believes the Complaint is insufficient (does not contain the information required by the IDEA at 20 U.S.C. 1415(b)(7)(A)).

S	M	T	W	T	F	S
	1	2	3	4	5	6
7	8	9	10	11	12	13
14	15	16	17	18	19	20
21	22	23	24	25	26	27
28	29	30	31			

The impartial hearing officer (IHO) has 5 calendar days from the date the IHO received the school district's claim that the Complaint is insufficient to decide if the Complaint is sufficient.

15 days Resolution Session:

☆ Within 15 days of receiving the Complaint the school district must convene a Resolution Session. The resolution session is a meeting of the parents and the relevant members of the IEP team to try to resolve the Complaint. The Resolution Session must be convened unless the parents and school district agree to waive the meeting or try Mediation instead.

30 days due process hearing timelines commence.

 If the Complaint is not resolved within 30 calendar days of receipt of the Complaint, a due process hearing may occur and the due process hearing timelines begin.

---

[176] For simplicity this timeline uses an example with parents sending a Due Process Complaint Notice to the school district, but note that school districts may also commence the hearing process by sending a Due Process Complaint Notice to the parents.

Notas:

Notes:

VI La Disciplina y La Discapacidad/ Discipline and Disability

Como todos los estudiantes, los estudiantes con discapacidades a veces se portan mal. Los estudiantes con discapacidades que se portan mal, como todos los estudiantes, pueden ser disciplinados. El tipo de disciplina, sea ésta una suspensión a corto o largo plazo o una expulsión, depende de la severidad del mal comportamiento. Obviamente, el disciplinar a cualquier estudiante por un mal comportamiento muy serio es un proceso emocional para los padres, maestros y estudiantes. Además, el disciplinar a los estudiantes con discapacidades es justificadamente complicado por dos motivos.

Primero, existen ocasiones cuando la conducta de un estudiante parece ser debida a un mal comportamiento, pero esa conducta en realidad tiene su raíz en la discapacidad del estudiante y está relacionada con su programa educativo. La conducta del estudiante está relacionada con su discapacidad. IDEA reconoce que no se debe

Like all students, students with disabilities sometimes misbehave. Misbehaving students with disabilities, like all students, may be disciplined. The type of discipline, short or long-term suspension or expulsion, depends on the seriousness of the student's misbehavior. Obviously, disciplining any student for serious misbehavior is an emotional process for parents, teachers, and students. In addition, disciplining students with disabilities is justifiably complicated for two reasons.

First, there are times when a student's conduct may look like misbehavior, but that conduct is actually rooted in the child's disability and entwined with his educational program. The student's behavior is related to his disability. The IDEA recognizes that students with disabilities should not be punished for conduct that is related to their dis-

Primero, existen ocasiones cuando la conducta de un estudiante parece ser debida a un mal comportamiento, pero esa conducta en realidad tiene su raíz en la discapacidad del estudiante y está relacionada con su programa educativo. La conducta del estudiante está relacionada con su discapacidad.

First, there are times when a student's conduct may look like misbehavior, but that conduct is actually rooted in the child's disability and entwined with his educational program. The student's behavior is related to his disability.

castigar a los estudiantes con discapacidades por mala conducta que esté relacionada a su discapacidad. IDEA no dice que no pueden ser suspendidos o expulsados los estudiantes con discapacidades. Pueden ser suspendidos o expulsados. Pero los estudiantes con discapacidades no pueden ser expulsados por un comportamiento que sea relacionado a su discapacidad.[177]

Segundo, IDEA requiere que a todos los estudiantes con discapacidades, incluyendo a aquellos que son suspendidos o expulsados, se les proporcione una educación pública gratis y apropiada.[178]

Durante las suspensiones a largo plazo (de más de 10 días escolares consecutivos) o expulsiones, los estudiantes con discapacidades deben seguir recibiendo los servicios educativos. Esto es cierto porque IDEA requiere que todos los estudiantes con discapacidades tengan derecho a una educación pública gratis y apropiada, incluyendo aquellos quienes hayan sido suspendidos o expulsados.

ability. The IDEA does not say that students with disabilities can't be suspended or expelled. They may be suspended or expelled. But students with disabilities may not be expelled for behavior that is related to their disability.[177]

Second, the IDEA requires that all students with disabilities, including those who are suspended or expelled, must be provided a free appropriate public education.[178]

During long-term suspensions (more than 10 consecutive school days) or expulsions, students with disabilities must continue to receive educational services. This is true because the IDEA requires that all students with disabilities are entitled to a free appropriate public education, including those who have been suspended or expelled.

---

[177] *OSEP Memorandum 95-16*, 22 IDELR 531 (OSEP 1995), S-1 v. Turlington, 635 F.2d 342 (5to. Circuito, 1981)

[178] 20 U.S.C. 1412(a)(1)(A) y vea *Honig v. Doe*, 484 U.S. 305 (1988)

[177] *OSEP Memorandum 95-16*, 22 IDELR 531 (OSEP 1995), S-1 v. Turlington, 635 F.2d 342 (5th Cir. 1981)

[178] 20 U.S.C. 1412(a)(1)(A) and see *Honig v. Doe*, 484 U.S. 305 (1988)

En IDEA 97, el Congreso estableció procedimientos específicos para disciplinar a los estudiantes con discapacidades. Estos procedimientos intentaron por un lado encontrar un balance entre la disciplina y las necesidades de seguridad, y por otro lado los requisitos para que un estudiante con discapacidades no sea castigado por una mala conducta que esté relacionada a su discapacidad y que siga recibiendo servicios durante las suspensiones a largo plazo o expulsiones. Entonces, IDEA 97 requería que si un estudiante con una discapacidad fuera sacado de su colocación actual durante más de 10 días escolares, el equipo del IEP determinaría si la conducta que causó que lo sacaran fue una **manifestación de su discapacidad.**

En IDEA 2004, el Congreso cambió las disposiciones disciplinarias para los estudiantes con discapacidades. Las protecciones principales para los estudiantes con discapacidades se han mantenido. IDEA 2004 todavía requiere que se realice una *determinación de manifestación,* si a un estudiante lo suspenden de la escuela por más de 10 días escolares. Pero ya no es requisito que participe todo el equipo del IEP en la determinación de manifestación. De acuerdo con IDEA 2004, el distrito escolar, los padres y los **miembros relevantes del equipo del IEP** se reúnen para hacer la determinación de manifestación. Además, los criterios para determinar si la conducta constituye una manifestación han cam-

In the IDEA 97, Congress established specific procedures for disciplining students with disabilities. These procedures tried to balance discipline and the need for safety with the requirements that students with disabilities not be punished for disability-related "misbehavior," and that they continue to receive services during long-term suspensions or expulsions. Thus, the IDEA 97 required that if a student with a disability was removed from his current placement for more than 10 school days that the IEP team must determine if the conduct causing the removal was a **manifestation of the student's disability**.

In the IDEA 2004, Congress revised the disciplinary provisions for students with disabilities. The primary protections for students with disabilities have been maintained. The IDEA 2004 still requires that if a student is removed for more than 10 school days, there be a *manifestation determination.* But the entire IEP team is no longer required to participate in making the manifestation determination. Under the IDEA 2004, the school district, the parent, and **relevant members of the IEP team** meet to make the manifestation determination. Additionally, the criteria for determining whether the conduct constitutes a manifestation have been changed. This chapter will review the

---

IDEA 2004 todavía requiere que se realice una determinación de manifestación, si a un estudiante lo suspenden de la escuela por más de 10 días escolores. Pero ya no es requisito que participe todo el equipo del IEP en la determinación de manifestación.

The IDEA 2004 still requires that if a student is removed for more than 10 days, there be a manifestation determination. But the entire IEP team is no longer required to participate in making the manifestation determination.

biado. Este capítulo repasará los procedimientos de disciplina de IDEA e indicará donde IDEA 2004 ha hecho cambios a IDEA 97.

Resumen de Disciplina

Esta sección proporcionará un resumen del procedimiento de disciplina para los estudiantes con discapacidades de acuerdo con IDEA 2004. Algunos de los términos en esta sección podrán ser desconocidos o serán inicialmente confusos. No se preocupen. Después de describir todo en general en el resumen, explicaré los conceptos como determinación de manifestación, **circunstancias especiales, lugar educativo alterno temporal y autoridad del personal escolar** con más detalle.

Las escuelas y los distritos escolares tienen reglamentos escritos acerca de la conducta estudiantil. Estos reglamentos les indican a los estudiantes lo que se considera una mala conducta. Estos reglamentos generalmente se conocen como un código de conducta estudiantil. Las provisiones de disciplina en IDEA 2004 detallan la autoridad que tiene el personal escolar de **sacar** a un estudiante de su **colocación actual** cuando viola el código de conducta estudiantil. Por simplicidad, para referirnos a una violación del código de conducta estudiantil diremos "mala conducta". Tomen en cuenta que las disposiciones de disciplina de IDEA permiten que los oficiales escolares saquen a un estudiante con una discapacidad de la escuela por violar el código de conducta estudiantil y que yo utilizo el término "mala conducta" para referirme a tales violaciones.

El personal escolar tiene la autoridad de sacar a un estudiante de su colocación actual por una mala conducta y de reubicarlo en una colocación aternetiva intermedia, en **otro lugar, o**

IDEA's disciplinary procedures and point out where the IDEA 2004 has made changes from the IDEA 97.

Discipline Overview

This section will provide an overview of the disciplinary process for students with disabilities under the IDEA 2004. Some of the terms and procedures covered in this section may be unfamiliar or seem confusing at first glance. Don't worry. After I cover the big picture through the overview, I will go back and cover concepts like manifestation determination, **special circumstances, interim alternative educational setting, and authority of school personnel** in more detail.

Schools and school districts have written rules regarding student behavior. These rules tell students what is considered misconduct. These rules are generally referred to as a code of student conduct. The disciplinary provisions of the IDEA 2004 spell out the authority of school personnel to **remove** a student from the student's **current placement** when he violates a code of student conduct. For simplicity, we will refer to a violation of a code of student conduct as "misconduct." Keep in mind that the IDEA's disciplinary provisions allow school officials to remove a student with a disability for a violation of a code of student conduct, and I am using the term "misconduct" to refer to that violation.

School personnel have the authority to remove a student for misconduct from the student's current placement to an interim alternative setting, **another setting, or through suspension**.

de suspenderlo. La primera vez que lo saquen de la escuela no puede ser por **más de 10 días escolares**. Durante estos diez (10) días escolares que lo saquen, no se requiere que el distrito escolar le proporcione servicios al estudiante.

Cierto, a todos los estudiantes con discapacidades se les debe proporcionar una educación gratuita pública y apropiada, incluyendo a aquellos quienes hayan sido suspendidos o expulsados, pero IDEA hace una excepción para los estudiantes que son suspendidos de la escuela por 10 días escolares o menos. Si el distrito escolar tiene la intención de suspender al estudiante por más de 10 días escolares, el distrito tendrá que proporcionar servicios educativos para el estudiante en un lugar educativo alterno y temporal. Esta colocación a veces se conoce como IAES.

Existen **circunstancias especiales** que permiten que el distrito escolar suspenda a un estudiante por más de los iniciales 10 días escolares. Generalmente, las circunstancias especiales involucran la posesión de un arma, el uso o posesión de las drogas ilegales, o las situaciones en las cuales el estudiante ha lesionado seriamente a otra persona. Bajo esas circunstancias, se puede sacar al estudiante de la escuela por no más de 45 días escolares. Pero si al estudiante lo suspenden por más de 10 días escolares, se considera que ha ocurrido un **cambio de colocación**. El distrito escolar debe (1) hacer una determinación de manifestación, (2) proporcionar un programa educativo, y, (3) según sea apropiado, proporcionar una *evaluación de comportamiento funcional* y servicios de intervención de comportamiento y modificaciones. Estos tres elementos están descritos abajo.

The initial removal cannot be **more than 10 school days**. During the initial 10 school day removal, the school district is not required to provide services to the student.

True, all students with disabilities must be provided a free appropriate public education, including those who are suspended or expelled, but the IDEA is making an exception for students who are removed for 10 school days or less. If the school district intends to remove the student for more than 10 school days, the district will have to provide educational services for the student in an interim alternative educational setting. This placement is sometimes referred to as the IAES.

There are **special circumstances** that allow the school district to remove a student with a disability for more than the initial 10 school days. Generally, special circumstances, involve possession of a weapon, the use or possession of illegal drugs, or situations in which the student has seriously injured another person. Under those circumstances the student can be removed for no more than 45 school days. But if the student is removed for more than 10 school days, that extended removal is considered a **change in placement**. The school district must (1) do a manifestation determination, (2) provide an educational program, and, (3) as appropriate, provide a *functional behavioral assessment* and behavior intervention services and modifications. These three elements are described below.

Determinación de Manifestación

La determinación de manifestación la hacen el distrito escolar, los padres y los miembros relevantes del equipo del IEP. Los padres y la escuela determinan cuáles miembros del equipo del IEP son relevantes y deben ser incluídos en la reunión de determinación de manifestación. Al menos que existan circunstancias especiales, si se determina que el comportamiento del estudiante es una manifestación de la discapacidad del estudiante, el estudiante debe regresar a su colocación actual. Sin embargo, los padres y el distrito escolar pueden acordar una colocación distinta para el estudiante.

Por otro lado, si se determina que el comportamiento del estudiante NO es una manifestación de la discapacidad del estudiante, el distrito escolar puede disciplinar al estudiante de la misma manera que disciplinaría a otro estudiante sin discapacidades por el mismo comportamiento. No obstante, el distrito escolar no puede dejar de proporcionar servicios educativos al estudiante con una discapacidad. Así, el estudiante con una discapacidad puede ser expulsado por mala conducta si esa conducta no es una manifestación de la discapacidad del estudiante. Pero mientras el estudiante esté suspendido, éste debe ser colocado en un lugar educativo alterno temporal para que siga recibiendo una educación pública gratis y apropiada.

La Provisión de Servicios Educativos

Recuerde que si suspenden al estudiante de la escuela por más de 10 días escolares, el estudiante debe seguir recibiendo servicios educativos durante ese período.[179] Esto es porque todos los estudiantes con discapacidades deben recibir una educación pública gratis y apropiada, inclu-

Manifestation Determination

The manifestation determination is made by the school district, the parents, and relevant members of the IEP team. The parents and the school district determine which members of the IEP team are relevant and to be included in the manifestation determination meeting. Unless special circumstances exist, if the student's behavior is determined to be a manifestation of the student's disability, the student is returned to his current placement. The parents and the school district, however, can agree to a different placement for the student.

On the other hand, if the student's behavior is determined NOT to be a manifestation of the student's disability, the student may be disciplined in the same manner the school district would discipline a student without a disability for the same behavior. The school district, however, cannot cease providing educational services to the student with a disability. Thus, a student with a disability can be expelled for misbehavior if the behavior is not a manifestation of the student's disability. But while the student serves his time in expulsion, he is placed in an interim alternative educational setting to continue receiving a free appropriate public education.

Provision of Educational Services

Remember, if the student is removed for more than 10 school days, the student must continue to receive educational services during the removal.[179] This is because all students with a disability must receive a free appropriate public education, including students who are suspend-

---

[179] 20 U.S.C. 1415(k)(1)(C)(D)(E)

[179] 20 U.S.C. 1415(k)(1)(C)(D)(E)

> si suspenden al estudiante de la escuela por más de 10 días escolares, el estudiante debe seguir recibiendo servicios educativos durante ese período.

> ...if the student is removed for more than 10 school days, the student must continue to receive educational services during the removal.

yendo los estudiantes que son suspendidos o expulsados.[180] Cuando suspenden a un estudiante de la escuela por más de 10 días, el equipo del IEP debe determinar un lugar educativo alterno temporal para el estudiante. El estudiante recibirá sus servicios educativos en ese lugar durante la suspensión extendida.

ed or expelled.[180] When a student is removed for more than 10 school days, the IEP team must determine an interim alternative educational setting for the student. The student will receive his educational services in that setting during the extended removal.

Evaluación de Comportamiento Funcional

Mientras se encuentre en el lugar educativo alterno temporal, el estudiante debe recibir, si lo es apropiado, una evaluación de comportamiento funcional. La evaluación de comportamiento funcional a veces se conoce como la FBA. Una evaluación de comportamiento funcional recauda información acerca del comportamiento del estudiante e intenta determinar cuál función o propósito tiene el comportamiento para el estudiante. La evaluación de comportamiento funcional luego se utiliza para desarrollar un *plan de intervención de comportamiento*, a veces conocido como un BIP.

Functional Behavioral Assessment

While in this interim alternative educational setting, the student should receive, if appropriate, a functional behavioral assessment. The functional behavioral assessment is sometimes referred to as the FBA. A functional behavioral assessment gathers information about the student's behavior to try to determine what function or purpose the behavior serves for the student. The functional behavioral assessment is then used to develop a *behavioral intervention plan*, sometimes referred to as a BIP.

> Una evaluación de comportamiento funcional recauda información acerca del comportamiento del estudiante e intenta determinar cuál función o propósito tiene el comportamiento para el estudiante.

> A functional behavioral assessment gathers information about the student's behavior to try to determine what function or purpose the behavior serves for the student.

[180] 20 U.S.C. 1412(a)(1)(A)

[180] 20 U.S.C. 1412(a)(1)(A)

El plan de intervención de comportamiento describirá las intervenciones y modificaciones diseñadas para enseñar comportamientos nuevos y más apropiados. Estos servicios de intervención de comportamiento y modificación son diseñados para abordar el comportamiento de tal manera que no vuelva a ocurrir.[181]

Ahí termina el resumen del proceso. Ahora veamos información más específica.

La Autoridad del Personal Escolar

Las escuelas tienen reglamentos que se llaman **códigos de conducta estudiantil**. Si el castigo por violar el código de conducta estudiantil es una suspensión, entonces el personal escolar puede suspender al estudiante que viola el código de conducta estudiantil por hasta 10 días escolares. Si el castigo por mala conducta es la expulsión, el distrito escolar puede expulsar a un estudiante con una discapacidad, pero no por una conducta relacionada a su discapacidad y no sin proporcionarle servicios escolares.

Desafortunadamente, en el pasado, algunos oficiales escolares han resentido el hecho de que IDEA requiera una determinación de manifestación y de que los estudiantes con discapacidades no puedan ser expulsados o suspendidos a largo plazo sin servicios escolares. Es posible que estos oficiales no sepan o hayan olvidado que durante mucha de nuestra historia, los niños con discapacidades fueron excluídos enteramente del sistema escolar. Frecuentemente, aquellos quienes no fueron excluídos solo recibían un mínimo de servicios.[182]

Algunos oficiales escolares no han sido flexibles o han tenido políticas de cero tolerancia o no

The behavioral intervention plan will describe interventions and modifications designed to teach new, more appropriate behaviors. These behavioral intervention and modification services are designed to address the behavior so that it doesn't happen again.[181]

That's an overview of the process. Now let's take a look at more specific information.

Authority of School Personnel

Schools have rules called **codes of student conduct**. If the punishment for violating the code of student conduct is suspension, then school personnel may suspend a student who violates the code of student conduct for up to 10 school days. If the punishment for misconduct is expulsion, the school district may expel a student with a disability, but not for behavior related to the disability and not without school services.

Unfortunately, in the past, some school officials have resented the fact that the IDEA requires a manifestation determination and that students with disabilities cannot be expelled or suspended long term without school services. These officials may not know, or they may have forgotten, that for much of our history, children with disabilities were excluded entirely from the school system. Those who were not excluded often received minimal services.[182]

Some school officials have not been flexible or have had a zero tolerance or no exceptions ap-

---

[181] 20 U.S.C. 1415(k)(1)(D)
[182] Vea los descubrimientos del Congreso en 20 U.S.C. 1401(2)

[181] 20 U.S.C. 1415(k)(1)(D)
[182] See the Congressional findings at 20 U.S.C. 1401(2)

han permitido excepciones a la disciplina de los estudiantes con discapacidades que violan los códigos de conducta estudiantil. IDEA 2004 afirma que el personal escolar puede considerar cualquier **circunstancia particular caso por caso y** así determinar si de alguna manera u otra se solicitará un cambio de colocación para el estudiante con una discapacidad que viola el código de conducta estudiantil.[183] Esta provisión podría alentar la flexibilidad en la disciplina de los estudiantes con discapacidades en vez de una filosofía de cero tolerancia hacia disciplinar a los estudiantes con discapacidades.

El personal escolar normalmente tiene una autoridad limitada de sacar a un estudiante de la escuela por una mala conducta por períodos a corto plazo. Sin embargo, los oficiales escolares pueden extender este período hasta **45 días escolares** si la conducta del estudiante involucra circunstancias especiales. Observe que bajo IDEA 2004, una suspensión o expulsión extendida dura **45 días escolares. Previamente, bajo IDEA 97, una suspensión o expulsión extendida duraba 45 días naturales**.

Circunstancias Especiales

El personal escolar puede sacar a un estudiante con una discapacidad y reubicarlo en un lugar educativo alterno por no más de **45 días escolares** en los casos que involucran circunstancias especiales. **Observen que** cuando se trata de una mala conducta que involucra alguna circunstancia especial, el estudiante puede ser expulsado de la escuela durante no más de 45 días escolares, sin importar si la conducta es o no es una manifestación de la discapacidad del estudiante.[184] Las circunstancias especiales son casos en los cuales el estudiante

proach to disciplining students with disabilities for violations of codes of student conduct. The IDEA 2004 affirmatively states that school personnel may consider any **unique circumstances on a case-by-case** basis when determining whether to order the change in placement of a student with a disability who violates a code of student conduct.[183] This provision might encourage flexibility, rather than a zero tolerance approach, to disciplining students with disabilities.

The authority of school personnel to remove a student for misconduct ordinarily is limited to short-term removals. However, school officials may extend a student's removal up to **45 school days** if the student's misconduct involves special circumstances. Note that, under the IDEA 2004, the extended removal is for **45 school days. Previously under the IDEA 97, the extended removal was for 45 calendar days**.

Special Circumstances

School personnel may remove a student with a disability to an alternative educational setting for not more than **45 school days** in cases involving special circumstances. **Note that**, for misconduct involving special circumstances, the student may be removed for not more than 45 school days regardless of whether the misconduct is determined to be a manifestation of the student's disability.[184] Special circumstances are cases where the student

---

[183] 20 U.S.C. 1415(k)(1)(A)
[184] 20 U.S.C. 1415(k)(1)(G)

[183] 20 U.S.C. 1415(k)(1)(A)
[184] 20 U.S.C. 1415(k)(1)(G)

1. Posee un arma en, o lleva un arma a la propiedad escolar o a una función escolar dentro de la jurisdicción de una agencia estatal o local de educación (**observe** que la función escolar no tiene que ser una función dentro del distrito escolar del estudiante);

2. Intencionalmente posee o utiliza drogas ilegales, o vende o solicita la venta de sustancias controladas, estando en la escuela, en la propiedad de la escuela, o en una función escolar dentro de la jurisdicción de una agencia estatal o local de educación (repito, **observe** que la función no tiene que ser una función dentro del distrito escolar del estudiante); o

3. Ha causado lesiones corporales serias a otra persona estando en la escuela, en la propiedad de la escuela, o en una función escolar dentro de la jurisdicción de una agencia estatal o local de educación (Sí, repito, **observe** que la función no tiene que ser una función del distrito escolar del estudiante).[185]

Un "arma" se define como un "dispositivo, instrumento, material o sustancia, animado o inanimado, que se utiliza para o es fácilmente capaz de causar la muerte o lesiones corporales serias" con la excepción de que "no incluye una navaja de bolsillo con una hoja de menos de dos pulgadas y media de largo".[186] Una lesión cor-

1. Carries to or possesses a weapon at school, on school premises, or to or at a school function under the jurisdiction of a State or local education agency (**note** the school function does not have to be a function of the student's school district);

2. Knowingly possesses or uses illegal drugs, or sells or solicits the sale of a controlled substance, while at school, on school premises, or at a school function under the jurisdiction of a State or local education agency (again, **note** the function does not have to be a function of the student's school district); or

3. Has inflicted serious bodily injury upon another person while at school, on school premises, or at a school function under the jurisdiction of a State or local education agency (yes, again **note** the function doesn't have to be a function of the student's school district).[185]

"Weapon" is defined as "a device, instrument, material, or substance, animate or inanimate, that is used for or is readily capable of, causing death or serious bodily injury" with the exception that it "does not include a pocket knife with a blade of less than two and one-half inches."[186] Serious bodily injury "means bodily in-

---

[185] 20 U.S.C. 1415(k)(1)(G)(i)(ii)(iii)

[186] 18 U.S.C. 930(g)(2) Por favor observe que los distritos escolares pueden tener sus propias políticas de disciplina con sus propias definiciones de "armas" u otros objetos que son prohibidos en la escuela. Entonces, aunque esta definición define cuándo a un estudiante lo pueden sacar de la escuela por un período extendido, eso no significa que los estudiantes puedan llevar a la escuela otros objetos que posiblemente sean prohibidos por el código de conducta estudiantil.

---

[185] 20 U.S.C. 1415(k)(1)(G)(i)(ii)(iii)

[186] 18 U.S.C. 930(g)(2) Please note that school districts may have their own disciplinary policies with their own definition of "weapons" or other items that are banned from school. So, while the definition here defines when a student can be removed for an extended period of time that does not mean students can bring other items that might be prohibited by a code of student conduct to school.

poral seria significa las "lesiones corporales que involucran un riesgo substancial de muerte, un dolor físico extremo, una deformación obvia y prolongada, o una pérdida o impedimento prolongado de la función de algún miembro corporal, órgano o facultad mental".[187]

Bajo estas circunstancias especiales, los oficiales escolares, por su propia cuenta, pueden sacar al estudiante de la escuela por hasta 45 días escolares. Al sacar al estudiante, hay que reubicarlo en un lugar educativo alterno temporal. **Pero el distrito escolar no necesita obtener la aprobación de un oficial de audiencia.** Que quede claro que los padres del estudiante pueden solicitar una audiencia si ellos no están de acuerdo con la determinación del distrito acerca del lugar educativo alterno temporal o la existencia de circunstancias especiales, pero el distrito escolar no tiene que obtener aprobación previa de un oficial de audiencia para tomar estas acciones.[188]

Repito, si existen circunstancias especiales, los oficiales escolares pueden sacar al estudiante de la escuela por hasta 45 días escolares, sin importar si de alguna manera u otra se determinó que el comportamiento del estudiante fue una manifestación de la discapacidad del estudiante. El estudiante debe recibir servicios educativos durante el período de la suspensión o expulsión. Estos servicios se proporcionan en un lugar educativo alterno temporal; este lugar lo determina el equipo del IEP.[189]

Determinación de Manifestación

La determinación de manifestación es el proceso que se utiliza para determinar si el comportamiento del estudiante (la falta de con-

jury which involves a substantial risk of death, extreme physical pain, protracted and obvious disfigurement, or protracted loss or impairment of the function of a bodily member, organ, or mental faculty."[187]

Under these special circumstances school officials, on their own, can remove the student for up to 45 school days. The removal must be to an interim alternative educational setting. **But the school district does not need to get the approval of a hearing officer.** To be sure, the student's parents can request a hearing if they disagree with the school district's determination regarding the interim setting or the existence of special circumstances, but the school district does not have to get a hearing officer's preapproval to take these actions.[188]

Again, if special circumstances exist, school officials can remove the student for up to 45 school days, whether or not the behavior was determined to be a manifestation of the student's disability. The student must receive educational services during this removal time. These services are in an interim alternative educational setting; that setting is determined by the IEP team.[189]

Manifestation Determination

The manifestation determination is the process used to determine whether the student's behavior (perceived misconduct) is related to the

---

[187] 18 U.S.C. 1365(h)(3)
[188] 20 U.S.C. 1415(k)(1)(G) y (3)(A)
[189] 20 U.S.C. 1415(k)(1)(G) y (2)

[187] 18 U.S.C. 1365(h)(3)
[188] 20 U.S.C. 1415(k)(1)(G) and (3)(A)
[189] 20 U.S.C. 1415(k)(1)(G) and (2)

La determinación de manifestación es el proceso que se utiliza para determinar si el comportamiento del estudiante (la falta de conducta que se percibió) está relacionado a la discapacidad del estudiante. La determinación de manifestación se hace para evitar castigar a los estudiantes por un comportamiento que sea relacionado a su discapacidad.

The manifestation determination is the process used to determine whether the student's behavior (perceived misconduct) is related to the student's disability. The manifestation determination is made to avoid punishing students for behavior that is disability related.

ducta que se percibió) está relacionado a la discapacidad del estudiante. La determinación de manifestación se hace para evitar castigar a los estudiantes por un comportamiento que sea relacionado a su discapacidad.

Es requerido que el distrito escolar realice una reunión para hacer una determinación de manifestación cuando el distrito escolar tiene la intención de sacar a un estudiante de la escuela por más de 10 días escolares. El sacar a un estudiante con una discapacidad de la escuela por más de 10 días escolares se considera un cambio de colocación; un cambio de colocación requiere una determinación de manifestación. Un cambio de colocación podría significar que se requiere una evaluación de comportamiento funcional, así como los servicios de comportamiento y las modificaciones que son diseñadas para abordar ese comportamiento para que no vuelva a ocurrir.

También recuerde que aunque se puede sacar a un estudiante de la escuela por 10 días escolares sin proporcionarle servicios, el estudiante debe recibir servicios (dentro de un lugar educativo alterno temporal) si lo sacan de la escuela por más de 10 días.

student's disability. The manifestation determination is made to avoid punishing students for behavior that is disability related.

The school district is required to conduct a meeting to make a manifestation determination any time the school district intends to remove the student beyond 10 school days. Removing a student with a disability beyond 10 school days is considered a change in placement; a change in placement requires a manifestation determination. A change in placement may require a functional behavioral assessment, and behavioral services and modifications that are designed to address the behavior so that the behavior does not happen again.

Also, remember that while the student can be removed without services for 10 school days, the student must receive services (in an interim alternative educational setting) if he is removed beyond 10 school days.

El Proceso de la Determinación de Manifestación

Después de decidir que se va a sacar a un estudiante de la escuela por más de 10 días escolares, el distrito tiene **10 días escolares** para organizar una reunión en la que se hará la determinación de manifestación. La reunión de determinación de manifestación no necesariamente requiere a todo el equipo del IEP. IDEA 2004 dice que la determinación la hacen los padres, el distrito escolar y los **miembros relevantes** del equipo del IEP. Los padres del estudiante y el distrito escolar deciden cuáles miembros del equipo del IEP son relevantes y deben ser incluídos en la reunión de la determinación de manifestación.

Como se observó en el capítulo IV, según la discreción de los padres o el distrito escolar, "otros individuos que tengan conocimiento o sean expertos acerca del niño, incluyendo el personal de servicios relacionados" pueden ser incluidos como miembros del equipo del IEP.[190] Los padres pueden invitar a algunos proveedores de servicios privados relacionados (como psicólogos, terapeutas del habla y lenguaje, terapeutas ocupacionales, o terapeutas físicos) a la reunión de manifestación como miembros relevantes del equipo del IEP.

El equipo de determinación de manifestación (representantes del distrito escolar, padres y miembros relevantes del equipo IEP) debe revisar toda la información pertinente del expediente del estudiante. Esta revisión incluirá el IEP del estudiante, las observaciones del maestro y la información que proporcionen los padres del estudiante. Basado en esta revisión, el equipo determinará

The Manifestation Determination Process

After deciding to remove a student for longer than 10 school days, the district has **10 school days** to hold a meeting to make a manifestation determination. The manifestation determination meeting does not necessarily require the entire IEP team. The IDEA 2004 says that determination is made by the parent, school district and **relevant members** of the IEP team. The student's parents and the school district decide which members of the IEP team are relevant and to be included in the manifestation determination meeting.

As noted in Chapter IV, at the parents' or school district's discretion, "other individuals who have knowledge or special expertise regarding the child including related services personnel" can be included as members of the IEP team.[190] Parents may want to invite private related service providers (such as psychologists, speech therapists, occupational therapists, or physical therapists) to the manifestation determination meeting as "relevant" members of the IEP team.

The manifestation determination team (school district representatives, parents, and relevant IEP team members) must review all pertinent information in the student's file. This review will include the student's IEP, teacher observations, and information provided by the student's parents. Based on that review, the team will determine

---

[190] 20 U.S.C. 1414(d)(1)(B)(vi)

[190] 20 U.S.C. 1414(d)(1)(B)(vi)

1. si la conducta en cuestión fue causada por, o fue directa y substancialmente relacionada a, la discapacidad del estudiante; o

2. si la conducta en cuestión fue el resultado directo de una falla por parte de la agencia local de educación de implementar el IEP.

Si el distrito escolar, los padres y miembros relevantes del equipo IEP determinan que (1) o (2) se aplica al estudiante, se determinará que la conducta fue una manifestación de la discapacidad del estudiante.[191]

Si Se Determina que el Comportamiento Es una Manifestación de la Discapacidad del Estudiante

Si se determina que la conducta es una manifestación de la discapacidad del estudiante, el **equipo IEP entero** se reunirá. El equipo IEP tomará los siguientes pasos:

1. Llevara a cabo una evaluación de comportamiento funcional (functional behavioral assessment, o FBA) e implementará un plan de intervención de comportamiento (behavioral intervention plan, o BIP) para el estudiante. Al menos que el distrito escolar ya haya realizado una evaluación de

1. if the conduct in question was caused by, or had a direct and substantial relationship to, the student's disability; or

2. if the conduct in question was the direct result of the local education agency's failure to implement the IEP.

If the school district, the parent and relevant IEP team members determine that either (1) or (2) applies to the student, the misconduct will be determined to be a manifestation of the student's disability.[191]

If the Behavior Is a Manifestation of the Student's Disability

If the conduct is determined to be a manifestation of the student's disability, the **entire IEP team** will meet. The IEP team will take the following steps:

1. Conduct a functional behavioral assessment (FBA) and implement a behavioral intervention plan (BIP) for the student, unless the school district has already done a functional behavioral assessment before the misconduct occurred. In that case, the team must review the adequacy of the assessment in light of the current situation.

---

[191] 20 U.S.C. 1415(k)(1)(E)(i)(ii) Observe que esto representa un cambio de IDEA 97. Bajo IDEA 97, la determinación de manifestación la hacía el equipo del IEP y otros individuos calificados, y el equipo del IEP se enfocaba en tres asuntos, resumidos generalmente: (1) En relación al comportamiento del estudiante, ¿fue apropiada su colocación, y se entregaron los servicios del IEP?; (2) ¿Impidió la discapacidad del estudiante su habilidad de entender el impacto y las consecuencias de su comportamiento?; o (3) ¿Impidió la discapacidad del estudiante su habilidad de controlar su comportamiento?

---

[191] 20 U.S.C. 1415(k)(1)(E)(i)(ii) Note that this is a change from the IDEA 97. Under the IDEA 97 the manifestation determination was made by the IEP team and other qualified individuals and the IEP team looked at three issues, stated generally: (1) In relation to the student's behavior, was the placement appropriate, and IEP services delivered; (2) Did the student's disability impair the student's ability to understand the impact and consequences of the student's behavior; or (3) Did the student's disability impair the student's ability to control his behavior?

comportamiento funcional antes de que ocurriera la mala conducta. En ese caso, el equipo debe revisar esa evaluación para determinar si es adecuada en vista de lo que ocurrió.

2. Si ya se ha desarrollado un plan de intervención de comportamiento, el equipo revisará ese plan y lo modificará según sea necesario para abordar el comportamiento del estudiante.

3. Al menos que existan circunstancias especiales, el equipo del IEP reubicará al estudiante dentro de su colocación educativa actual (la colocación del estudiante antes de que lo sacaran de la escuela). Sin embargo, el distrito escolar y los padres pueden acordar hacer un cambio en la colocación educativa actual del estudiante como parte de una modificación del plan de intervención de comportamiento.[192]

Si Se Determina que el Comportamiento NO Es una Manifestación de la Discapacidad del Estudiante

Si el comportamiento del estudiante no es una manifestación de la discapacidad del estudiante, el estudiante podrá ser disciplinado de la misma manera que se disciplinaría a un estudiante sin una discapacidad por la misma conducta. No obstante, el estudiante con una discapacidad debe seguir recibiendo una educación pública gratis y apropiada. Estos servicios educativos deben permitir que el estudiante siga participando en el currículo educativo general y que siga avanzando hacia las metas descritas en el IEP. Esa educación se podrá proporcionar dentro de un lugar educativo alterno.[193] Repito, los

2. If a behavioral intervention plan has already been developed, the team will review the plan and modify it as necessary to address the student's behavior.

3. Unless there are special circumstances, the IEP team will return the student to his current educational placement (the placement the student was in before the removal). The school district and the parents, however, may agree to change the student's current educational placement as part of modifying the behavioral intervention plan.[192]

If the Behavior Is Determined NOT to Be a Manifestation of the Student's Disability

If the student's behavior is not a manifestation of the student's disability, then the student may be disciplined the same as a student without a disability would be disciplined for the same misconduct. However, the student with a disability must continue to receive a free appropriate public education. These educational services must enable the student to continue to participate in the general education curriculum and to progress towards meeting the student's IEP goals. That education may be provided in an alternative educational setting.[193] Again, the services and educational setting are determined by the IEP team.[194]

---

[192] 20 U.S.C. 1415(k)(1)(F)
[193] 20 U.S.C. 1415(k)(1)(C)(D)

[192] 20 U.S.C. 1415(k)(1)(F)
[193] 20 U.S.C. 1415(k)(1)(C)(D)
[194] 20 U.S.C. 1415(k)(2)

servicios y lugares educativos los determina el equipo del IEP.[194]

Lugar Educativo Alterno Temporal

Si sacan a un estudiante de la escuela por más de 10 días escolares, el estudiante debe recibir servicios educativos. En la mayoría de los casos, esos servicios se entregarán dentro de un lugar educativo alterno temporal (interim alternative educational setting, o IAES).

Como ya hemos comentado, el estudiante puede ser suspendido de la escuela por más de 10 días si (1) existen circunstancias especiales (posee armas o drogas, o causa lesiones corporales graves a otros), o (2) se determina que la mala conducta del estudiante NO es una manifestación de la discapacidad del estudiante y el personal de la escuela quiere sacar al estudiante de la escuela por más de 10 días escolares porque esa es la disciplina que se le aplicaría a los estudiantes sin discapacidades por violaciones parecidas del código de conducta estudiantil.

El lugar educativo alterno temporal lo determina el equipo del IEP. Mientras esté en un lugar educativo alterno temporal, el estudiante debe recibir servicios educativos que le per-

> El lugar educativo alterno temporal lo determina el equipo del IEP. Mientras esté en un marco educativo alterno temporal, el estudiante debe recibir servicios educativos que le permitan seguir participando en el currículo educativo general y avanzar hacia las metas descritas en su IEP.

Interim Alternative Educational Setting

If a student is removed for more than 10 school days, the student must receive educational services. In most cases those services will be delivered in an interim alternative educational setting (IAES).

As we have discussed, the student may be removed for more than 10 school days if (1) special circumstances exist (possession of weapons or drugs, or serious bodily injury inflicted on another), or (2) the student's misconduct is determined NOT to be a manifestation of the student's disability and school personnel want to remove the student for more than 10 school days because that is the discipline that would be applied to students without disabilities for similar violations of the student code of conduct.

The interim alternative educational setting is determined by the IEP team. While in an interim alternative educational setting, the student must receive educational services that will

> The interim alternative educational setting is determined by the IEP team. While in an interim alternative educational setting, the student must receive educational services that will enable the student to continue to participate in the general education curriculum, and to progress toward meeting the goals in his IEP.

[194] 20 U.S.C. 1415(k)(2)

mitan seguir participando en el currículo educativo general y avanzar hacia las metas descritas en su IEP.

Además el estudiante debe recibir, según sea necesario, una evaluación de comportamiento funcional (functional behavioral assessment, o FBA) y servicios de intervención de comportamiento y modificaciones diseñadas para confrontar el comportamiento para que no vuelva a ocurrir.[195]

Apelaciones y Garantías de Procedimiento

Aviso

Cuando el distrito escolar decide tomar acción disciplinaria hacia un estudiante con una discapacidad, el distrito tiene que avisar a los padres. Se les debe avisar a los padres antes de la fecha en la que se decidirá tomar acción. Se les debe avisar a los padres acerca de todas las garantías de procedimiento que se les proporciona a los estudiantes con discapacidades durante el proceso disciplinario.[196]

Proceso de Apelaciones Disciplinarias

Cuando los padres no están de acuerdo con la decisión de que el comportamiento de su hijo no es una manifestación de la discapacidad del niño, o los padres no están de acuerdo con alguna decisión acerca de la colocación del estudiante durante el proceso de disciplina, los padres pueden solicitar una audiencia.[197] Por ejemplo, a los padres les podría disgustar el lugar educativo alterno temporal. Podrían considerar que el lugar alterno no permitirá que el estudiante siga avanzando dentro del currículo general, o podrían pensar que el lugar

enable the student to continue to participate in the general education curriculum, and to progress toward meeting the goals in his IEP.

Additionally, the student should receive, as appropriate, a functional behavioral assessment (FBA) and behavioral intervention services and modifications that are designed to address the behavior so that it does not recur.[195]

Appeals and Procedural Safeguards

Notice

When the school district decides to take a disciplinary action regarding a student with a disability, the school district must notify the student's parents. The notice must be provided to the parents no later than the date the decision to take disciplinary action is made. The parents must be notified of all the procedural safeguards provided to students with disabilities in the disciplinary process.[196]

Disciplinary Appeal Process

When parents disagree with the decision that their child's behavior is not a manifestation of the child's disability, or the parents disagree with any decision regarding their child's placement during the disciplinary process, parents may request a hearing.[197] For example, parents may not like the interim alternative education setting. They may not think the alternative setting will allow the student to continue to progress in the general curriculum, or they may not think the interim setting allows the student to progress toward meeting the goals in the student's

---

[195] 20 U.S.C. 1415(k)(1)(C)(D) y (2)
[196] 20 U.S.C. 1415(k)(1)(H)
[197] 20 U.S.C. 1415(k)(3)(A)

[195] 20 U.S.C. 1415(k)(1)(C)(D) and (2)
[196] 20 U.S.C. 1415(k)(1)(H)
[197] 20 U.S.C. 1415(k)(3)(A)

temporal no permite que el estudiante avance hacia las metas descritas en el IEP del estudiante. Además, los padres podrían no estar de acuerdo que de una manera u otra es apropiado llevar a cabo una evaluación de comportamiento funcional, o podrían no estar de acuerdo que los servicios de intervención de comportamiento y modificaciones estén diseñadas para confrontar el comportamiento para que no vuelva a ocurrir.

El distrito escolar también tiene el derecho de solicitar una audiencia. Por ejemplo, el distrito podría solicitar una audiencia si considera que el mantener al estudiante en su colocación actual "es muy probable que resulte en una lesión al mismo estudiante o a los otros..."[198]

Audiencias Agilizadas y la Autoridad del Oficial de Audiencia

Proceso para las Audiencias Agilizadas

De acuerdo con IDEA 2004, las audiencias acerca de los asuntos disciplinarios descritos arriba son **audiencias agilizadas**. Agilizadas significa que son hechas más rápido. Entonces, las audiencias agilizadas ocurren dentro de un programa más veloz que las audiencias más tradicionales descritas en el capítulo V, **Como Resolver Disputas bajo IDEA**. Las audiencias agilizadas deben ocurrir dentro de **20 días escolares** de la fecha en la cuál se solicita la audiencia. Además, el oficial de la audiencia debe hacer su decisión dentro de **10 días escolares** después de la audiencia.[199]

Autoridad del Oficial de Audiencia

Después de escuchar a los problemas, el oficial de la audiencia puede solicitar un cambio de

IEP. Moreover, parents may disagree regarding whether or not it is appropriate to conduct a functional behavioral assessment, or they may disagree that the behavior intervention services and modifications are designed to address the behavior so that is doesn't happen again.

The school district also has the right to request a hearing. For example, the district may request a hearing if it believes that maintaining the student in the current placement is "substantially likely to result in injury to the child or to others. . ."[198]

Expedited Hearings and the Authority of the Hearing Officer

Expedited Hearing Timeline

Under the IDEA 2004, hearings regarding the above disciplinary issues are **expedited hearings**. Expedited means accelerated or sped up. Thus expedited hearings occur on a quicker schedule than the more customary hearings discussed in Chapter V, **Resolving Disputes under the IDEA**. Expedited hearings must occur within **20 school days** of the date the hearing is requested. Additionally, the hearing officer must make a decision within **10 school days** after the hearing.[199]

Authority of the Hearing Officer

After hearing the issues, the hearing officer may order a change in placement for the student. In

---

[198] 20 U.S.C. 1415(k)(3)(A)
[199] 20 U.S.C. 1415(k)(4)(B)

[198] 20 U.S.C. 1415(k)(3)(A)
[199] 20 U.S.C. 1415(k)(4)(B)

colocación para el estudiante. Al solicitar ese cambio, el oficial de la audiencia puede (1) reubicar al estudiante en su colocación actual (el lugar en el que se encontraba el estudiante antes de que lo sacaran), o (2) solicitar el cambio de colocación del estudiante a un lugar educativo alterno temporal. El cambio de colocación a un lugar educativo alterno temporal no puede ser por más de **45 días escolares**. Para cambiar la colocación, el oficial de la audiencia debe determinar que "el mantener al estudiante en la colocación actual es muy probable que resulte en una lesión al mismo estudiante o a otros".[200]

La Colocación durante las Apelaciones Disciplinarias

El capítulo previo acerca de cómo resolver las disputas afirmó que los estudiantes con discapacidades deben seguir en su programa educativo actual durante una apelación. Esto **no** es cierto durante las apelaciones que se hacen durante el proceso disciplinario.

Durante una apelación de una decisión acerca de una colocación disciplinaria, el estudiante se quedará en el **lugar educativo alterno temporal**. El estudiante se quedará en ese lugar hasta que ocurra uno de los siguientes dos eventos, (1) el oficial de la audiencia toma una decisión, o (2) se vence el período de tiempo que se aplica a los estudiantes sin discapacidades, cualquiera que ocurra primero.

Recuerde que si se determina que la mala conducta del estudiante **no** es una manifestación de la discapacidad del estudiante, ese estudiante será disciplinado como se les disciplinaría a los estudiantes sin discapacidades.

ordering that change in placement, the hearing officer may (1) return the student to the student's current placement (the setting the student was in before the student was removed), or (2) order that the student's placement be changed to an interim alternative educational setting. The change in placement to the interim alternative educational setting may not be for more than **45 school days**. To change the placement, the hearing officer must determine that "maintaining the student in the current placement is substantially likely to result in injury to the student or others."[200]

Placement during Disciplinary Appeals

The previous chapter regarding resolving disputes stated that students with disabilities ordinarily stay-put in their current educational program during an appeal. This is **not** the case during appeals that are made in the disciplinary process.

During an appeal of a disciplinary placement decision, the student will remain in the **interim alternative educational setting**. The student will remain in that setting until either (1) the hearing officer makes a decision, or (2) the time period that would apply to students without disabilities expires, whichever comes first.

Remember if the student's misconduct is determined **not** to be a manifestation of the student's disability, that student will be disciplined as students without disabilities would be disciplined.

---

[200] 20 U.S.C. 1415(k)(3)(B)(ii)

[200] 20 U.S.C. 1415(k)(3)(B)(ii)

¿Qué Pasa con los Niños que No Han Sido Determinados Elegibles para Educación Especial?

La pregunta central es, "¿Sabía el distrito escolar que el estudiante tenía una discapacidad antes de que el estudiante se portara mal?" Un estudiante que no ha sido determinado elegible para los servicios de educación especial cuenta con las protecciones que proporciona el proceso disciplinario si el distrito escolar **sabía** que el estudiante tenía una discapacidad antes de que ocurriera el comportamiento que causó que lo sacaran de la escuela como medida disciplinaria.[201]

IDEA 2004 considera que el distrito escolar tiene conocimiento de que un estudiante tiene una discapacidad si

1. los padres del estudiante han comunicado por escrito al personal administrativo o de supervisión o a un maestro su preocupación acerca de que el estudiante necesita educación especial o servicios relacionados;

2. los padres han solicitado una evaluación para determinar si el estudiante tiene una discapacidad; o

> Un estudiante que no ha sido determinado elegible para los servicios de educación especial cuenta con las protecciones que proporciona el proceso disciplinario si el distrito escolar sabía que el estudiante tenía una discapacidad antes de que ocurriera el comportamiento que causó que lo sacaran de la escuela como medida disciplinaria.

What About Children Who Haven't Been Determined Eligible for Special Education?

The central question is "Did the school district know the student had a disability before the student misbehaved?" A student who has **not** been determined eligible for special education services has the protections provided in the disciplinary process if the school district **had knowledge** that the student had a disability before the behavior causing the disciplinary removal occurred.[201]

The IDEA 2004 considers that a school district has knowledge that the student has a disability if

1. the student's parent has expressed concern in writing to **supervisory or administrative personnel** or a teacher that the student needs special education and related services;

2. the parent has asked for an evaluation to determine if the student has a disability; or

> A student who has not been determined eligible for special education services has the protections provided in the disciplinary process if the school district had knowledge that the student had a disability before the behavior causing the disciplinary removal occurred.

---

[201] 20 U.S.C. 1415(k)(5)(A)

[201] 20 U.S.C. 1415(k)(5)(A)

3. el maestro del estudiante u otro personal del distrito escolar ha expresado directamente al director de servicios de educación especial del distrito escolar o a otro personal del distrito escolar, sus preocupaciones **específicas acerca de alguna norma de comportamiento que muestra el niño.**[202]

Si el distrito escolar sabía que el estudiante tenía una discapacidad antes de que ocurriera el comportamiento que causó que lo sacaran de la escuela, dentro del proceso disciplinario, se considera que ese estudiante es un estudiante con una discapacidad. Consecuentemente, las protecciones del proceso disciplinario para los estudiantes con discapacidades se aplicarán a ese estudiante.

¿Qué Pasa Si el Distrito Escolar NO Sabe que el Estudiante Tiene una Discapacidad?

NO se considera que el distrito escolar tiene conocimiento de que el estudiante tiene una discapacidad (1) si los padres del estudiante no han permitido que el estudiante sea evaluado para determinar si califica para los servicios de educación especial, o (2) los padres del estudiante han rehusado los servicios de educación especial de acuerdo con IDEA, o (3) el estudiante ya fue evaluado y se determinó que ese estudiante no califica para los servicios de educación especial.[203]

Si el distrito escolar no sabe que el estudiante tiene una discapacidad, el estudiante puede

3. the student's teacher or other school district personnel have expressed **specific concerns about a pattern of behavior demonstrated by the child, directly** to the director of special education of the school district or to other school district supervisory personnel.[202]

If the school district knew that the student had a disability before the behavior causing the student's removal occurred, that student is considered to be a student with a disability in the disciplinary process. Consequently, the protections in the disciplinary process for students with disabilities will apply to this student.

What Happens If the School District Does NOT Know the Student Has a Disability?

The school district is NOT considered to have knowledge that the student has a disability (1) if the student's parents have not allowed the student to be evaluated for eligibility for special education services, or (2) the student's parents have refused special education services under the IDEA, or (3) the student has already been evaluated and it was determined the student was not eligible for special education services.[203]

If the school district does not know the student has a disability, the student may be disciplined

---

[202] 20 U.S.C. 1415(k)(5)(B) Observe que bajo IDEA 97 se consideraba que el distrito escolar tenía conocimiento de que el estudiante tenía una discapacidad si el comportamiento o desempeño del estudiante indicaba que el estudiante necesitaba servicios de educación especial. Bajo IDEA 2004 el "desempeño" ya no es un factor expresado.

[203] 20 U.S.C. 1415(k)(5)(C)

[202] 20 U.S.C. 1415(k)(5)(B) Note that under the IDEA 97 the school district was also deemed to have knowledge that the student had a disability if the behavior or "performance" of the student demonstrated the student needed special education services. Under the IDEA 2004 "performance" is no longer an expressed factor.

[203] 20 U.S.C. 1415(k)(5)(C)

ser disciplinado igual que un estudiante sin discapacidad sería disciplinado por el mismo comportamiento.

¿Qué Tal Si los Padres Solicitan que el Estudiante Sea Evaluado después de que Inicie el Proceso de Disciplina del Estudiante?

Cuando el estudiante ya está en el proceso disciplinario y los padres solicitan una evaluación para determinar si el estudiante califica para los servicios de educación especial, el distrito escolar tiene que evaluar al estudiante. Además, la evaluación se debe acelerar. Mientras se lleva a cabo la evaluación, el estudiante se quedará en la colocación educativa que haya sido determinada por las autoridades escolares.

Esencialmente, se tratará al estudiante como si fuera un estudiante sin una discapacidad durante el período de evaluación. Si la evaluación determina que, efectivamente, el estudiante califica para los servicios de educación especial, entonces esos servicios deben proporcionarse. Además, el estudiante será protegido como estudiante con una discapacidad dentro del proceso de disciplina.[204]

Qué Hacer Si Suspenden a Su Hijo

Si le avisan que van a suspender o sacar de su ubicación actual a su hijo o hija, no se alarme. Obviamente, es más fácil decir esto que hacerlo. Pero sigue siendo un buen consejo.

Ya que haya pasado su estado de alarma inicial, obtenga información acerca de los hechos. ¿A qué se debe la suspensión? ¿Cuánto tiempo va a durar? ¿Dónde estará su hijo durante la suspensión? ¿Ha sido suspendido el niño anterior-

the same as a student without disabilities would be disciplined for similar behavior.

What If the Parent Requests that the Student Be Evaluated after the Student Is in the Disciplinary Process?

When the student is in the disciplinary process and the parent requests an evaluation to determine whether the student is eligible for special education services, the school district must evaluate the student. Moreover, the evaluation must be expedited. While the evaluation is being conducted, the student will remain in the educational placement that has been determined by school authorities.

Essentially, the student is treated as a student without a disability during the evaluation process. If the evaluation determines that, in fact, the student is eligible for special education services, then those services must be provided. Moreover, the student will be protected as a student with a disability in the disciplinary process.[204]

What To Do If Your Child Is Suspended

If you are notified that your son or daughter is being suspended or removed from the current placement, don't panic. Obviously, that's easier said than done. But it's still good advice.

Once the initial alarm has subsided, get the facts. What is the suspension for? How long is it for? Where will your child be during the suspension? Has the child been suspended for similar behavior before? If you need answers to

---

[204] 20 U.S.C. 1415(k)(5)(D)

[204] 20 U.S.C. 1415(k)(5)(D)

mente por algún comportamiento similar? Si necesita las respuestas a estas preguntas, llame a la escuela. Haga todo lo posible para no enfurecerse con el personal de la escuela. Como comentamos en el capítulo anterior, a veces se menosprecian a los padres enfurecidos. Ya que tenga toda la información, organícela de acuerdo con lo que ha leído en este capítulo.

¿Dura más de 10 días la suspensión? Si es así, representa un cambio de colocación. Así sabrá usted que habrá necesidad de convocar una reunión de determinación de manifestación. También sabe que si a su hijo lo sacan por más de 10 días escolares, debe seguir recibiendo servicios educativos. Esos servicios se proporcionarán en un lugar educativo alterno temporal. Eso significa que el equipo IEP tendrá que reunirse para desarrollar el lugar educativo alterno temporal. Si la suspensión representa un cambio de colocación, usted debe ser informado, en el momento que suspenden a su hijo, acerca de sus garantías de procedimiento. Sin importar lo que se decida, usted tiene el derecho de apelar esa decisión.

Si la suspensión no es por más de 10 días escolares (por un cambio de colocación), usted puede aún solicitar una reunión del IEP para hablar acerca del comportamiento de su hijo y de su programa educativo. Como vimos en el capítulo acerca del proceso del IEP, las reuniones del IEP son una herramienta excelente para aclarar asuntos y resolver disputas. En la reunión del IEP, usted puede participar en la discusión acerca de la necesidad de una evaluación de comportamiento funcional, de seleccionar un lugar educativo alterno temporal y de la determinación de manifestación.

Si tiene dudas acerca de los hechos o del proceso, llame a la escuela. Si aún tiene dudas, o la

these questions, call the school. Try your best not to get angry with school staff. As we discussed in the previous chapter, angry parents sometimes are discounted. Once you have all the information, put it together with what you have read in this chapter.

Is the removal for longer than 10 school days? If so, it is a change in placement. You know, therefore, that there will need to be a meeting to make a manifestation determination. You also know that if your child is removed for more than 10 school days, he must continue to receive educational services. Those services will be in an interim alternative educational setting. That means the IEP team will need to meet to develop the interim alternative educational setting. If the suspension is a change in placement, you should be told, at the time the child is suspended, about your procedural safeguards. Whatever is decided, you have the right to appeal.

If the suspension is not for more than 10 school days (a change in placement), you may still want to request an IEP meeting to discuss your child's behavior and his educational program. As we discussed in the chapter on the IEP process, IEP meetings are an excellent tool for clarifying issues and resolving disputes. At the IEP meeting, you can participate in the discussion regarding the need for a functional behavioral assessment, selecting an interim alternative educational setting, and the manifestation determination.

If you are unclear about the facts or the process, call the school. If you are still unclear, or the

información suena inexacta, llame al director de educación especial. También puede llamar a la agencia estatal de educación para mayores informes acerca del proceso de disciplina. El proceso de disciplina para los estudiantes con discapacidades a veces no se entiende bien y a veces se aplica mal. Desafortunadamente, los educadores generales a veces no conocen este proceso tan bien como uno lo desea. Por lo tanto, los padres deben hablar con el personal de educación especial para darle seguimiento a cualquier información que parezca incorrecta.

Muchos padres concluyen erróneamente que una suspensión significa que su hijo será expulsado sin servicios escolares. De hecho, lo más común es que el estudiante no sea expulsado. Recuerde que el estudiante no puede ser castigado o expulsado por una conducta que sea una manifestación de la discapacidad del estudiante. Efectivamente, los equipos del IEP frecuentemente determinan que la conducta de un estudiante es una manifestación de la discapacidad del estudiante. También recuerde que los estudiantes con discapacidades, incluyendo a los estudiantes que son suspendidos a largo plazo o expulsados, se les deben proporcionar una educación pública gratis y apropiada.

information sounds inaccurate, call the director of special education. You might also call the State Education Agency for information about the disciplinary process. The disciplinary process for students with disabilities is sometimes misunderstood and sometimes misapplied. Unfortunately, general educators are sometimes not as aware of this process as they might be. Parents, therefore, should follow up on information that sounds incorrect with special education personnel.

Many parents mistakenly leap to the conclusion that suspension means their child will be expelled without school services. In fact, most often, the student is not expelled. Remember, the student cannot be punished or expelled for conduct that is a manifestation of the student's disability. Indeed, IEP teams frequently determine that the student's conduct is a manifestation of the student's disability. Also remember that students with disabilities, including students who are long-term suspended or expelled, must be provided a free appropriate public education.

VII   Los Niños en las Escuelas Privadas/ Children in Private Schools

Algunos estudiantes con discapacidades asisten a escuelas privadas en vez de a escuelas públicas. Existen tres motivos por los cuales un estudiante con discapacidades podría matricularse en una escuela privada. Primero, la escuela pública, mediante el equipo del IEP puede colocar a un estudiante con discapacidades en una escuela privada para que el estudiante obtenga una educación pública apropiada gratuita. Segundo, los padres del estudiante pueden matricular a su hijo en un programa privado si consideran que el sistema escolar público no cumple con los requisitos educativos de su hijo. Tercero, los padres simplemente quieren una escuela privada y eligen colocar a su hijo en una escuela privada.

IDEA se dirige específicamente a cada una de estas situaciones. En este capítulo, hablo acerca de IDEA y de los servicios para niños con discapacidades que asisten a las escuelas privadas.

Some students with disabilities attend private, rather than public schools. There are three reasons a student with a disability might be enrolled in a private school. First, the public school, through the IEP team, might place a student with a disability in a private school to get a free appropriate public education. Second, the student's parents might disagree that the public school system can meet their child's educational needs, so the parents enroll the student in a private program. Third, the parents simply want a private school and choose to place their child in a private school.

The IDEA specifically addresses each of these situations. In this chapter, I will discuss the IDEA and services for children with disabilities who attend private schools. Additionally, private

Además, según el Acta para los Americanos con Discapacidades (Americans with Disabilities Act, o ADA), las escuelas privadas no pueden discriminar a los niños con discapacidades. Hablaré acerca del ADA en el siguiente capítulo. Primero, veamos los requisitos de IDEA.

Colocación en las Escuelas Privadas Recomendada por las Escuelas Públicas

El equipo del IEP puede colocar a un estudiante con discapacidades en una escuela privada para que éste reciba una educación apropiada. En este caso, el estudiante tiene derecho a los mismos derechos y servicios que si lo hubieran colocado en una escuela pública. IDEA se refiere a estas circunstancias como aquellas en las cuales "el estado o la agencia educativa apropiada coloca un niño en o manda a un niño a tales escuelas o instituciones [escuelas privadas] con el fin de realizar los requisitos de…" IDEA.[205]

Antes de colocar a un estudiante en un programa privado, se debe llevar a cabo una reunión del IEP en el distrito escolar. Además, el distrito debe asegurar que un representante de la escuela privada participe en la reunión. Si este representante no puede asistir a la reunión,

> El equipo del IEP puede colocar a un estudiante con discapacidades en una escuela privada para que éste reciba una educación apropiada. En este caso, el estudiante tiene derecho a los mismos derechos y servicios que si lo hubieran colocado en una escuela pública.

schools may not discriminate against children with disabilities under the Americans with Disabilities Act (ADA). I will discuss the Americans with Disabilities Act in the next chapter. First, let's look at what the IDEA requires.

Private School Placements by the Public Schools

The IEP team might place a student with disabilities in a private school to receive an appropriate education. In that case, the student is entitled to the same rights and services the student would receive if the student was placed in a public school. The IDEA refers to these circumstances as the child being "placed in or referred to such schools or facilities [private schools] by the State or appropriate local education agency as a means of carrying out the requirements of. . ." the IDEA.[205]

Before placing a student in a private program, the school district must have an IEP meeting. Additionally, the district must ensure that a representative of the private school participates in the meeting. If the representative cannot attend the meeting, the district should use other methods, such as conference calls, to ensure participation.

> The IEP team might place a student with disabilities in a private school to receive an appropriate education. In that case, the student is entitled to the same rights and services the student would receive if the student was placed in a public school.

---

[205] 20 U.S.C. 1412(a)(10)(B)

[205] 20 U.S.C. 1412(a)(10)(B)

el distrito debe recurrir a otros métodos, tales como una llamada telefónica de conferencia, para asegurar su participación.

Después de que un niño entre a la escuela privada, las reuniones del IEP las podrá iniciar y llevar a cabo la escuela privada. Pero el distrito escolar aún debe asegurar que los padres del estudiante y algún representante del distrito escolar estén integrados a las reuniones. En particular, los padres y algún representante de las escuelas públicas deben estar de acuerdo con los cambios que se propongan en el IEP del estudiante antes de que estos se implementen.[206]

Colocación en una Escuela Privada por los Padres Debido a que el Programa Escolar Público No Es Apropiado

Los padres pueden no estar de acuerdo de que la escuela pública ha ofrecido un programa apropiado para su hijo. Por consiguiente, estos padres matriculan a su hijo en programas privados para obtener los servicios que creen que su hijo debió haber recibido de las escuelas públicas. Las escuelas públicas, sin embargo, no colocaron al estudiante en un programa privado para que éste reciba una educación pública apropiada gratuita conforme a los requisitos de IDEA. Bajo ciertas circunstancias, estos padres podrán tener derecho a ser reembolsados por las escuelas públicas por la colegiatura que pagaron al programa privado.

Este reembolso se puede obtener mediante un tribunal o un oficial de audiencia si los padres establecen dos puntos claves: (1) el programa que ofreció la escuela pública, antes de que matricularan al estudiante en una escuela privada,

After a student enters the private school, IEP meetings may be initiated and conducted by the private school. But the school district must still make sure that the student's parents and a school district representative are involved in the meetings. In particular, the parents and public school representative must agree to any proposed changes in the student's IEP before those changes are implemented.[206]

Private School Placements by Parents Because the Public School Program Is Inappropriate

Parents may not agree that the public school has offered an appropriate program for their child. Consequently, these parents enroll their child in a private program to get the services the parents believe the child should have received from the public schools. The public schools, however, did not place the student in a private program in order to get a free appropriate public education under the IDEA. Under certain circumstances, these parents may be entitled to be reimbursed, by the public schools, for the tuition they paid to the private program.

This tuition reimbursement may be obtained through a court or hearing officer, if the parents establish two key points: (1) the program offered by the public school, before the student was enrolled in the private school, was inappropriate,

---

[206] 20 U.S.C. 1412(a)(10)(B)

[206] 20 U.S.C. 1412(a)(10)(B)

era inapropiado y (2) el programa privado sí era efectivamente apropiado.[207] Los padres pueden establecer estos puntos mediante los procedimientos de audiencia de debido proceso.

No obstante, existen circunstancias en las cuales, a pesar de haber establecido los últimos dos puntos claves, la cantidad que reciben los padres como reembolso por el pago de la matrícula puede ser reducido o rechazado. Al renovar a IDEA, el Congreso quiso que los padres pudieran obtener un reembolso de la matrícula si las escuelas públicas no logran ofrecer programas apropiados. Pero el Congreso también quiso que se les informe a los distritos escolares cuando los padres no están satisfechos con el programa y tengan intenciones de matricular a su hijo en un programa privado.

El Congreso quería que las escuelas públicas tuvieran una oportunidad de arreglar el problema antes de que el estudiante se matriculara en una escuela privada. Por consiguiente, IDEA requiere que los padres, antes de sacar a su hijo, avisen al distrito escolar que están rechazando su colocación dentro del sistema público para

> El Congreso quería que las escuelas públicas tuvieran una oportunidad de arreglar el problema antes de que el estudiante se matriculara en una escuela privada. Por consiguiente, IDEA requiere que los padres, antes de sacar a su hijo, avisen al distrito escolar que están rechazando su colocación dentro del sistema público para matricularlo en un programa privado a costo público.

and (2) the private program was, in fact, appropriate.[207] The parents can establish these points through the due process hearing procedures.

However, there are circumstances in which, despite the establishment of those two key points, the amount of tuition the parents would have been reimbursed may be reduced or denied. In reauthorizing the IDEA, Congress wanted parents to be able to obtain tuition reimbursement if the public schools failed to offer appropriate programs. But Congress also wanted school districts to be notified that parents were dissatisfied with the public school program and intended to enroll their child in a private program.

Congress wanted the public schools to have a chance to fix the problem before the student was enrolled privately. Consequently, the IDEA requires that parents, before removing their child, tell the school district that they are rejecting the public placement and enrolling their child in a private program at public expense. The parents

> Congress wanted the public schools to have a chance to fix the problem before the student was enrolled privately. Consequently, the IDEA requires that parents, before removing their child, tell the school district that they are rejecting the public placement and enrolling their child in a private program at public expense.

---

[207] 20 U.S.C. 1412(a)(10)(C)

[207] 20 U.S.C. 1412(a)(10)(C)

matricularlo en un programa privado a costo público. Los padres también deben decirle al distrito escolar cuáles son sus preocupaciones acerca de la colocación de su hijo dentro del sistema público.

Los padres pueden informarle al distrito escolar que van a matricular a su hijo en una escuela privada de dos maneras: (1) los padres pueden decirle al distrito cuáles son sus preocupaciones durante la reunión del IEP más reciente antes de sacar a su hijo de la escuela pública, o (2) los padres pueden presentar esta información por escrito. Si se elige esta segunda opción, la notificación escrita se debe presentar al distrito escolar un mínimo de diez días hábiles antes de sacar al niño de la escuela pública.

La cantidad del reembolso de la matrícula que reciben los padres también puede ser reducido o rechazado si el distrito escolar propuso evaluar al niño antes de que los padres lo sacaran de la escuela pública y los padres no presentaron al niño para la evaluación, o si el tribunal determina que las acciones de los padres no fueron razonables.[208]

Estudiantes cuyos Padres Eligen Colocarlos en Escuelas Privadas

Algunas familias eligen matricular a sus hijos en escuelas privadas por su propia voluntad. IDEA se refiere a estos niños como aquellos "quienes son matriculados en las escuelas privadas por sus padres" o "niños colocados por sus padres en escuelas privadas".[209] Estos estudiantes de escuelas privadas tienen derechos a algunos de los servicios que ofrecen las escuelas públicas, pero no tienen derecho a los mismos servicios que recibirían si estuvieran matriculados en un programa de educación pública o que si hubieran

must also tell the school district their concerns about the public placement.

The parents may inform the school district that they are enrolling their child in a private school in two ways: (1) the parents may tell the district about their concerns at the most recent IEP meeting the parents attend before removing their child from the public school, or (2) the parents may provide this information in writing. If the second option is taken, the written notification must be provided to the school district at least 10 business days before the student is removed from the public school.

The amount of tuition reimbursed to parents may also be reduced or denied if the school district proposed to evaluate the student before the student was removed from the public school, but the parents didn't make the student available for the evaluation, or if the court determines the parents acted unreasonably.[208]

Students Whose Parents Choose Private School Placement

Some families voluntarily choose to enroll their children in private schools. The IDEA refers to these children as "being enrolled in private schools by their parents" or "parentally placed private school children."[209] These private school students are entitled to some services from the public schools, but they are not entitled to the same services they would receive if enrolled in a public school program or placed in the private program by the public schools. Generally, the IDEA tries

[208] 20 U.S.C. 1412(a)(10)(C)
[209] 20 U.S.C. 1412(a)(10)(A)

[208] 20 U.S.C. 1412(a)(10)(C)
[209] 20 U.S.C. 1412(a)(10)(A)

sido colocados en los programas privados por las escuelas públicas. Generalmente, IDEA intenta asegurar que los distritos escolares ofrezcan una porción de los fondos de IDEA justa y equitativa para apoyar a los servicios que reciben los niños con discapacidades colocados por sus padres en escuelas privadas.

Búsqueda de Niños

Es requerido que los distritos escolares ubiquen, identifiquen y evalúen a todos los niños con discapacidades que viven dentro del distrito y que asisten a las escuelas privadas, incluyendo a aquellos que asisten a las escuelas religiosas. Esta obligación de buscar al niño es la misma para los niños que asisten a las escuelas privadas y para los niños que asisten a las escuelas públicas.[210]

Por otra parte, el proceso de búsqueda de niños debe ser diseñado para asegurar la participación equitativa de los estudiantes cuyos padres los colocan en las escuelas privadas y el proceso debe ser diseñado para contar a estos niños con exactitud.[211] Sin embargo, más allá de la búsqueda de niños, las obligaciones de la es-

> Es requerido que los distritos escolares ubiquen, identifiquen y evalúen a todos los niños con discapacidades que viven dentro del distrito y que asisten a las escuelas privadas, incluyendo a aquellos que asisten a las escuelas religiosas. Esta obligación de buscar al niño es la misma para los niños que asisten a las escuelas privadas y para los niños que asisten a las escuelas públicas.

to ensure that school districts provide a fair or equitable share of IDEA funds to support services to parentally placed private school children with disabilities.

Child Find

School districts are required to locate, identify, and evaluate all private school children with disabilities, including religious school children, who live in the district. This child find obligation is the same for private school children as it is for public school children.[210]

Moreover, the child find process must be designed to ensure equitable participation of students who are placed by their parents in private schools, and the process must be designed to get an accurate count of these children.[211] Beyond child find, however, the public school obligation for private school children with disabilities

> School districts are required to locate, identify, and evaluate all private school children with disabilities, including religious school children, who live in the district. This child find obligation is the same for private school children as it is for public school children.

[210] 20 U.S.C. 1412(a)(10)
[211] 20 U.S.C. 1412(a)(10)(A)(ii)

[210] 20 U.S.C. 1412(a)(10)
[211] 20 U.S.C. 1412(a)(10)(A)(ii)

cuela pública con los niños con discapacidades que asisten a las escuelas privadas son distintas a sus obligaciones con los niños matriculados en los programas de las escuelas públicas.

Coordinación y Planeación de Servicios

Se comentó anteriormente que, generalmente, IDEA intenta asegurar que los distritos escolares provean una porción de los fondos de IDEA justa y equitativa para apoyar a los servicios que reciben los niños con discapacidades colocados por sus padres en escuelas privadas. IDEA expone este concepto de la siguiente manera: "A la medida consistente con el número y la localización de los niños con discapacidades dentro del estado quienes hayan sido matriculados por sus padres en las escuelas privadas primarias y secundarias dentro del distrito escolar atendido por una agencia educativa local, se dispone que participen esos niños en el programa asistido o llevado a cabo por esta parte..."[212]

Repito, IDEA intenta asegurar que estos niños tengan acceso a una porción justa de los fondos de IDEA. Entonces, IDEA establece un proceso para que los estados y los distritos escolares determinen esta porción, así como un proceso mediante el cuál puedan determinar cómo planear y entregar los servicios a los niños con discapacidades colocados por sus padres en escuelas privadas.

Para determinar cómo servir a los niños colocados por sus padres en escuelas privadas, el distrito escolar y la agencia estatal de educación, cuando lo sea apropiado, deben consultar con los representantes de las escuelas privadas y con los representantes de los padres. Esta consulta debe incluir

is different from their obligation to students enrolled in public school programs.

Service Coordination and Planning

As noted earlier, generally, the IDEA tries to ensure that school districts provide a fair or equitable share (proportion) of IDEA funds to support services to parentally placed private school children with disabilities. The IDEA states this concept in this way: "To the extent consistent with the number and location of children with disabilities in the state who are enrolled by their parents in private elementary schools and secondary schools in the school district served by a local education agency, provision is made for the participation of those children in the program assisted or carried out by this part..."[212]

Again, the IDEA is trying to ensure these students have access to their fair share or proportion of IDEA funds. Thus, the IDEA lays out a process for states and school districts to determine that proportion and a process to determine how to plan to deliver services to parentally placed private students with disabilities.

To determine how to serve parentally placed private school children, the school district and the State Education Agency, where appropriate, must consult with private school representatives and representatives of the parents. The consultation should include

---

[212] 20 U.S.C. 1412(a)(10)(A)(i)

[212] 20 U.S.C. 1412(a)(10)(A)(i)

1. el proceso de búsqueda de niños y cómo estos niños podrán participar de manera equitativa;

2. una determinación de la cantidad proporcional de fondos federales disponibles para estos estudiantes y una explicación de cómo se calculó esta cantidad.

3. cómo funcionará el procedimiento de consultas entre el distrito escolar, el representante de las escuelas privadas y el representante de los padres de niños colocados por sus padres en las escuelas privadas;

4. cómo, dónde y por quién se brindarán los servicios de educación especial para estos niños; y

5. cómo el distrito escolar presentará una explicación escrita a los oficiales de la escuela privada de los motivos por los cuales el distrito eligió no brindar servicios, si el distrito y los oficiales de la escuela privada no están de acuerdo.[213]

Finalmente, IDEA 2004 incluye un procedimiento de quejas para que los oficiales de las escuelas privadas se quejen frente a la agencia estatal de educación si creen que el proceso de consultas con el distrito escolar no fue relevante, puntual, o si en las consultas no se consideraron de manera adecuada los puntos de vista de los oficiales de las escuelas privadas.[214]

1. the child find process and how these children can participate equitably;

2. the determination of the proportionate amount of federal funds available for these students, and how the amount was calculated;

3. how the consultation process between the school district, the representative of private schools, and the representatives of parents of parentally placed private school children will work;

4. how, where, and by whom special education services will be provided for these students; and

5. how, if the district and private school officials disagree, the school district will provide a written explanation to private school officials of the reasons why the district chose not to provide services.[213]

Finally, the IDEA 2004 provides a complaint process for private school officials to complain to the State Education Agency if they believe the consultation process with the school district was not meaningful, timely, or didn't adequately consider the private school official's views.[214]

---

[213] 20 U.S.C. 1412(a)(10)(A)(iii)
[214] 20 U.S.C. 1412(a)(10)(A)(v)

[213] 20 U.S.C. 1412(a)(10)(A)(iii)
[214] 20 U.S.C. 1412(a)(10)(A)(v)

VIII

Sección 504 del Acta de Rehabilitación de 1973 y el Acta para los Americanos con Discapacidades/ Section 504 of the Rehabilitation Act of 1973 and the Americans with Disabilities Act

La Sección 504 del Acta de Rehabilitación de 1973, que se promulgó antes de que el Congreso aprobara el Acta Para la Educación de Todos los Niños con Discapacidades, fue la primera legislación federal importante dedicada a proteger a la gente con discapacidades contra la discriminación. El Congreso aprobó la Sección 504 para proteger a las personas con discapacidades contra la discriminación por parte de los patrones y empresarios y los proveedores de servicios que reciben apoyo del gobierno federal.[215]

Por lo tanto, la Sección 504 exige que las agencias y los programas que reciben fondos federales provean un acceso equitativo a todos sus servicios, programas y actividades. Si una agencia recibe fondos federales, no puede discriminar en ninguna de sus actividades, incluyendo sus políticas de empleo, contra las personas

Section 504 of the Rehabilitation Act of 1973, enacted before Congress passed the Education for All Handicapped Children Act, was the first major federal legislation protecting people with disabilities from discrimination. Congress passed Section 504 to protect persons with disabilities from discrimination from employers and service providers who receive support from the federal government.[215]

Section 504, therefore, requires that agencies and programs that receive federal funding provide equal access to the agency's services, programs, and activities. If an agency receives federal funding, it cannot discriminate against qualified persons with disabilities in any of its activities, including its employment practices. But employ-

---

[215] 29 U.S.C. 794

[215] 29 U.S.C. 794

con derechos que tengan discapacidades. Pero la Sección 504 no cubre a los patrones y empresarios, programas, agencias e instituciones privadas que no reciben fondos federales. Entonces, existía un vacío en la cobertura de la ley federal que prohibía la discriminación de las personas con discapacidades.

Para llenar este vacío, el Congreso promulgó el Acta para los Americanos con Discapacidades (Americans with Disabilities Act, o ADA) en 1990.[216] El ADA también protege a las personas designadas con discapacidades contra la discriminación, pero el alcance de los requisitos de ADA va más allá de los patrones y empresarios, los programas y las agencias y las instituciones que reciben fondos federales.

El ADA exige para las personas calificadas con discapacidades un acceso equitativo al empleo, a los servicios y al transporte que proveen los gobiernos estatales y locales, a los bienes y servicios que proveen las localidades públicas y a los servicios de teléfono y telecomunicaciones. Recuerden, a diferencia de la Sección 504, el ADA no requiere que una entidad reciba fondos federales para ser cubierta bajo el ADA.

La Sección 504 y el ADA protegen tanto a los niños como a los adultos con discapacidades. La Sección 504 tiene que ver con el sistema escolar público primario y secundario y con el sistema de educación superior porque los dos sistemas reciben fondos federales. Parecido a IDEA, la Sección 504 requiere que los distritos escolares provean una educación pública gratis y apropiada a los estudiantes con discapacidades.

Aunque el ADA tiene que ver con el sistema escolar público, no requiere específicamente que se les provea a los niños con discapacidades

ers, programs, agencies, and private facilities that do not receive federal funding are not covered by Section 504. Thus, there was a gap in the coverage of federal law prohibiting discrimination against persons with disabilities.

To bridge that gap, Congress enacted the Americans with Disabilities Act (ADA) in 1990.[216] The ADA also protects qualified persons with disabilities from discrimination, but the ADA's requirements reach beyond employers, programs, agencies, and facilities that receive federal funding.

The ADA requires equal access for qualified persons with disabilities to employment, state and local governmental services and transportation, to goods and services provided by public accommodations, and to telephone and telecommunication services. Remember, unlike Section 504, the ADA does not require that an entity receive federal funding in order to be covered by the ADA.

Section 504 and the ADA protect both children and adults with disabilities. Section 504 applies to the public elementary and secondary education system and to the public higher education system because both systems receive federal funding. Like the IDEA, Section 504 requires that school districts provide students with disabilities a free appropriate public education.

Although the ADA applies to the public school system, it doesn't have a specific requirement that children with disabilities be provided a

---

[216] 42 U.S.C. 12101-12213

[216] 42 U.S.C. 12101-12213

una educación pública gratis y apropiada. Sin embargo, según la interpretación de la Oficina de Derechos Civiles, el Titulo II del ADA exige la misma disposición de una educación pública gratis y apropiada que la Sección 504.[217]

Además, la definición de una persona con una discapacidad es más amplia de acuerdo con el ADA y la Sección 504 que la definición de un niño con una discapacidad bajo IDEA. Igualmente, los parámetros de una educación pública gratis y apropiada bajo la Sección 504 difieren bastante de lo que constituye una educación pública gratis y apropiada bajo IDEA.[218]

¿Qué Es una Educación Pública Gratis y Apropiada bajo la Sección 504?

La Sección 504 requiere que los distritos escolares provean una educación pública gratis y apropiada a los niños con discapacidades dentro de su jurisdicción, sin importar la naturaleza o severidad de la discapacidad del estudiante. El término jurisdicción significa que el estudiante califica para los servicios dentro de un distrito en particular. Por ejemplo, para ser elegible para las protecciones de la Sección 504 de un distrito en particular, es posible que el niño o los padres del niño tengan que vivir dentro del distrito y que el niño sea de edad escolar.

Una educación apropiada bajo la Sección 504 significa la disposición de una educación regular o especial y servicios relacionados para satisfacer las necesidades educativas individuales de los niños con discapacidades **tan adecua-**

free appropriate public education. The Office for Civil Rights, however, has interpreted Title II of the ADA to have the same requirement to provide a free appropriate public education as Section 504. [217]

Moreover, the definition of a person with a disability is broader under the ADA and Section 504 than the definition of a child with a disability under the IDEA. Likewise, the parameters of a free appropriate public education under Section 504 differ significantly from what constitutes a free appropriate public education under the IDEA.[218]

What Is a Free Appropriate Public Education under Section 504?

Section 504 requires that school districts provide a free appropriate public education to children with disabilities within their jurisdiction, regardless of the nature or severity of the student's disability. The term jurisdiction means the student is eligible for services from a particular district. For example, to be eligible for Section 504 protections from a particular district, the child or the child's parents may need to live within the district and the child must be of school age.

An appropriate education under Section 504 means providing regular or special education and related services to meet the individual educational needs of children with disabilities **as adequately as the needs of children without**

---

[217] *Manteca Unified School District (CA)*, 30 IDELR 544 (OCR 1998)

[218] Para ver una discusión acerca de las diferencias entre IDEA y la Sección 504, vea *OCR Senior Staff Memoranda* 14 EHLR 307:01 (Oct. 24, 1988)

---

[217] *Manteca (CA) Unified School District*, 30 IDELR 544 (OCR 1998)

[218] For a discussion of differences between the IDEA and Section 504 see *OCR Senior Staff Memoranda* 14 EHLR 307:01 (Oct. 24, 1988)

Una educación apropiada bajo la Sección 504 significa la disposición de una educación regular o especial y servicios relacionados para satisfacer las necesidades educativas individuales de los niños con discapacidades tan adecuadamente que se cumplen las necesidades de los niños sin discapacidades. Entonces, la Sección 504 se enfoca en garantizar un acceso equitativo a los servicios educativos para los estudiantes con discapacidades.

An appropriate education under Section 504 means providing regular or special education and related services to meet the individual educational needs of children with disabilities as adequately as the needs of children without disabilities are met. Thus, Section 504 focuses on guaranteeing equal access to educational services for students with disabilities.

damente que se cumplen las necesidades de los niños sin discapacidades.[219] Entonces, la Sección 504 se enfoca en garantizar un acceso equitativo a los servicios educativos para los estudiantes con discapacidades.

Este enfoque es distinto a los requisitos de una educación pública y gratuita que contiene IDEA. Para cumplir las necesidades de los estudiantes con discapacidades tan adecuadamente que se cumplen las necesidades de los niños sin discapacidades, la Sección 504 requiere que los distritos escolares provean modificaciones, educación especial y servicios relacionados y suplementarios para apoyar al estudiante con una discapacidad.[220]

disabilities are met.[219] Thus, section 504 focuses on guaranteeing equal access to educational services for students with disabilities.

This is a different focus than the free appropriate public education requirements of the IDEA. To meet the needs of students with disabilities as adequately as the needs of students without disabilities are met, Section 504 requires that school districts provide accommodations, special education and related and supplementary services to support the student with a disability.[220]

---

[219] 34 C.F.R. Parte 104.33(a)(b)

[220] Vea *Wisconsin (WI) Heights School District*, 30 IDELR 619 (OCR 1998), un estudiante con un impedimento de movimiento necesitaba que hubiera un baño cerca de su aula escolar, y vea *Santa Maria-Bonita (CA) School District*, 30 IDELR 547 (OCR1998), unos estudiantes con diabetes se quejaron de la política del distrito que prohibía las jeringas hipodérmicas en el aula, argumentando que esta era una forma de discriminación que forzaba a los estudiantes a que dejaran el aula durante los períodos de instrucción para realizar sus pruebas de glucosa sanguínea. Después de presentar su queja, se les permitió a los estudiantes llevar sus estuches con jeringas para diabéticos a la escuela y realizar sus pruebas de glucosa sanguínea estando en el aula escolar.

---

[219] 34 C.F.R. Part 104.33(a)(b)

[220] 34 C.F.R. Part 104.33(a)(b)[220] See *Wisconsin (WI) Heights School District*, 30 IDELR 619 (OCR 1998), student with a mobility impairment needed a sanitary restroom near her classroom, and see *Santa Maria-Bonita (CA) School District*, 30 IDELR 547 (OCR1998), students with diabetes complained that district policy against carrying hypodermic "sharps" to class was discriminatory since it required students to leave class during instruction time to conduct blood glucose tests. After the complaint, the students were allowed to bring their diabetes kits with hypodermic "sharps" to school and conduct their own blood glucose tests while in class.

Estas modificaciones y servicios de educación y apoyo se determinan mediante una reunión entre los padres del estudiante y el personal escolar de educación general apropiado. Normalmente estos servicios se escriben en el **Plan 504** del estudiante. Aunque la Sección 504 no especifica que se requiere un plan escrito similar al Programa Educativo Individualizado (Individualized Educational Program, o IEP) de IDEA, la mayoría de los distritos escribirán el plan. A diferencia del IEP bajo IDEA, solo se requiere que el **Plan 504** del estudiante incluya los servicios que el estudiante con una **discapacidad 504** necesita para asegurar que las necesidades del estudiante se cumplan tan bien que las necesidades de los estudiantes sin discapacidades.[221] Los distritos escolares deben proveer los servicios y modificaciones detallados en el Plan 504.[222]

Igual que IDEA, la Sección 504 aborda la colocación de los estudiantes en el ambiente menos restrictivo. La Sección 504 requiere que los estudiantes con discapacidades reciban los servicios educativos junto con los estudiantes sin discapacidades tanto como sea posible para el estudiante con discapacidades.

Those accommodations and special education and support services are determined through a meeting of the student's parents and appropriate general education staff at the school. These services are usually written into a **504 Plan** for the student. Although Section 504 doesn't specifically require a written plan like the IDEA's individualized educational program, most school districts will put the plan in writing. Unlike a student's IEP under the IDEA, the student's **504 Plan** is only required to include the services the student with a **Section 504 disability** needs to make sure that the student's educational needs are met as well as the needs of students without disabilities are met.[221] School districts must provide the services and accommodations that are outlined in the 504 Plan.[222]

Like the IDEA, Section 504 addresses placing students with disabilities in the least restrictive environment. Section 504 requires that students with disabilities receive educational services with students without disabilities to the maximum extent appropriate to the needs of the student with a disability.

---

[221] *Kalama School District No. 402* 35 IDELR 72 (OCR 2000), un distrito escolar tenía conocimiento de que dos estudiantes eran asmáticos y que esto afectaba su capacidad de participar en la escuela, pero no iniciaron ni completaron una evaluación y no implementaron un plan 504 con modificaciones. El distrito acordó llevar a cabo evaluaciones comprensivas, proveer un Plan 504 y estudiar la necesidad que tuvieran los estudiantes de servicios de compensación durante el año en el que se les negó el FAPE.

[222] *New Bedford Public Schools* 42 IDELR 208 (OCR 2004), el Plan 504 de un estudiante con una discapacidad social emocional requería que fuera colocado en un aula con una proporción de seis estudiantes por cada maestro, pero el distrito no lo colocó en tal aula. Además, el distrito escolar le negó al estudiante una educación pública gratis y apropiada cuando cambió su colocación sin haber antes reunido al equipo 504.

[221] *Kalama School District No. 402* 35 IDELR 72 (OCR 2000), school district had notice that two students had asthma that affected their ability to participate in school, but did not initiate and complete an evaluation and develop a 504 Plan with accommodations. District agreed to conduct comprehensive evaluations, provide 504 Plan and study student's need for compensatory services during year they were denied FAPE.

[222] *New Bedford Public Schools* 42 IDELR 208 (OCR 2004), 504 Plan for a student with a social emotional disability required placement in a classroom with a 6:1 student-teacher ratio, but district failed to place her in the classroom. Additionally, school district denied the student a free appropriate public education when it changed her placement without first convening a 504 team meeting.

Para llevar a cabo esto, la Sección 504 requiere que las escuelas eduquen a los estudiantes con discapacidades dentro del ambiente educativo regular, al menos que educar al estudiante dentro de ese ambiente regular, con el apoyo de ayudas y servicios suplementarios, no se pueda lograr satisfactoriamente. Al colocar a los estudiantes con discapacidades dentro de ambientes diferentes al ambiente educativo regular, el distrito escolar debe considerar qué tan cercano está el ambiente alterno a la casa del estudiante.[223]

Además, las escuelas deben asegurar que los estudiantes con discapacidades participen en las actividades no académicas y extracurriculares junto con los estudiantes sin discapacidades tanto como sea posible para el estudiante con discapacidades. Las actividades no académicas y extra-curriculares incluyen las comidas, los períodos de descanso, los servicios de asesoría, los deportes físicos recreativos, el transporte, los servicios de salud, las actividades recreativas, los grupos de interés social o clubes, las referencias a las agencias que proveen asistencia a las personas con discapacidades y el empleo de los estudiantes.[224]

To put this into practice, Section 504 requires schools to teach students with disabilities in the regular educational environment, unless teaching the student in that regular setting, with the use of supplementary aids and services, cannot be achieved satisfactorily. When placing students with disabilities in settings other than the regular educational environment, the school district must consider how close the alternate setting is to the student's home.[223]

Furthermore, schools must make sure that students with disabilities participate in non-academic and extracurricular activities with students without disabilities, to the maximum extent appropriate to the needs of the student with a disability. Included in nonacademic and extracurricular activities are meals, recess periods, counseling services, physical recreational athletics, transportation, health services, recreational activities, special interest groups or clubs, referrals to agencies that provide assistance to persons with disabilities, and employment of students.[224]

---

[223] 34 C.F.R. Parte 104.34(a)

[224] 34 C.F.R. Parte 104.34(b) y 104.37(a) y vea *Inskip v. Astoria Sch. District*, 30 IDELR 398 (D. Or. 1999), el tribunal decidió que se le debía permitir a un estudiante con autismo jugar en los partidos de sóftbol. El distrito escolar había dicho que no calificaba para el juego porque su participación creaba una "probabilidad razonable de que ocurriera alguna lesión sustanciosa". Pero, vea *Garden Grove Unified School District* 35 IDELR 227 (OCR 2001), aunque el entrenador de básquetbol trataba de manera distinta al estudiante que a los otros, no era debido a su discapacidad. Trataba distinto a todos los jugadores que no eran inicialistas.

---

[223] 34 C.F.R. Part 104.34(a)

[224] 34 C.F.R. Part 104.34(b) and 104.37(a) and see *Inskip v. Astoria Sch. District*, 30 IDELR 398 (D. Or. 1999), court ruled that a student with autism be allowed to play in softball games. School district had said that she was not qualified to play because her participation created a "reasonable probability of substantial injury". But see *Garden Grove Unified School District* 35 IDELR 227 (OCR 2001) although basketball coach treated student differently from other players, it wasn't due to her disability. All the players who were not starters were treated differently.

> Una persona tiene una discapacidad bajo la Sección 504 si el individuo tiene un impedimento físico o mental que limita substancialmente una o más de las principales actividades de la vida de ese individuo.

> A person has a disability under section 504 if the individual has a physical or mental impairment that substantially limits one or more of the individual's major life activities.

¿Quién Es una Persona con una Discapacidad bajo la Sección 504?

Como se comentó anteriormente, la Sección 504 abarca más que la educación en las escuelas públicas. Por lo tanto, su definición de una persona con una discapacidad es más amplia que la definición de un niño con una discapacidad bajo IDEA. Una persona tiene una discapacidad bajo la Sección 504 si el individuo tiene un impedimento físico o mental que limita substancialmente una o más de las principales actividades de la vida de ese individuo.

Las actividades de la vida son funciones tales como el auto-cuidado, el realizar tareas manuales, caminar, ver, escuchar, hablar, respirar, aprender y trabajar. Una persona también puede ser protegida si tiene una historia de impedimento o si los demás consideran que tiene un impedimento.[225]

Sin embargo, generalmente una persona que está protegida como persona con una discapacidad debido a que tiene un antecedente de un impedimento o porque los demás consideran que tiene un impedimento no tiene derechos a modificaciones para esa percepción o antecedente de impedimento. Un estudiante, sin

Who Is a Person with a Disability under 504?

As discussed earlier, Section 504 encompasses more than education in the public schools. Its definition of a person with a disability is, therefore, broader than the definition of a child with a disability under the IDEA. A person has a disability under section 504 if the individual has a physical or mental impairment that substantially limits one or more of the individual's major life activities.

Life activities are functions such as caring for one's self, performing manual tasks, walking, seeing, hearing, speaking, breathing, learning, and working. A person can also be protected if they have a record of having an impairment or are regarded as having an impairment.[225]

Generally, however, a person who is protected as a person with a disability because they have a record of an impairment or are regarded as having an impairment is not entitled to accommodations for that perception or record of impairment. A student, however, who is perceived as having a disability or has a record of having

---

[225] 34 C.F.R. Parte 104.3(j) y 104.37(a) Vea también *OCR Staff Memorandum* 16 IDELR 712 (OCR 1990) los estudiantes con VIH/SIDA tienen una discapacidad bajo la Sección 504.

[225] 34 C.F.R. Part 104.3(j) and 104.37(a) See also *OCR Staff Memorandum* 16 IDELR 712 (OCR 1990) students with HIV/AIDS have a disability under Section 504.

embargo, quien es percibido como persona con una discapacidad o que tiene un antecedente de discapacidad sí tiene derecho a las protecciones de 504 en el proceso disciplinario.[226]

A diferencia de la definición de un niño con discapacidades en IDEA, la Sección 504 no tiene que necesitar educación especial y servicios relacionados para tener una discapacidad. Lo único que se requiere es que el niño tenga un impedimento que limite substancialmente una función principal de la vida. Por lo tanto, hay niños que tienen impedimentos pero no necesitan servicios de educación especial. Es posible que ellos no tengan discapacidades bajo IDEA, pero sí las tengan bajo la Sección 504, si tienen impedimentos que limitan substancialmente una función principal de la vida.

Por ejemplo, un estudiante con artritis puede no necesitar servicios de educación especial y por lo tanto no tendría una discapacidad bajo IDEA. Pero es probable que este estudiante tenga una discapacidad bajo la Sección 504. Con frecuencia la artritis limita substancialmente una actividad principal de la vida. Entonces el estudiante tiene derecho a un **Plan 504** y a los servicios que se requieren para asegurar que las necesidades del estudiante se cumplan al mismo grado que las necesidades de los estudiantes sin discapacidades.

Repito, un niño que tiene una discapacidad bajo la Sección 504 tiene derecho a una educación pública gratis y apropiada de parte del distrito escolar. Una educación apropiada bajo la Sección 504 significa que **al niño se le ofrece una educación regular o especial y los apoyos y servicios relacionados diseñados**

a disability is entitled to the 504 protections in the disciplinary process.[226]

Unlike the IDEA definition of a child with a disability, under Section 504 a child doesn't have to need special education and related services to have a disability. All that is required under Section 504 is that the child have an impairment that substantially limits a major life function. There are children, therefore, who have impairments, but don't need special education services. They may not have disabilities under the IDEA, but they may have disabilities under Section 504, if they have impairments that substantially limit a major life function.

For example, a student with arthritis **may not** need special education services, and, therefore, would not have a disability under the IDEA. But it is likely that this student has a disability under Section 504. Very often, arthritis substantially limits a major life activity. The student would then be entitled to a **504 Plan** and those services that are needed to ensure that the student's needs are met to the same extent as the needs of students without disabilities.

Again, a child who has a disability under Section 504 is entitled to a free appropriate public education from the school district. An appropriate education under Section 504 would mean **the child is provided regular or special education and related aids and services that are designed to meet that student's individual educational**

---

[226] *Letter to Veir*, 20 IDELR 864 (OCR 1996)

[226] *Letter to Veir*, 20 IDELR 864 (OCR 1996)

para satisfacer las necesidades educativas individuales de ese estudiante tan adecuadamente como se cumplen las necesidades de los estudiantes sin discapacidades.[227]

Ejemplos de Modificaciones bajo la Sección 504

- Un estudiante con una enfermedad como el cáncer podría necesitar un horario de clases modificado que le permita descansar y recuperarse después de recibir quimioterapia.

- Un estudiante con una discapacidad de aprendizaje que afecta su habilidad de demostrar el conocimiento en una prueba estandarizada podría requerir modificaciones en el examen, como un examen oral, o tiempo adicional para el examen, etc.

- Un estudiante con una discapacidad de aprendizaje o un impedimento visual podría necesitar la asistencia de una persona que tome sus apuntes o de una grabadora.

- Un estudiante con un problema médico crónico o un impedimento físico podría tener dificultades para caminar distancias o subir escaleras y podría necesitar que sus clases sean reubicadas, tiempo adicional para llegar a sus clases, un lugar especial de estacionamiento u otras modificaciones.

- Un estudiante con una enfermedad mental podría necesitar un horario de clases que le dé tiempo para terapia u orientación programadas.

needs as adequately as the needs of students without disabilities are met.[227]

Examples of 504 Accommodations

- A student with an illness such as cancer may need a modified class schedule that allows for rest and recuperation following chemotherapy.

- A student with a learning disability that affects the ability to demonstrate knowledge on a standardized test may require modified test arrangements such as oral testing, additional time for tests, etc.

- A student with a learning disability or a visual impairment may need a note-taker or tape recorder.

- A student with a chronic medical problem or physical impairment may have difficulty walking distances or climbing stairs and may need classes relocated, extra time between classes, a special parking place, or other accommodations.

- A student with mental illness may need a modified class schedule to allow time for regular counseling or therapy.

---

[227] Para ver una discusión de los requisitos del 504 vea *Letter to Veir*, 20 IDELR 864 (OCR 1996).

[227] For discussion of 504 requirements see *Letter to Veir*, 20 IDELR 864 (OCR 1996).

- Un estudiante con un trastorno de convulsiones y cuyas convulsiones son estimuladas por el estrés podría necesitar modificaciones para realizar las actividades estresantes como los son los exámenes académicos largos y los retos en las competencias de educación física.

- Un estudiante con artritis podría requerir un programa de educación especial modificado o con adaptaciones.

- Un estudiante con una discapacidad que afecta su capacidad para escribir podría necesitar acceso a un teclado.

Evaluación bajo la Sección 504

Las escuelas deben evaluar a los estudiantes que se cree que tienen una discapacidad 504 y necesitan educación especial y servicios relacionados. Esto se debe hacer antes de que el estudiante sea colocado inicialmente en la educación regular o especial. También debe realizarse una evaluación antes de cambiar la colocación del estudiante. Las pruebas que se usan para las evaluaciones bajo la Sección 504 deben ser validadas para los propósitos específicos para las cuales se usan y deben ser proporcionadas por

> Las escuelas deben evaluar a los estudiantes que se cree que tienen una discapacidad 504 y necesitan educación especial y servicios relacionados. Esto se debe de hacer antes que el estudiante sea colocado inicialmente en la educación regular o especial. También debe realizarse una evaluación antes de cambiar la colocación del estudiante.

- A student with a seizure disorder and whose seizures are stimulated by stress may need an accommodation for stressful activities such as lengthy academic testing or competitive endeavors in physical education.

- A student with arthritis may require a modified or adaptive physical education program.

- A student with a disability that affected the ability to write may need access to a keyboard.

Evaluation under Section 504

The schools must evaluate students who are believed to have a 504 disability and need special education and related services. This must be done before the student is initially placed in regular or special education. An evaluation must also be done before the student's placement is changed. The tests that are used for evaluations under section 504 must be validated for the specific purposes for which they are used and administered by trained personnel. Moreover, the evaluation materials must be tailored to assess specific areas of educational need.

> The schools must evaluate students who are believed to have a 504 disability and need special education and related services. This must be done before the student is initially placed in regular or special education. An evaluation must also be done before the student's placement is changed.

Sección 504 del Acta de Rehabilitación de 1973 y el Acta para los Americanos con Discapacidades/
Section 504 of the Rehabilitation Act of 1973 and the Americans with Disabilities Act

169

un personal capacitado. Además, los materiales de la evaluación deben ser hechos para evaluar las áreas específicas de necesidades educativas.

Finalmente, las pruebas deben seleccionarse y proporcionarse de tal manera que cuando se examina a un estudiante con un impedimento sensorial, manual, o del habla, las pruebas reflejen con exactitud la aptitud o el nivel de éxito del estudiante. Entonces, la prueba no debe reflejar el impedimento sensorial, manual o del habla del estudiante al menos que estas habilidades sean las que se están midiendo.[228] El distrito escolar también debe asegurar que se evalúen a los estudiantes periódicamente. En particular se debe volver a evaluar a un estudiante si el distrito está considerando un cambio de colocación significativo para el estudiante.[229]

Ya que se haya completado el proceso de evaluación las decisiones acerca de la colocación del estudiante las debe hacer un grupo de personas. Ese grupo debe incluir a las personas con conocimiento acerca del estudiante, del significado de los datos de la evaluación y de las opciones para su colocación.[230]

Evaluaciones Estandarizadas

Como usted sabe, hay un movimiento nacional a favor de las evaluaciones estandarizadas del desarrollo del estudiante. Los estudiantes con discapacidades que necesitan modificaciones

Finally, tests must be selected and administered so that when the test is given to a student with impaired sensory, manual, or speaking skills, the tests accurately reflect the student's aptitude or achievement level. Thus, the test should not reflect the student's impaired sensory, manual, or speaking skills unless those are the skills that are being measured.[228] The school district must also make sure that students are periodically re-evaluated. In particular, a student must be re-evaluated if the school district is considering significantly changing the student's placement.[229]

Once the evaluation process is completed decisions to place the student must be made by a group of persons. That group must include persons knowledgeable about the student, the meaning of the evaluation data, and the placement options.[230]

Standardized Assessments

As you are aware, there is a national push for standardized assessments of student progress. Students with disabilities who need accommodations when taking tests should have those ac-

[228] 34 C.F.R. Parte 104.35

[229] 34 C.F.R. Parte 104.35(a) y vea *New Bedford Public Schools,* 42 IDELR 208 (OCR 2004) El distrito escolar cambió la colocación de un estudiante sin haber antes reunido al equipo 504.

[230] 34 C.F.R. Parte 104.36 y vea *Manteca (CA) Unified School District* 30 IDELR 544 (OCR 1998), en donde el distrito escolar violó la 504 porque la decisión acerca de la colocación la hizo una especialista individual de recursos en vez de un grupo de individuos.

[228] 34 C.F.R. Part 104.35

[229] 34 C.F.R. Part 104.35(a) and see *New Bedford Public Schools,* 42 IDELR 208 (OCR 2004) School district changed student's placement without first convening a 504 team meeting.

[230] 34 C.F.R. Part 104.36 and see *Manteca (CA) Unified School District* 30 IDELR 544 (OCR 1998), where the school district violated 504 because the placement decision was made by an individual resource specialist rather than a group of individuals.

cuando toman exámenes deben especificar estas modificaciones en su plan 504. Una modificación es un cambio que se le hace a los procedimientos de evaluación para proveerle al estudiante un acceso a la información y una oportunidad equitativa de demostrar su conocimiento y sus habilidades sin afectar la seriedad y la validez del examen. Una modificación no cambia el nivel de instrucción, el contenido o los criterios para llevar a cabo el examen.

Algunos ejemplos de las posibles modificaciones incluyen una extensión al tiempo permitido para tomar el examen; el proporcionar los exámenes en sesiones múltiples con menos duración; el proveer versiones del examen en Braille o en letra impresa grande; y el proveer tecnologías de ayuda como lo son los dispositivos de aumento visual, mangos y agarraderas para lápices y amortiguadores de ruido.

Las modificaciones deben ser específicas para las áreas de contenido y el estudiante solo tiene derecho a usar aquellas modificaciones necesarias para el área de contenido que se esté examinando. Finalmente, se permite más de una modificación a los estudiantes. Por ejemplo, un estudiante que utiliza una versión del examen en Braille también podría necesitar tiempo adicional. Obviamente, si un estudiante requiere modificaciones cuando toma exámenes es muy importante que estas modificaciones sean documentadas en el plan 504 del estudiante.

La Tecnología de Ayuda y la Sección 504

Los estudiantes con discapacidades tienen derecho a los dispositivos y servicios de tecnología de ayuda bajo la Sección 504 si el estudiante necesita esos servicios para asegurar su acceso equitativo al programa escolar público. Recuerde, bajo

commodations specifically noted in their 504 plans. An accommodation is a change made to the assessment procedures to provide a student with access to information and an equal opportunity to demonstrate knowledge and skills without affecting the reliability or validity of the assessment. An accommodation does not change the instructional level, content, or the performance criteria of the assessment.

Some examples of possible accommodations include extended time; administering the test in more, but shorter sessions; providing Braille or large print versions of the test; and providing assistive technology such as visual magnification devices, pencil grips, and noise buffers.

Accommodations must be content-area specific, and the student is entitled to use only those accommodations needed for the specific content area being assessed. Finally, students are allowed more than one accommodation. For example, a student using a Braille version of the test may also need extra time. Obviously, if a student requires accommodations when taking assessments, it is very important that the accommodations be documented on the student's 504 plan.

Assistive Technology and Section 504

Students with disabilities are entitled to assistive technology devices and services under Section 504 if the student needs those services to ensure equal access to the public school program. Remember, under Section 504, the needs of

> Los estudiantes con discapacidades tienen derecho a los dispositivos y servicios de tecnología de ayuda bajo la Sección 504 si el estudiante necesita esos servicios para asegurar su acceso equitativo al programa escolar público.

> Students with disabilities are entitled to assistive technology devices and services under Section 504 if the student needs those services to ensure equal access to the public school program.

la Sección 504, las necesidades de los estudiantes con discapacidades deben cumplirse tan bien como se cumplen las necesidades de los estudiantes sin discapacidades. El distrito escolar debe proveer servicios relacionados y ayuda y servicios suplementarios para cumplir con ese requisito.

Los servicios de tecnología de ayuda son incluidos como ayuda suplementaria o servicios relacionados bajo la Sección 504. Por ejemplo, si un estudiante con una discapacidad física no puede sentarse en un escritorio normal, la Sección 504 puede requerir que se le facilite un escritorio con un diseño especial. A un estudiante con artritis se le puede ofrecer un dispositivo de ayuda que le ayude a escribir, o a un estudiante que físicamente no pueda escribir se le puede ofrecer un procesador de palabras y un teclado. Igualmente, un estudiante con una discapacidad de aprendizaje puede necesitar acceso a un teclado y un corregidor de ortografía computarizado para escribir legible y correctamente.

Es posible que se pueda obtener cualquier tipo de dispositivo o servicio de tecnología de ayuda bajo la Sección 504 si el dispositivo o servicio es necesario para asegurar la participación equitativa del estudiante con una discapacidad en el programa escolar público. La ayuda y los servicios relacionados o suplementarios se deben proveer para apoyar a los estudiantes dentro del ambiente educativo regular. De hecho, el distrito escolar

students with disabilities must be met as well as the needs of students without disabilities are met. The school district must provide related services and supplementary aids and services to meet that requirement.

Assistive technology services are included as supplementary aids and services or related services under Section 504. For example, if a student with a physical disability couldn't sit at a regular desk, Section 504 might require provision of a specially designed desk. A student with arthritis might be provided with an assistive device to help the student write, or a student who could not physically write might be provided with a word processor and keyboard. Similarly, a student with a learning disability might need access to a keyboard and to "spell check" through a computer in order to write legibly and correctly.

Any type of assistive technology device or service may possibly be obtained under Section 504 if the device or service is needed to ensure equal participation in the public school program for the student with a disability. Related or supplementary aids and services must be provided to support students in the regular educational environment. In fact, a school district must consider providing related or

debe considerar la disposición de ayuda y servicios relacionados o suplementarios antes de que el distrito saque al estudiante del ambiente educativo regular. Por lo tanto, los servicios de tecnología de ayuda pueden ser requeridos bajo la Sección 504 para asegurar la participación de un estudiante en el ambiente educativo regular.

La Disciplina y la Sección 504

Así como en IDEA, la Sección 504 prohíbe que las escuelas castiguen a los estudiantes por faltas de conducta relacionadas a su discapacidad.[231] Entonces, la Sección 504 también requiere que la escuela tenga una reunión para determinar si la falta de conducta de un estudiante fue una manifestación de su discapacidad. Parecido al proceso de IDEA, esta reunión de manifestación se pone en marcha si la escuela está proponiendo excluir al estudiante indefinidamente (expulsión), durante más de 10 días escolares consecutivos, o si existe alguna norma de excluir al estudiante de la escuela.[232]

> Así como en IDEA, la Sección 504 prohíbe que las escuelas castiguen a los estudiantes por faltas de conducta relacionadas a su discapacidad. Entonces, la Sección 504 también requiere que la escuela programe una reunión para determinar si la falta de conducta de un estudiante fue una manifestación de su discapacidad.

supplementary aids and services before the district removes the student from the regular educational setting. Assistive technology services can, therefore, be required under section 504 to ensure a student's participation in the regular educational environment.

Discipline and 504

Just as with the IDEA, Section 504 prohibits schools from punishing students for misconduct that is related to their disability.[231] Thus, Section 504 also requires that the school have a meeting to determine if the student's misconduct was a manifestation of the student's disability. Similar to the IDEA process, this manifestation meeting is triggered if the school is proposing excluding him indefinitely (expulsion), or for more than 10 consecutive school days, or if there is a pattern of excluding the student from school.[232]

> Just as with the IDEA, Section 504 prohibits schools from punishing students for misconduct that is related to their disability. Thus, Section 504 also requires that the school have a meeting to determine if the student's misconduct was a manifestation of the student's disability.

[231] Vea *S-1 v. Turlington,* 635 F. 2d 342 (5to. Circuito, 1981)
[232] *Shelby County School District* 35 IDELR 228 (OCR 2001) un estudiante preescolar fue expulsado de un programa del YMCA que proveía servicios bajo un contrato con el distrito debido a un comportamiento relacionado a su discapacidad. *Tustin Unified School District* 31 IDELR 139 (OCR 1999) Un estudiante con una discapacidad 504 involucrado en el uso ilegal de drogas en la escuela no tuvo derecho a una determinación de manifestación bajo 504 antes de ser expulsado.

[231] See *S-1 v. Turlington,* 635 F. 2d 342 (5th Cir. 1981)
[232] *Shelby County School District* 35 IDELR 228 (OCR 2001) preschool student expelled from YMCA program providing services under contract with the district for behavior related to disability. *Tustin Unified School District* 31 IDELR 139 (OCR 1999) Student with 504 disability engaged in illegal use of drugs at school not entitled to manifestation determination under 504 prior to expulsion.

El excluir al estudiante de la escuela por más de 10 días escolares consecutivos representa un cambio significativo de colocación. Bajo la Sección 504, un cambio significativo de colocación requiere que la escuela realice una revaluación.[233] Un primer paso de esta revaluación es determinar si la discapacidad del estudiante causó la falta de conducta. Además, una serie de suspensiones durante un año escolar, cada una menos de 10 días escolares consecutivos, también se podría considerar un cambio significativo de colocación si esta serie constituye un "patrón de exclusión".

Una norma de exclusión se determina caso por caso. Los factores que se consideran al determinar una norma de exclusión son la duración de cada suspensión, el tiempo entre una suspensión y otra y el tiempo total durante el cual un estudiante es excluído de la escuela. La Oficina de Derechos Civiles (Office of Civil Rights, o OCR) no considerará como cambio significativo de colocación una serie de suspensiones que sumen menos de diez días dentro de un año escolar. Pero la OCR sí considerará como cambio significativo de colocación una serie de suspensiones que sumen más de diez días dentro de un año escolar y esto requerirá una revaluación y una reunión de determinación de manifestación.

Esta reunión para determinar la manifestación incluye a los padres del estudiante y a otros individuos que pueden contribuir información acerca del estudiante. Si la falta de conducta del estudiante está relacionada a la discapacidad del estudiante, éste no podrá ser suspendido o expulsado continuamente por esa conducta. La Oficina de Derechos Civiles ha declarado que existen dos circunstancias en las cuales un es-

Excluding the student from school for more than 10 consecutive school days is a significant change in placement. Under 504, a significant change in placement requires that the school conduct a re-evaluation.[233] A first step in this re-evaluation is determining whether the student's disability caused the misconduct. Additionally, a series of suspensions in a school year that are each less than 10 consecutive school days may also be considered a significant change in placement if it constitutes a "pattern of exclusion."

A pattern of exclusion is determined on a case by case basis. Factors to be considered in determining a pattern of exclusion are the length of each suspension, the proximity of the suspensions to one another, and the total amount of time the student is excluded from school. The Office for Civil Rights (OCR) will not consider a series of suspensions that total less than 10 days in a school year to be a significant change in placement. But, OCR will consider a series of suspensions that total more than 10 days in a school year to be a significant change in placement requiring a re-evaluation and a manifestation determination meeting.

This manifestation determination meeting would include the parents of the student and other individuals who can contribute information regarding the student. If the student's misconduct is related to the student's disability, then the student may not be continually suspended or expelled for that conduct. The Office for Civil Rights has stated there are two circumstances in which a student with a disability may be sus-

---

[233] 34 C.F.R. 104.35(a)

[233] 34 C.F.R. 104.35(a)

tudiante con discapacidades puede ser suspendido aunque se determine que su comportamiento es una manifestación de la discapacidad del estudiante: (1) urgencias genuinas; o (2) si la reunión del distrito es para modificar el IEP del estudiante para lidiar con su problema de disciplina.[234]

Sin embargo, a diferencia de IDEA, la Sección 504 permite que el estudiante sea disciplinado de la misma manera que cualquier otro estudiante, inclusive que pueda ser suspendido o expulsado **sin servicios**, si su falta de conducta no está relacionada a su discapacidad.

Recuerde que la Sección 504 prohíbe discriminar a los estudiantes con discapacidades. Esto significa que los estudiantes con discapacidades 504 pueden ser disciplinados de la misma manera que son disciplinados los estudiantes sin discapacidades siempre y cuando no sean castigados por una conducta que está relacionada a su discapacidad.[235] Finalmente, los padres y los estudiantes con discapacidades tienen garantías de procedimiento bajo la Sección 504 y pueden apelar las decisiones que hace el distrito escolar.[236]

Garantías de Procedimiento bajo la Sección 504

Similarmente a IDEA, la Sección 504 les da garantías de procedimiento a los padres. Los pa-

pended even though the behavior is determined to be a manifestation of the student's disability: (1) genuine emergencies; or (2) if the district is meeting in order to revise the student's IEP to deal with the discipline problem.[234]

Unlike the IDEA, however, Section 504 allows that if the student's disability is not related to the misconduct, then the student may be disciplined in the same manner as any other student, including being suspended or expelled **without services**.

Remember that section 504 prohibits discrimination against students with disabilities. This means students with 504 disabilities may be disciplined the same as students without disabilities are disciplined, so long as they are not punished for conduct that is related to their disability.[235] Finally, parents and students with disabilities have procedural safeguards under Section 504 and can appeal decisions made by the school district.[236]

Procedural Safeguards under Section 504

Like the IDEA, Section 504 gives parents procedural safeguards. Parents have the right to

[234] *OCR Memorandum* 307 IDELR 07 (OCR 1989)

[235] Para ver una discusión general de la Sección 504 y la disciplina estudiantil, vea *Senior Staff Memorandum* acerca de las Suspensiones a Largo Plazo o la Expulsión de Estudiantes Discapacitados, 14 EHLR 307:05 (28 de octubre 1988).

[236] *Forest Hills Public School District*, 42 IDELR 210 (OCR 2004) La escuela violó la Sección 504 porque no implementó un sistema de garantías de procedimiento y no informó a la madre que tenía derecho a una audiencia para apelar la determinación de manifestación.

[234] *OCR Memorandum* 307 IDELR 07 (OCR 1989)

[235] For a general discussion of Section 504 and student discipline see *Senior Staff Memorandum* regarding Long–term Suspension or Expulsion of Handicapped Students, 14 EHLR 307:05 (Oct. 28, 1988).

[236] *Forest Hills Public School District*, 42 IDELR 210 (OCR 2004) The school district violated Section 504 because it did not implement a system of procedural safeguards and did not inform a parent that she had the right a hearing to appeal a manifestation determination.

dres tienen el derecho de examinar los expedientes educativos de sus hijos, el derecho a avisos y el derecho a una audiencia imparcial. Los padres tienen el derecho de apelar las acciones del distrito acerca de la identificación, evaluación o colocación del estudiante. Los padres y guardianes tienen el derecho de estar presentes durante la audiencia y de ser representados por un abogado. También existe el derecho de examinar los resultados de la audiencia imparcial.[237]

Aunque los padres deben ser informados por el distrito acerca de estos procedimientos, es recomendable solicitárselos directamente al distrito si un padre tiene preocupaciones relacionadas a la Sección 504. Conformar con la Sección 504 es una responsabilidad de la educación general en vez de ser una responsabilidad de la educación especial. Desafortunadamente, muchos educadores generales no conocen los requisitos tan bien como uno quisiera. Pero se requiere que cada distrito escolar tenga procedimientos de la Sección 504.[238] Repito, es recomendable exigir estos procedimientos directamente si existe la posibilidad de solicitar los servicios 504.

El Acta para los Americanos con Discapacidades

El Acta para los Americanos con Discapacidades (Americans with Disabilities Act, o ADA) también prohíbe discriminar a las personas designadas con discapacidades. El ADA tiene cua-

examine their child's educational records, the right to notice, and the right to an impartial hearing. Parents have the right to appeal actions by the school district regarding the identification, evaluation, or educational placement of the student. Parents and guardians have the right to be present at the hearing and the right to be represented by an attorney. There is also the right to have the results of the impartial hearing reviewed.[237]

Although parents should be informed by the school district about these procedures, it would be wise to specifically request them from the district if a parent has Section 504 concerns. Section 504 compliance is a general education responsibility rather than a special education responsibility. Unfortunately, many general educators are not as aware as they might be of its requirements. But each school district is required to have Section 504 procedures.[238] Again, it would be wise to ask for these specific procedures if seeking 504 services is a possibility.

The Americans with Disabilities Act

The Americans with Disabilities Act (ADA) also prohibits discrimination against qualified persons with disabilities. The ADA has four titles, or parts, that prohibit discrimination by

---

[237] 34 C.F.R. Parte 104.36 y vea *Manteca (CA) Unified School District* 30 IDELR 544 (OCR 1998) El distrito escolar no les informó que tenían derecho de apelar la determinación de que no calificaba.

[238] *Ann Arbor Public Schools* 35 IDELR 279 (OCR 2001) Los padres con impedimentos visuales tienen derecho a recibir copias en Braille del IEP, del manual de padres, de un modelo para como presentar demandas de debido proceso, e información acerca de los servicios legales gratuitos o de bajo costo.

[237] 34 C.F.R. Part 104.36 and see *Manteca (CA) Unified School District* 30 IDELR 544 (OCR 1998) School district failed to inform of their right to appeal a denial of eligibility.

[238] *Ann Arbor Public Schools* 35 IDELR 279 (OCR 2001) Parents with visual impairments entitled to Braille copies of IEPs, parent handbook, model for filing due process requests, and information about free or low-cost legal services.

tro títulos, o partes, que prohiben la discriminación de personas que califican como personas con discapacidades por parte de varios sectores de nuestra sociedad.

El Título I prohibe la discriminación en el empleo por parte de los patrones o empresarios con 15 o más empleados. El Título II prohíbe la discriminación en el empleo o en el acceso a los servicios de gobierno por parte de las entidades estatales y locales del gobierno. El Título III prohíbe la discriminación en lugares públicos. Los lugares públicos incluyen un rango amplio de entidades que proveen bienes y servicios al público. Pero el Título III no abarca los lugares públicos que son operados por clubes privados y entidades religiosas.

Finalmente, el Título IV abarca la industria de telecomunicaciones. El Título IV requiere que las compañías de teléfono provean servicios de retransmisión mediante los cuales los individuos con impedimentos de comunicación puedan hacer llamadas telefónicas. Un servicio de retransmisión permite que una persona con un impedimento auditivo utilice un dispositivo de telecomunicación para sordos (telecommunications device for the deaf, o TDD) para enviar mensajes escritos a una operadora la cual retransmite ese mensaje por voz por parte de la persona con la discapacidad.

Como se comentó anteriormente, a diferencia de la Sección 504, el ADA no requiere que las agencias reciban fondos federales para ser cubiertas. Pero la definición de un individuo con una discapacidad bajo el ADA generalmente es igual que la definición bajo la Sección 504.

various sectors of our society against qualified persons with disabilities.

Title I prohibits employment discrimination by employers with 15 or more employees. Title II prohibits discrimination in employment or access to governmental services by state and local governmental entities. Title III prohibits discrimination by public accommodations. Public accommodations include a wide range of entities that provide goods and services to the public. But Title III does not apply to public accommodations that are operated by private clubs and religious entities.

Finally, Title IV applies to the telecommunications industry. Title IV requires that telephone companies provide relay services by which individuals with communication impairments can make phone calls. A relay service allows a person who has a hearing impairment and uses a telecommunication device for the deaf (TDD) to send a typed message to an operator who will make a voice "relay" of the call on behalf of the person with the disability.

As we noted earlier, unlike Section 504, the ADA does not require that agencies receive federal funding to be covered. But the definition of an individual with a disability, under the ADA, is generally the same as the definition under Section 504.

Como se comentó anteriormente, a diferencia de la Sección 504, el ADA no requiere que las agencias reciban fondos federales para ser cubiertas. Pero la definición de un individuo con una discapacidad bajo el ADA generalmente es igual que la definición bajo la Sección 504.

Debido a que los distritos escolares y las mesas directivas de las escuelas son entidades gubernamentales locales, están cubiertas por el Título II del ADA. Similarmente a la Sección 504, el Título II prohíbe discriminar a los estudiantes con discapacidades, pero el Título II no requiere específicamente que los distritos escolares provean a los estudiantes con discapacidades una educación pública gratis y apropiada.

Por lo tanto, el Título II por sí mismo, no contiene los requisitos extensivos que contienen los reglamentos de la Sección 504 acerca de la disposición de una educación pública gratis y apropiada (así como el satisfacer las necesidades educativas individuales del estudiante con una discapacidad, los procedimientos de evaluación y colocación y las garantías de procedimiento). Sin embargo, como se comentó anteriormente, según la interpretación de la Oficina de Derechos Civiles, el Título II exige lo mismo de parte de los distritos escolares que la Sección 504 en cuanto a su obligación de proveer una educación pública gratis y apropiada.

El Título II requiere específicamente que los distritos escolares provean ayuda auxiliar y servicios que sean necesarios para asegurar que las personas discapacidadas puedan comunicarse eficazmente al usar los servicios del distrito escolar.[239]

Algunos ejemplos de ayuda auxiliar y servicios incluyen los dispositivos de tecnología de ayu-

As we noted earlier, unlike Section 504, the ADA does not require that agencies receive federal funding to be covered. But the definition of an individual with a disability, under the ADA, is generally the same as the definition under Section 504.

Since school districts and school boards are local governmental entities, they are covered by Title II of the ADA. Like Section 504, Title II prohibits discrimination against students with disabilities, but Title II does not have the specific requirement that school districts provide students with disabilities a free appropriate public education.

Title II itself, therefore, does not have the extensive requirements contained in the Section 504 regulations regarding providing a free appropriate public education (such as meeting the individual educational needs of the student with a disability, evaluation and placement procedures, and procedural safeguards). As noted earlier, however, the Office for Civil Rights has interpreted Title II to have the same requirements for school districts regarding providing a free appropriate public education as Section 504.

Title II specifically requires that school districts provide auxiliary aids and services that would be needed to ensure effective communication for persons with disabilities in using the school district's services.[239]

Included in examples of auxiliary aids and services are such assistive technology devices as

---

[239] 28 C.F.R. 35.130(f)

[239] 28 C.F.R. 35.130(f)

da como los amplificadores del auricular telefónico, los dispositivos y sistemas para ayudar a oír, los teléfonos compatibles con los dispositivos para ayudar a oír, los decodificadores de titulares, los textos grabados, las grabaciones en audio, los materiales en Braille y los materiales con letra impresa grande.[240]

Finalmente, la Oficina de Derechos Civiles dentro del Departamento de Educación de los Estados Unidos se hace responsable administrativamente por el cumplimiento de la Sección 504 y el ADA en lo que corresponde a los distritos escolares.

El Título III y las Escuelas Privadas

El Título III del ADA se refiere a los lugares públicos que son operados privadamente. El listado de lugares públicos incluye los sitios de educación y las escuelas privadas primarias y secundarias.[241] Por lo tanto, está prohibido que las escuelas privadas discriminen a los estudiantes calificados con discapacidades.[242] Pero el Título

> El listado de lugares públicos incluye los sitios de educación y las escuelas privadas primarias y secundarias.[241] Por lo tanto, está prohibido que las escuelas privadas discriminen a los estudiantes calificados con discapacidades.

telephone handset amplifiers, assistive listening devices, assistive listening systems, telephones compatible with hearing aids, closed captioned decoders, taped texts, audio recordings, Brailled materials, and large print materials.[240]

Finally, the Office for Civil Rights within the United States Department of Education administratively enforces both Section 504 and the ADA as they pertain to school districts.

Title III and Private Schools

Title III of the ADA applies to privately operated public accommodations. Included in the listing of public accommodations are places of education and elementary and secondary private schools.[241] Private schools, therefore, are prohibited from discriminating against qualified students with disabilities.[242] But Title III

> Included in the listing of public accommodations are places of education and elementary and secondary private schools. Private schools, therefore, are prohibited from discriminating against qualified students with disabilities.

[240] 28 C.F.R. 35.104(1) y (2)
[241] 42 U.S.C. 12181(7)(j)
[242] Vea *Thomas v. Davidson Academy*, 846 F. Sup. 611, 20 IDELR 1375 (M.D. Tenn. 1994), una escuela privada cubierta por la Sección 504 y el ADA no pudo expulsar a un estudiante con una enfermedad auto inmune severa que gritó groserías después de cortarse durante la clase de arte. Un experto en el tratamiento de niños con enfermedades sanguíneas declaró que era de esperarse una reacción exagerada de parte de un estudiante que pensaba que podría morir desangrándose.

[240] 28 C.F.R. 35.104(1) and (2)
[241] 42 U.S.C. 12181(7)(j)
[242] See *Thomas v. Davidson Academy*, 846 F. Supp. 611, 20 IDELR 1375 (M.D. Tenn. 1994), private school that was covered by 504 and ADA could not expel student with a serious autoimmune disease who shouted expletives after cutting herself during art class. An expert in treating children with blood diseases testified that an exaggerated reaction was to be expected from the student who thought she might bleed to death.

Sección 504 del Acta de Rehabilitación de 1973 y el Acta para los Americanos con Discapacidades/
Section 504 of the Rehabilitation Act of 1973 and the Americans with Disabilities Act

179

III no requiere específicamente que el sistema de escuelas privadas les proporcione una educación apropiada a los estudiantes con discapacidades.

Aunque los estudiantes con discapacidades que eligen asistir a una escuela privada podrían no tener el derecho a una educación apropiada por parte de la escuela privada, los estudiantes de las escuelas privadas sí tienen el derecho de recibir la ayuda auxiliar y los servicios que sean necesarios para asegurar su acceso equitativo al programa educativo de la escuela. Es requerido que las escuelas privadas aseguren que a los individuos con discapacidades no se les nieguen servicios y que no sean segregados o tratados de manera distinta debido a la falta de ayuda auxiliar y servicios.[243]

La definición de ayuda auxiliar y servicios incluye los dispositivos de tecnología de ayuda como los servicios de trascripción computarizados, amplificadores del auricular telefónico, dispositivos para ayudar a oír, teléfonos compatibles con dispositivos para ayudar a oír, decodificadores de titulares, titulares cerrados y abiertos, los TDDs y las pantallas de videotexto.[244]

Las escuelas privadas también deben evaluar las barreras arquitectónicas y de comunicación que existen actualmente dentro de sus instalaciones. La escuela debe quitar esas barreras si son fáciles de quitar. Fácil significa que la barrera se pueda quitar sin dificultad ni gasto significativo. Las nuevas instalaciones construídas por las escuelas privadas y las modificaciones que se le hagan a los edificios existentes deben ser accesibles.

Si se requiere que una escuela privada proporcione un servicio como ayuda auxiliar o servicio, la escuela no puede hacerle cargos adicionales al individuo con una discapacidad ni a su familia por el costo de esa ayuda o servicio.[245]

does not specifically require that private schools provide an appropriate education to students with disabilities.

While students with disabilities who choose to attend private schools may not have the right to an appropriate education from the private school, private school students do have the right to receive auxiliary aids and services that are needed to ensure equal access to the school's educational program. Private schools are required to make sure that individuals with disabilities are not denied services, segregated, or treated differently because of the absence of auxiliary aids and services.[243]

Included in the definition of auxiliary aids and services are assistive technology devices like computer-aided transcription services, telephone handset amplifiers, assistive listening devices, telephones compatible with hearing aids, closed captioned decoders, open and closed captioning, TDDs, and videotext displays.[244]

Private schools must also assess the architectural and communication barriers that currently exist within their facilities. The school must remove those barriers if their removal is readily achievable. Readily achievable means the barrier can be removed without significant difficulty or expense. New construction built by the private school and alterations done in existing buildings must be accessible.

If a private school is required to provide a service as an auxiliary aid or service, the school may not impose a surcharge on the individual with a disability or their family for the cost of the aid or service.[245]

[243] 28 C.F.R. 36.303
[244] 28 C.F.R. 36.303(b)
[245] 28 C.F.R. 36.301(c)

[243] 28 C.F.R. 36.303
[244] 28 C.F.R. 36.303(b)
[245] 28 C.F.R. 36.301(c)

No obstante, la obligación de proporcionar estos servicios no es ilimitada. No se requiere que las escuelas privadas proporcionen ayuda auxiliar o servicios si la escuela puede demostrar que el proporcionar tal servicio alteraría su programa de manera fundamental o requeriría dificultades y gastos significativos.[246] También, no todas las escuelas privadas están cubiertas por el Título III. El ADA no cubre a las escuelas privadas que son dirigidas por entidades religiosas.[247] Las entidades religiosas son organizaciones o entidades religiosas que están controladas por organizaciones religiosas.[248]

Finalmente, el Departamento de Justicia de los Estados Unidos se hace responsable administrativamente del cumplimiento del Título III del ADA. El Departamento de Justicia también tiene un proyecto de mediación para ayudar a resolver las disputas bajo los Títulos II y III.

Acoso Debido a una Discapacidad

El acoso debido a una discapacidad viola tanto la Sección 504 como el ADA. El acoso por discapa-

> El acoso debido a una discapacidad viola tanto la Sección 504 como el ADA. El acoso por discapacidad es la intimidación y el comportamiento abusivo hacia un estudiante los cuales crean un ambiente hostil al interferir con o negar la participación del estudiante en el programa escolar o al interferir o negar que reciba beneficios, servicios u oportunidades del programa escolar.

The obligation to provide these services, however, is not unlimited. Private schools are not required to provide an auxiliary aid or service if the school can show how providing the service would fundamentally alter their program or require significant difficulty or expense.[246] Also, not all private schools are covered by Title III. The ADA does not cover private schools that are operated by religious entities.[247] Religious entities are religious organizations or entities that are controlled by religious organizations.[248]

Finally, Title III of the ADA is administratively enforced by the United States Department of Justice. The Department of Justice also has a mediation project to help resolve disputes under Titles II and III.

Disability Harassment

Disability harassment violates both Section 504 and the ADA. Disability harassment is intimidation or abusive behavior toward a student that creates a hostile environment by interfer-

> Disability harassment violates both Section 504 and the ADA. Disability harassment is intimidation or abusive behavior toward a student that creates a hostile environment by interfering with or denying the student's participation in or receipt of benefits, services, or opportunities in the school's program.

---

[246] 28 C.F.R. 36.303
[247] 28 C.F.R. 36.102(e)
[248] 28 C.F.R. 36.104

[246] 28 C.F.R. 36.303
[247] 28 C.F.R. 36.102(e)
[248] 28 C.F.R. 36.104

Sección 504 del Acta de Rehabilitación de 1973 y el Acta para los Americanos con Discapacidades/
Section 504 of the Rehabilitation Act of 1973 and the Americans with Disabilities Act

181

cidad es la intimidación y el comportamiento abusivo hacia un estudiante los cuales crean un ambiente hostil al interferir con o negar la participación del estudiante en el programa escolar o al interferir o negar que reciba beneficios, servicios u oportunidades del programa escolar.[249]

Una conducta de acoso puede incluir actos verbales como los insultos y actos no verbales como las declaraciones dibujadas o escritas, o una conducta de amenaza física, que es dañina o humillante. Para prevenir o responder al acoso debido a una discapacidad, las escuelas y los distritos escolares son responsables de controlar los actos y el comportamiento de los estudiantes así como el comportamiento de las maestras y los otros empleados. La Oficina de Derechos Civiles ha proporcionado los siguientes ejemplos de acoso debido a una discapacidad.[250]

- Varios estudiantes comentan en voz alta a los otros estudiantes durante la clase que el estudiante con una discapacidad está "retardado" o "sordomudo" y que este no debe estar en la clase; como consecuencia de tal acoso, el estudiante acosado tiene dificultades para trabajar en la clase y bajan sus calificaciones.[251]

ing with or denying the student's participation in or receipt of benefits, services, or opportunities in the school's program.[249]

Harassing conduct may include verbal acts like name-calling, and nonverbal acts such as drawn or written statements, or conduct that is physically threatening, harmful, or humiliating. To prevent or respond to disability harassment, schools and school districts are responsible for controlling the acts and behavior of other students, as well as the behavior of teachers and other employees. The Office for Civil Rights has provided the following as examples of disability harassment.[250]

- Several students continually remark out loud to other students during class that a student with a disability is "retarded" or "deaf and dumb" and does not belong in the class; as a result, the harassed student has difficulty doing work in class and her grades decline.[251]

---

[249] *Carta a una colega de Norma Cantú*, Subsecretaria de Derechos Civiles y Judith Heuman, Subsecretaria de la Oficina para la Educación Especial y los Servicios de Rehabilitación, 26 de Julio, 2000. Esta carta está en el Apéndice C de este libro.

[250] 26 de julio, 2000 *Carta a una colega*, página 3 y 4.

[251] Vea *Manteca (CA) Unified School District*, 30 IDELR 544 (OCR 1998), otros estudiantes llamaron "loco" a un estudiante con ADD y OCD; el estudiante se deprimió y se volvió anoréxico; como consecuencia, su psicólogo recomendó que lo saquen de la escuela y que estudie en casa. La OCR descubrió que la escuela no había investigado si existió un ambiente hostil hacia el estudiante con una discapacidad.

[249] *Letter to Colleague from Norma Cantu*, Asst. Secretary for Civil Rights and Judith Heuman, Asst. Secretary Office of Special Education and Rehabilitation Services, July 26, 2000. This letter is in Appendix C.

[250] July 26, 2000 *Letter to Colleague*, pages 3 and 4.

[251] See *Manteca (CA) Unified School District*, 30 IDELR 544 (OCR 1998), other students called student with ADD and OCD "crazy"; the student became depressed, had anorexia; as a result, her psychiatrist recommended she be removed from school and placed on home study. OCR found that the school district failed to investigate whether a hostile environment existed regarding the student with a disability.

- Un estudiante pone repetidas veces los muebles del aula escolar u otros objetos en el camino de sus compañeros que usan silla de ruedas, impidiendo su habilidad de entrar al aula.

- Los estudiantes continuamente lanzan pullas o desprecian a un estudiante con retraso mental al burlarse de él o intimidarlo hasta que no participa en la clase.

- Un administrador de la escuela le niega repetidas veces a un estudiante con una discapacidad acceso al almuerzo, excursiones de campo, asambleas y a las actividades extra-curriculares como castigo cuando el estudiante se ausenta de la escuela para recibir los servicios que requiere en relación a su discapacidad.

- Un profesor repetidas veces desprecia y critica a un estudiante con una discapacidad por usar las modificaciones durante la clase, como resultado, el estudiante se siente tan desalentado que tiene dificultades para desempeñarse en la clase y para aprender.

Las escuelas, los distritos escolares, los colegios y las universidades tienen la responsabilidad legal bajo la Sección 504 y el Título II de la ADA de prevenir y responder al acoso debido a una discapacidad. Para prevenir el acoso debido a una discapacidad, las instituciones educativas deben establecer procedimientos de quejas que se puedan usar para abordar el acoso debido a una discapacidad.

La Toma de Represalias

A veces a los individuos los intimidan o los acosan porque están intentando cumplir con o gozar de los derechos bajo la Sección 504 o el

- A student repeatedly places classroom furniture or other objects in the path of classmates who use wheelchairs, impeding the classmates' ability to enter the classroom.

- Students continually taunt or belittle a student with mental retardation by mocking and intimidating him so he does not participate in class.

- A school administrator repeatedly denies a student with a disability access to lunch, field trips, assemblies, and extra-curricular activities as a punishment for taking time off from school for required services related to the student's disability.

- A professor repeatedly belittles and criticizes a student with a disability for using accommodations in class, with the result that the student is so discouraged that she has difficulty performing in the class and learning.

Schools, school districts, colleges and universities have a legal responsibility under 504 and Title II of the ADA to prevent and respond to disability harassment. To prevent disability harassment, educational institutions must establish grievance procedures that can be used to address disability harassment.

Retaliation

Sometimes individuals are intimidated or harassed because they are trying to enforce or take advantage of their rights under Section 504 or the

> La Sección 504 y el ADA prohíben tomar represalias en contra de las personas con discapacidades y de las personas que trabajan con ellas para hacer cumplir sus derechos bajo estas leyes civiles.

Acta para los Americanos con Discapacidades (Americans with Disabilities Act, o ADA). La Sección 504 y el ADA prohiben tomar represalias en contra de las personas con discapacidades y de las personas que trabajan con ellas para hacer cumplir sus derechos bajo estas leyes civiles.[252] Las disposiciones de la Sección 504 y el ADA que prohíben la toma de represalias son muy amplias. Es una violación de la Sección 504 y del ADA discriminar, o intimidar, amenazar, o forzar a un individuo porque ese individuo se haya involucrado en una "actividad protegida". Las actividades protegidas incluyen presentar una queja, hacer una declaración y ayudar con o participar en una investigación o audiencia bajo la Sección 504 o el ADA.

Los elementos claves de una queja de toma de represalias son

1. la persona que está haciendo la demanda de toma de represalia se involucró en una "actividad protegida" (ejercieron un derecho, presentaron una queja, hicieron una declaración, ayudaron con o participaron en una investigación o audiencia bajo la Sección 504 o el ADA);

2. el distrito escolar supo que la persona se involucró en una "actividad protegida" (ejercieron un derecho, presentaron una queja, hicieron una declaración, etc.);

> Section 504 and the ADA prohibit retaliation against a person with disabilities and persons acting on their behalf for trying to enforce their rights under these civil rights laws.

Americans with Disabilities Act (ADA). Section 504 and the ADA prohibit retaliation against a person with disabilities and persons acting on their behalf for trying to enforce their rights under these civil rights laws.[252] The anti-retaliation provisions of Section 504 and the ADA are very broad. It is a violation of 504 and the ADA to intimidate, threaten, coerce, or discriminate against an individual because the individual has engaged in a "protected activity." Protected activities include filing a complaint, testifying, assisting in, or participating in an investigation or hearing under 504 or the ADA.

The key elements in a complaint for retaliation are

1. the person making the retaliation claim engaged in a "protective activity" (they asserted a right, filed a complaint, testified, assisted or participated in an investigation or hearing under 504 or the ADA);

2. the school district knew the person engaged in a "protected activity" (asserted the right, filed the complaint, testified in a hearing, etc);

---

[252] 34 C.F.R. 104.61 y 28 C.F.R. 35.134(a) y (b)

[252] 34 C.F.R. 104.61 and 28 C.F.R. 35.134(a) and (b)

3. el distrito escolar tomó alguna acción en contra del individuo que presentó la queja y esta acción ocurrió al mismo tiempo o después de que el individuo se involucrara en la "actividad protegida"; y

4. es razonable inferir que existe una relación causal entre la acción hostil del distrito escolar y la persona que se involucró en la "actividad protegida."

Un buen ejemplo de una toma de represalia es la decisión de la Oficina de Derechos Civiles en el caso *Toledo Public Schools*, 42 IDELR 211 (OCR 2004). A la madre de un estudiante con una discapacidad se le había otorgado un "permiso de transferencia fuera del distrito" para su hijo. Necesitaba obtener este permiso para que su hijo pudiera quedarse en la escuela a la que ya asistía, aunque la familia se había mudado fuera del distrito escolar.

Entonces la madre intentó obtener servicios de educación especial bajo IDEA para su hijo. Después de pedir una evaluación para determinar si su hijo calificaba para educación especial y de intentar organizar algún transporte para su hijo a través del distrito, el distrito rechazó su "permiso de transferencia fuera del distrito". La carta indicándole a la madre que había sido rechazado el "permiso de transferencia fuera del distrito" afirmó que fué porque la madre había hecho varias averiguaciones acerca de los servicios de transporte que eran disponibles para su hijo, y porque había buscado el apoyo de una agencia externa para investigar al distrito escolar (la madre había recibido la ayuda de una trabajadora social que había contactado al distrito escolar en representación de la madre).

Después de una investigación, la OCR determinó que el haber revocado el "permiso de transferen-

3. the school district took some action against the individual making the complaint and the action was at the same time or after the individual engaged in the "protected activity"; and

4. a causal connection can reasonably be inferred between the hostile action by the district and the person engaging in the "protected activity."

A good example of retaliation is the Office for Civil Rights decision in *Toledo Public Schools*, 42 IDELR 211 (OCR 2004). The mother of a student with a disability had been granted permission for an "out-of-district transfer." She needed the "out-of-district transfer" so that her son could remain in the school he was attending, even though the family had moved out of the school district.

The mother then tried to get special education services under the IDEA for her son. After she requested an evaluation to determine her son's eligibility for special education and looked into arranging district transportation for her son, the school district revoked her "out-of-district transfer." The letter revoking the "out-of-district transfer" stated that the school district was doing so because the mother had made numerous inquiries regarding transportation services for her son and had an outside agency investigate the school district (the mother had been helped by a caseworker who had contacted the school district on behalf of the mother).

After its investigation, OCR determined that the school district's revocation of the "out-of-

Sección 504 del Acta de Rehabilitación de 1973 y el Acta para los Americanos con Discapacidades/
Section 504 of the Rehabilitation Act of 1973 and the Americans with Disabilities Act

185

cia fuera de distrito" representaba una toma de represalia por parte del distrito escolar y una violación de la Sección 504. (1) La madre se había involucrado en una "actividad protegida" – había solicitado servicios bajo IDEA; (2) el distrito escolar supo que había solicitado estos servicios; (3) el distrito tomó acciones adversas en contra de la madre al revocar el permiso de transferencia; (4) existía una relación causal entre la solicitud de servicios de IDEA de la madre y la revocación del "permiso de transferencia fuera del distrito" por parte del distrito escolar.

Las disposiciones de estos derechos civiles para los discapacitados que prohíben la toma de represalias también protegen a los maestros y otros que abogan por los estudiantes con discapacidades. En el caso de *Settlegood v. Portland Public Schools*, la Corte de Apelaciones del Noveno Circuito sostuvo la decisión de un jurado a favor de una maestra de educación física para estudiantes con adaptaciones que presentó una queja 504 después de que se tomaran represalias en contra de ella porque criticó la manera en que el distrito escolar trataba a los estudiantes con discapacidades.[253]

La maestra tenía preocupaciones acerca de cómo el distrito escolar trataba a los estudiantes con discapacidades. Era una maestra ambulante y tenía dificultades para encontrar un sitio en dónde educar a sus estudiantes de preparatoria. También estaba preocupada porque existían carencias de material y equipo, o porque estos no eran adecuados ni seguros. Después de expresar estas preocupaciones en una carta dirigida a sus supervisores, sus evaluaciones se volvieron mucho más negativas y su contrato

district transfer" was retaliation and a violation of Section 504. The mother had (1) engaged in a "protected activity" - she had requested services under the IDEA; (2) the school district knew she had requested the services; (3) the district took an adverse action toward the mother by revoking the transfer; (4) there was a causal connection between the mother requesting IDEA services and the "out-of-district transfer" being revoked by the school district.

The anti-retaliation provisions of these disability civil rights laws also protect teachers and others who advocate on behalf of students with disabilities. In *Settlegood v. Portland Public Schools*, the Ninth Circuit Court of Appeals upheld a jury decision in favor of an adapted physical education teacher who filed a 504 claim after she was retaliated against because she criticized the school district's treatment of students with disabilities.[253]

The teacher had concerns about the way students with disabilities were treated by the school district. She was an itinerant teacher and had difficulty finding a place to teach her high school students. She also was concerned that material and equipment were often lacking, inadequate, or unsafe. After she expressed these concerns in a letter to her supervisors, her evaluations became much more negative and her probationary contract was not renewed. The teacher won monetary damages through a jury trial in federal

---

[253] *Settlegood v. Portland Public Schools*, 371 F.3d 503 (9no. Circuito, 2004), cert. denied, 125 S.Ct. 478 (U.S. 2004)

[253] *Settlegood v. Portland Public Schools*, 371 F.3d 503 (9th Cir. 2004), cert. denied, 125 S.Ct. 478 (U.S. 2004)

provisional no fué renovado. En un juicio con jurado en un tribunal de distrito federal, la maestra ganó una recompensa monetaria por daños y prejuicios y la Corte de Apelaciones del Noveno Circuito sostuvo esta decisión.

Observe que en estos dos casos, los derechos o las "actividades protegidas" que se ejercieron fueron bajo IDEA. En el primer caso, la madre intentaba que determinaran si su hijo calificaba para los servicios de IDEA. En el segundo caso, la maestra se quejaba porque los servicios de IDEA para sus estudiantes no eran adecuados. Es una violación de la Sección 504 y del ADA tomar represalias en contra de los individuos que ejercen sus derechos bajo IDEA igual que bajo la Sección 504 y el ADA.

Como en todos los casos, las demandas de toma de represalias no siempre son exitosas. En el caso de *Walled Lake Public School District* 42 IDELR 144 (OCR 2004), la Oficina de Derechos Civiles concluyó que no se tomó represalias en contra de una madre cuando el distrito escolar prohibió que ella estuviera en la propiedad escolar después de haber solicitado una audiencia de debido proceso. Después de que la madre solicitó la audiencia, el abogado del distrito escolar le envió una carta diciéndole que todos los asuntos legales relacionados con el estudiante en cuestión los debía dirigir al abogado.

Posteriormente, la madre decidió abandonar su solicitud de audiencia. Fué a la escuela para entregar la carta en la que indicaba que abandonaría su solicitud de audiencia. La madre le pidió a la recepcionista que firmara que ella había recibido la carta. Pero la recepcionista no aceptó la carta y le dijo a la madre que debía enviar esa carta al abogado del distrito escolar.

district court and the decision was upheld by the Ninth Circuit Court of Appeals.

Note that in these two cases, the rights or "protected activities" being asserted were under the IDEA. The mother in the first case was trying to get her son determined eligible for IDEA services. The teacher in the second case was complaining about the inadequacy of IDEA services for her students. It is a violation of Section 504 and the ADA to retaliate against individuals for asserting rights under the IDEA as well as Section 504 and the ADA.

As with all cases, claims of retaliation do not always succeed. In *Walled Lake Public School District* 42 IDELR 144 (OCR 2004), the Office for Civil Rights concluded that a parent was not retaliated against when the school district prohibited her from being on school grounds after she had requested a due process hearing. After the parent requested the hearing, the school district's attorney sent her a letter telling her she should address all legal issues regarding the student to the attorney.

Later, the mother decided to withdraw her request for a hearing. She went to the school to deliver her letter to withdraw the hearing request. The mother asked the school receptionist to sign that the receptionist had received the letter. The receptionist, however, refused to accept the letter, telling the parent she should send it to the school district's attorney.

La madre informó a la Oficina de Derechos Civiles durante su investigación que ella se frustró y se enfureció. Arrojó la carta encima del escritorio de la recepcionista y les dirigió una grosería a dos administradores que vinieron a ayudar con la situación. Cuatro días después, el abogado del distrito escolar le envió una carta a la madre avisándole que como resultado de este incidente y otros de comportamiento inadecuado, se prohibía su presencia en cualquier propiedad del distrito escolar sin obtener un permiso por adelantado de parte del distrito.

Después de su investigación, la OCR determinó que debido a que la carta que prohibía la presencia de la madre en las propiedades del distrito se mandó casi dos meses después de que la madre solicitara una audiencia, la prohibición fue causada por su comportamiento y no por su solicitud de audiencia de debido proceso. Entonces, en este caso, la OCR determinó que faltaba un elemento clave de una demanda de toma de represalias: una relación causal entre la "actividad protegida" (el solicitar una audiencia de debido proceso bajo IDEA) y la represalia (el prohibir la presencia de la madre en la propiedad del distrito sin permiso adelantado).

Acceso a la Comunidad

Tanto la Sección 504 como el ADA requieren que los distritos escolares no discriminen a las personas calificadas con discapacidades, ya sea estudiantes, padres u otros miembros de la comunidad. Por ejemplo, las dos leyes prohíben la discriminación de personas con discapacidades que son empleados del distrito o que están solicitando empleo en el distrito. Los patrones y empresarios, incluyendo los distritos escolares, deben proveer modificaciones razonables a las personas calificadas con discapacidades. Si una persona con una discapacidad no puede realizar

The parent told the Office for Civil Rights during its investigation that she became frustrated and angry, threw the letter on the receptionist's desk, and used an obscene word directed at two administrators who came to assist with the situation. Four days later the district's attorney sent the parent a letter telling her that because of this incident and some previous incidents of inappropriate behavior, she was prohibited from being on any school district grounds without advance permission from the school district.

After its investigation, OCR determined that since the letter prohibiting the parent from district premises was sent nearly two months after the parent's hearing request, the prohibition was caused by her inappropriate behavior and not her request for a due process hearing. Thus, in this case, OCR determined that a key element in a complaint about retaliation was missing: a causal connection between the "protected activity" (requesting a due process hearing under the IDEA) and the "retaliation" (prohibiting the parent from being on district property without advance permission).

Community Access

Both Section 504 and the ADA require that school districts not discriminate against qualified persons with disabilities whether they are students, parents, or other community members. For example, both laws prohibit discrimination against persons with disabilities who are employees of the district or who are applying for employment with the district. Employers, including school districts, must provide reasonable accommodations to qualified persons with disabilities. If a person with a disability cannot perform an essential job function, then

una función esencial del trabajo, entonces los patrones deben considerar las modificaciones que ayudarían a esa persona para que pueda realizar esa función. Las modificaciones se deben proveer al menos que causen demasiados apuros para el patrón o empresario, y en ese caso ya no sean razonables.

Además, las escuelas deben ser accesibles, no solo para los estudiantes sino para los empleados y otros miembros de la comunidad con discapacidades que trabajan para o asisten a las funciones de las escuelas. Los padres, abuelos y vecinos pueden tener discapacidades y desear asistir las actividades de la escuela. Bajo el ADA y la Sección 504, los **programas** escolares deben ser accesibles. Para lograr tal accesibilidad, las escuelas deben identificar las barreras arquitectónicas y comunicativas que existen actualmente dentro de sus instalaciones. Estas barreras se deben quitar, si el quitarlas es fácil de realizar. Fácil de realizar significa que la barrera se puede quitar sin muchas dificultades o gastos.

Además, las instalaciones que se vayan a construir deben ser construidas de tal manera que sean accesibles y usables por las personas con discapacidades.[254] También, si una porción del edificio existente se altera, la alteración se debe hacer para que la parte alterada del edificio sea accesible.

employers must consider accommodations that would assist the person with a disability to perform the job function. Accommodations must be provided unless they create an undue hardship on the employer, in which case they are no longer reasonable.

Moreover, schools should be accessible, not just for students, but for employees and other members of the community with disabilities who work or attend functions in the schools. Parents, grandparents, and neighbors may have disabilities, but desire to attend activities at the school. Under both the ADA and Section 504, school **programs** must be accessible. To achieve accessibility, schools must identify architectural and communication barriers currently existing within their facilities. Those barriers must be removed, if their removal is readily achievable. The term "readily achievable" means that the barrier can be removed without much difficulty or expense.

Additionally, facilities that are going to be built must be constructed so that they are accessible and usable by persons with disabilities.[254]Also, if portions of existing buildings are altered, the alterations must be done so that the altered portion of the building is accessible.

---

[254] *North Bellmore Union Free School District* 35 IDELR 223 (OCR 2001) Un estudiante necesitaba un aula con aire acondicionado, entonces para cumplir con esta necesidad, reubicaron a toda la clase a una biblioteca con aire acondicionado durante la época de calor en vez de instalar aire acondicionado en el aula. *PEAKS Charter School* 35 IDELR 37 (OCR 2000) La escuela independiente acordó modificar las rutas y entradas al edificio conforme a los lineamientos del ADA así como proporcionar lugares de estacionamiento accesibles.

[254] *North Bellmore Union Free School District* 35 IDELR 223 (OCR 2001) Student's need for air conditioned classroom was met by relocating entire class to air conditioned library during hot weather rather than air conditioning the classroom. *PEAKS Charter School* 35 IDELR 37 (OCR 2000) Charter school agreed to modify routes and entrances to buildings according to ADA guidelines as well as providing accessible parking.

> Recuerde que las escuelas no solo son para los estudiantes. Imagínese a un padre o abuelo que usa silla de ruedas que no pueda asistir a una presentación de honores y premios en la cual su niño va a recibir un honor o un premio porque el auditorio no es accesible para los que usan silla de ruedas y los administradores de la escuela no pensaron en cambiar el sitio de la ceremonia.

> Remember that schools are not only for the students that attend them. Imagine a parent or grandparent who uses a wheelchair being unable to attend a school awards presentation where their child or grandchild is to receive an academic award because the school auditorium is inaccessible and the school administration did not relocate the ceremony.

Recuerde que las escuelas no solo son para los estudiantes. Imagínese a un padre o abuelo que usa silla de ruedas que no pueda asistir a una presentación de honores y premios en la cual su niño va a recibir un honor o un premio porque el auditorio no es accesible para los que usan silla de ruedas y los administradores de la escuela no pensaron en cambiar el sitio de la ceremonia. Nuestras escuelas son centros de actividades comunitarias. Por lo tanto, las escuelas y los edificios administrativos escolares son sitios en donde la comunidad asiste a competencias deportivas, obras de teatro, reuniones de la mesa directiva escolar y otros eventos. Finalmente, en las escuelas también votamos. Dado que son centros comunitarios, las escuelas deben ser accesibles para todos.

Remember that schools are not only for the students that attend them. Imagine a parent or grandparent who uses a wheelchair being unable to attend a school awards presentation where their child or grandchild is to receive an academic award because the school auditorium is inaccessible and the school administration did not relocate the ceremony. Our schools are centers of community activities. Schools and school administrative buildings are often places where the community attends athletic contests, plays, school board meetings and other events. Finally, schools are also frequently where we vote. As community centers, schools should be accessible to all.

La Presentación de Quejas Frente a la Oficina de Derechos Civiles

Los individuos que creen que han sido víctimas de discriminación por parte del distrito escolar en violación de la Sección 504 o del Acta para los Americanos con Discapacidades pueden presentar sus quejas frente a la Oficina de Derechos Civiles dentro del Departamento de Edu-

Filing Complaints with the Office for Civil Rights

Individuals who believe they have been discriminated against by a school district in violation of Section 504 or the Americans with Disabilities Act may file complaints with the Office for Civil Rights within the United States Department of Education. Information regard-

cación de los Estados Unidos. La información acerca de cómo presentar una queja y acerca del procedimiento de quejas se puede obtener por Internet en www.ed.gov/about/howto-index. La información en este sitio de Web está disponible en inglés y español así como en árabe, chino, persa, hindú, mongol, coreano, punjabí, urdu y vietnamita. El sitio Web de la OCR también es un buen recurso por si desea más información sobre la Sección 504 y el ADA; este se encuentra en www.ed.gov/policy/rights/guid/OCR/disabilityoverview.

ing how to file a complaint and the complaint process can be obtained online at www.ed.gov/about/howto-index. This information is available on this website in English and Spanish as well as Arabic, Chinese, Farsi, Hindi, Hmong, Korean, Punjabi, Urdu, and Vietnamese. The OCR website, also a resource for more information on Section 504 and the ADA, is at www.ed.gov/policy/rights/guid/OCR/disabilityoverview.

Notas:

Notes:

Regreso al Inicio: Servicios de Intervención Temprana de la Parte C/Back to the Beginning: Part C Early Intervention Services

Infantes y Niños Pequeños

Hasta este punto hemos hablado de la Parte B de IDEA que requiere una educación pública gratis y apropiada para los estudiantes con discapacidades de tres a veintiún años de edad (*niños de edad escolar*). En este capítulo vamos a hablar acerca de la Parte C de IDEA – los requisitos que tienen los estados de proveer servicios de intervención temprana para los niños con discapacidades desde recién nacidos hasta cuando cumplen tres años. Existen similitudes entre los requisitos de la Parte B, que sirve a los estudiantes de edad escolar, y la Parte C, que sirve a los infantes y niños pequeños. Por ejemplo, las dos partes requieren la búsqueda de niños, un plan individualizado de servicios directos y garantías de procedimientos. Sin embargo, también existen diferencias importantes.

Los servicios de la Parte B se **dirigen principalmente al estudiante**. Un Programa Educativo

Infants and Toddlers

Up to this point we have been discussing Part B of the IDEA that requires a free appropriate public education for students with disabilities from the ages of three to twenty-one (*school age children*). In this chapter we will discuss Part C of the IDEA--the requirements for states to provide early intervention services for children with disabilities from birth through age two. There are similarities to the requirements of Part B, serving school age students, and Part C, serving infants and toddlers. For example, both parts require child find, an individualized plan to direct services, and procedural safeguards. There are, however, important differences.

Part B services are primarily **student centered**. An Individualized Educational Program (IEP)

Individualizado (Individualized Educational Program, o IEP) se desarrolla y se enfoca principalmente en diseñar un programa que cumpla las necesidades particulares del estudiante con una discapacidad. Bajo los Servicios para la Niñez Temprana de la Parte C se desarrolla un Plan Individualizado de Servicios para la Familia (Individualized Family Service Plan, o IFSP). El proceso del IFSP enfatiza los **servicios que cumplirán con las necesidades de la familia y toma en cuenta los recursos y las prioridades y preocupaciones de la familia**.

La Parte B requiere que los estudiantes reciban servicios escolares dentro del ambiente menos restrictivo. La Parte C requiere que los servicios de intervención temprana se proporcionen **dentro de ambientes naturales**.

Los servicios de la Parte B los supervisa la Agencia Estatal de Educación y los implementan las agencias de educación locales, sobre todo los distritos escolares. Bajo la Parte C, el gobierno de cada estado designa a una **agencia principal que se hace cargo de implementar los servicios de intervención temprana**. En algunos estados esa *agencia principal* es la Agencia Estatal de Educación; en otros puede ser, por ejemplo, la Agencia de Rehabilitación, el Departamento de Salud, La Agencia para las Discapacidades del Desarrollo, o los Servicios Sociales.[255] Los servicios de la Parte C se entregan a través de una variedad de agencias y proveedores de servicios locales dentro de la comunidad. Además, bajo la Parte C, el estado debe crear un sistema estatal que desa-

is developed that focuses primarily on designing a program to meet the unique needs of the individual student with a disability. Under Part C Early Childhood Services an *Individualized Family Service Plan* (IFSP) is developed. The IFSP process emphasizes **services to meet the child's and family's needs and considers the resources, priorities and concerns of the family**.

Part B requires that students receive school services in the least restrictive environment. Part C requires that early intervention services be provided **in natural environments**.

Part B services are overseen by the State Education Agency and implemented by local education agencies, most often school districts. Under Part C, the governor of each state designates a **lead agency to implement early intervention services**. In some states that *lead agency* is the State Education Agency; in others it may be, for example, the Rehabilitation Agency, Health Department, Developmental Disabilities Agency, or Social Services.[255] Part C services are delivered through a variety of agencies and local service providers in the community. Moreover, under Part C, the State must develop a statewide system to develop and deliver early intervention services to infants and toddlers.[256]

---

[255] Para mayor información acerca de la Parte C y para obtener un listado de las agencias principales de la Parte C, vea el sitio Web del Centro Nacional de Asistencia Técnica para la Intervención Temprana (National Early Intervention Technical Assistance Center) en www.nectac.org/partc.

[255] For more information on Part C and for a list of the Part C lead agencies see the National Early Intervention Technical Assistance Center website at www.nectac.org/partc.

[256] 20 U.S.C. 1431(b)

rrolle y entregue los servicios de intervención temprana a los infantes y niños pequeños.[256]

Al renovar la Parte C de IDEA en el 2004, el Congreso descubrió que "existe una necesidad urgente y substancial

1. de fortalecer el desarrollo de los infantes y niños pequeños con discapacidades para minimizar el potencial de retrasos del desarrollo, y de reconocer el importante desarrollo cerebral que ocurre durante los primeros tres años de la vida de un niño;

2. de reducir los costos educativos a nuestra sociedad, incluyendo los costos de las escuelas de nuestra nación, al minimizar la necesidad de educación especial y servicios relacionados después de que nuestros niños lleguen a la edad escolar;

3. de maximizar el potencial que tienen los individuos con discapacidades de vivir independientemente en nuestra sociedad;

4. de fortalecer la capacidad de las familias de satisfacer las necesidades especiales de sus infantes y niños pequeños con discapacidades; y

5. de fortalecer la capacidad del Estado, las agencias locales y los proveedores de servicios de poder identificar, evaluar y satisfacer las necesidades de todos los niños, particularmente los que son minorías o de bajos recursos, los que residen en los centros de las ciudades y en las zonas rurales, y los infantes y niños pequeños que viven con familias de acogida".[257]

Así, la Parte C de IDEA provee servicios de intervención temprana a los infantes y niños

In reauthorizing Part C in the IDEA 2004, Congress found "that there is an urgent and substantial need

1. to enhance the development of infants and toddlers with disabilities, to minimize their potential for developmental delay, and to recognize the significant brain development that occurs during a child's first three years of life;

2. to reduce the educational costs to our society, including our Nations' schools, by minimizing the need for special education and related services after infants and toddlers reach school age;

3. to maximize the potential for individuals with disabilities to live independently in our society;

4. to enhance the capacity of families to meet the special needs of their infants and toddlers with disabilities; and

5. to enhance the capacity of State and local agencies and service providers to identify, evaluate, and meet the needs of all children, particularly minority, low-income, inner city, and rural children, and infants and toddlers in foster care."[257]

Part C of the IDEA, therefore, provides early intervention services to infants and toddlers

---

[256] 20 U.S.C. 1431(b)
[257] 20 U.S.C. 1431(a)

[257] 20 U.S.C. 1431(a)

pequeños con discapacidades. Esos servicios son diseñados para ser entregados mediante un Plan Individualizado de Servicios para la Familia (Individualized Family Service Plan, o IFSP). El IFSP no sólo contiene un esquema de los servicios que va a recibir el infante o niño pequeño, sino que también sirve como apoyo para la familia.

Infantes o Niños Pequeños con una Discapacidad

¿Quiénes son los infantes y niños pequeños con discapacidades que califican para los servicios de intervención temprana de la Parte C? Un *infante o niño pequeño con una discapacidad* es un niño que tiene menos de tres años de edad y que necesita servicios de intervención temprana. El infante o niño pequeño debe necesitar esos servicios porque el niño (1) está experimentando retrasos del desarrollo en una o más de las áreas de desarrollo cognoscitivo, físico, comunicativo, social o emocional, o de adaptación; o (2) ha sido diagnosticado con una condición física o mental que probablemente resulte en un retraso del desarrollo.

Además, los retrasos del desarrollo que esté experimentando el niño se deben medir con los instrumentos y procedimientos apropiados para diagnósticos. Finalmente, los estados pueden elegir servir a los infantes y niños pequeños de alto riesgo.[258] Los infantes y niños pequeños de

> Un infante o niño pequeño con una discapacidad es un niño que tiene menos de tres años de edad y que necesita servicios de intervención temprana.

with disabilities. Those services are designed and delivered through an Individualized Family Service Plan (IFSP). The IFSP not only outlines services for the infant or toddler, but also services to assist the child's family.

Infant or Toddler with a Disability

Who are infants and toddlers with disabilities that are eligible for Part C early intervention services? An *infant or toddler with a disability* is a child under the age of three who needs early intervention services. The infant or toddler must need those services because the child (1) is experiencing developmental delays in one or more of the areas of cognitive development, physical development, communication development, social or emotional development, and adaptive development; or (2) has a diagnosed physical or mental condition that has a high probability of resulting in developmental delay.

Furthermore, the developmental delays the child is experiencing must be measured by appropriate diagnostic instruments and procedures. Finally, States may choose to serve at-risk infants and toddlers.[258] At-risk infants and toddlers are children under three years of age

> An infant or toddler with a disability is a child under the age of three who needs early intervention services.

[258] 20 U.S.C. 1432(5)(A)(B)

[258] 20 U.S.C. 1432(5)(A)(B)

alto riesgo son niños menores de tres años que corren el riesgo de experimentar un retraso del desarrollo substancial si no se les proveen servicios de intervención temprana.[259]

Generalmente, parecido a la Parte B de IDEA, existen **dos** elementos que determinan si un niño es un infante o niño pequeño con una discapacidad que califica para los servicios de intervención temprana de la Parte C. El niño debe (1) estar experimentando retrasos del desarrollo o tener una condición que probablemente resulte en un retraso del desarrollo y (2) el niño debe necesitar servicios de intervención temprana.

Los Servicios de Intervención Temprana

La Parte C provee servicios de intervención temprana a los niños desde que nacen hasta que cumplen tres años. Los servicios de intervención temprana se definen como servicios de desarrollo que

1. se proporcionan bajo supervisión pública;

2. se proporcionan gratuitamente excepto cuando la ley federal o estatal contiene un sistema de pagos para las familias, incluyendo un programa de cuotas de acuerdo con los ingresos de la familia.

3. están diseñados para cumplir con las necesidades de desarrollo de un infante o niño pequeño con una discapacidad, conforme haya sido identificada la discapacidad por el equipo del plan individualizado de servicios para la familia, en cualquiera de las siguientes áreas:

who would be at risk of experiencing a substantial developmental delay if early intervention services are not provided to the child.[259]

Generally, like the IDEA's Part B, there are **two** elements to determine whether a child is an infant or toddler with a disability and eligible for Part C early intervention services. The child must (1) be experiencing developmental delays or have a condition that will probably result in a developmental delay, and (2) the child must need early intervention services.

Early Intervention Services

Part C provides early intervention services to children from birth through age two. Early intervention services are defined as developmental services that

1. are provided under public supervision;

2. are provided at no cost except where federal or state law provides for a system of payments by families, including a schedule of sliding fees;

3. are designed to meet the developmental needs of an infant or toddler with a disability, as identified by the individualized family service plan team, in any one or more of the following areas:

---

[259] 20 U.S.C. 1432(1)

[259] 20 U.S.C. 1432(1)

a. desarrollo físico;

b. desarrollo cognoscitivo;

c. desarrollo comunicativo;

d. desarrollo social o emocional; o

e. desarrollo de adaptación.[260]

Específicamente, los servicios de intervención temprana pueden incluir

- entrenamiento para la familia, asesoría y visitas domiciliarias

- instrucción especial

- servicios de patología del habla y lenguaje y audiología y servicios de lenguaje con claves y lenguaje de señales

- terapia ocupacional

- terapia física

- servicios psicológicos

- servicios de coordinación de servicios

- servicios médicos con el propósito de diagnosticar y evaluar

- identificación temprana mediante servicios de evaluación y exámenes exploratorios

- servicios de salud necesarios para permitir que el infante o niño pequeño se beneficie de los otros servicios de intervención temprana

- servicios de trabajo social

- dispositivos y servicios de tecnología de ayuda

a. physical development;

b. cognitive development;

c. communication development;

d. social or emotional development; or

e. adaptive development.[260]

Specific early intervention services can include

- family training, counseling, and home visits

- special instruction

- speech-language pathology and audiology services, and sign language and cued language services

- occupational therapy

- physical therapy

- psychological services

- service coordination services

- medical services for diagnostic and evaluation purposes

- early identification, screening, and assessment services

- health services necessary to enable the infant or toddler to benefit from other early intervention services

- social work services

- assistive technology devices and assistive technology services

[260] 20 U.S.C. 1432(4)(C)

[260] 20 U.S.C. 1432(4)(C)

- transporte y costos relacionados que sean necesarios para que el infante o niño pequeño o la familia del infante o niño pequeño reciba cualquiera de estos servicios.

Estos servicios de intervención temprana son identificados por el equipo del Plan Individualizado de Servicios para la Familia (Individualized Family Service Plan, o IFSP), y están incluídos en el IFSP. El equipo del IFSP es multidisciplinario. Esto significa que el equipo incluye representantes de una variedad de disciplinas y temas. Los padres son incluídos como miembros del equipo del IFSP.[261]

Los Proveedores de los Servicios de la Parte C

Los servicios de intervención temprana deben ser proporcionados por personas que están capacitadas para prestar estos servicios. Los proveedores de servicios de la Parte C incluyen

- educadores especiales

- patólogos del habla y lenguaje y audiólogos

- terapeutas ocupacionales

- terapeutas físicos

- psicólogos

- trabajadores sociales

- enfermeras

- dietistas registrados

- terapeutas de familia

- especialistas de la vista, incluyendo a los oftalmólogos y los optometristas

- transportation and related costs that are necessary to enable an infant or toddler and the infant or toddler's family to receive any of these services.

These early intervention services are identified by the Individualized Family Service Plan (IFSP) team and included on the IFSP. The IFSP team is multidisciplinary, meaning the team includes individuals representing a range of disciplines or subjects. Parents are included as members of the IFSP team.[261]

Part C Service Providers

Early intervention services must be provided by people who are qualified in their area of expertise. Included as Part C service providers are

- special educators

- speech-language pathologists and audiologists

- occupational therapists

- physical therapists

- psychologists

- social workers

- nurses

- registered dieticians

- family therapists

- vision specialists, including ophthalmologists and optometrists

---

[261] 20 U.S.C. 1436(a)(3)

[261] 20 U.S.C. 1436(a)(3)

- especialistas en la orientación y movilidad y

- pediatras y otros médicos.[262]

Los Ambientes Naturales

Los Servicios de la Parte C deben ser proporcionados al máximo grado posible dentro de los ambientes naturales. Los ambientes naturales son marcos tales como el hogar de los niños y los marcos comunitarios en los cuales participan los niños sin discapacidades.[263] El servir a los infantes y niños pequeños dentro de su ambiente natural es similar al requisito bajo la Parte B de IDEA que exige que se sirvan a los niños de edad escolar dentro del ambiente menos restrictivo. Los servicios de intervención temprana se deben proporcionar en un ambiente natural apropiado, al menos que los servicios no se puedan realizar satisfactoriamente dentro de un ambiente natural.[264] La idea de la Parte C es intentar proporcionar servicios para los infantes y niños pequeños dentro de su hogar y otros lugares comunitarios que utilizan regularmente las familias, en vez de hacerlo en las clínicas u oficinas de los médicos y terapeutas.

> Los Servicios de la Parte C deben ser proporcionados al máximo grado posible dentro de los ambientes naturales. Los ambientes naturales son lugares tales como el hogar de los niños y los lugares comunitarios en los cuales participan los niños sin discapacidades.

- orientation and mobility specialists and

- pediatricians and other physicians.[262]

Natural Environments

Part C services must be provided to the maximum extent appropriate in natural environments. Natural environments are settings like the child's home and community settings in which children without disabilities participate.[263] Serving infants and toddlers in their natural environment is similar to the requirement under the IDEA's Part B to serve school age students in the least restrictive environment. Early intervention services must be provided in the appropriate natural environment, unless services cannot be achieved satisfactorily in a natural environment.[264] The idea in Part C is to try to provide services to infants and toddlers in their home and in other community settings that are routinely used by families rather than in clinics or doctor's and therapist's offices.

> Part C services must be provided to the maximum extent appropriate in natural environments. Natural environments are settings like the child's home and community settings in which children without disabilities participate.

---

[262] 20 U.S.C. 1432(4)(F)
[263] 20 U.S.C. 1432(4)(G)
[264] 20 U.S.C. 1435(16)(A)(B)

[262] 20 U.S.C. 1432(4)(F)
[263] 20 U.S.C. 1432(4)(G)
[264] 20 U.S.C. 1435(16)(A)(B)

Plan Individualizado de Servicios para la Familia

El Plan Individualizado de Servicios para la Familia (Individualized Family Service Plan, o IFSP) es parecido al IEP que se desarrolla bajo la Parte B para los estudiantes de edad escolar. Como se comentó arriba, el IFSP lo escribe y desarrolla un equipo multidisciplinario que incluye a los padres del niño. Antes de que se escriba el IFSP, el niño recibirá una evaluación multidisciplinaria. Multidisciplinaria significa que la evaluación incluirá un rango de temas y disciplinas. Esta evaluación evaluará los talentos sobresalientes y las necesidades del niño e identificará los servicios que cumplan con sus necesidades.

Además de una evaluación de los talentos sobresalientes y las necesidades del niño, se rea-lizará una evaluación de "los recursos y las prioridades y preocupaciones de la familia" así como una "identificación de los apoyos y servicios necesarios para fortalecer la capacidad que tiene la familia de satisfacer las necesidades de desarrollo del infante o niño pequeño…"[265] Entonces, la Parte C revisará las necesidades del niño y también los recursos, deseos y preocupaciones de la familia acerca de los servicios para su niño". El IFSP puede incluir servicios de apoyo para la familia y para el infante o niño pequeño con una discapacidad.

> Entonces, la Parte C revisará las necesidades del niño y también los recursos, deseos y preocupaciones de la familia acerca de los servicios para su niño". El IFSP puede incluir servicios de apoyo para la familia y para el infante o niño pequeño con una discapacidad.

Individualized Family Service Plan

The Individualized Family Service Plan (IFSP) is similar to the IEP developed under Part B for school age students. As noted above, the IFSP is written and developed by a multidisciplinary team that includes the child's parents. Before the IFSP is written the child will receive a multidisciplinary assessment. Multidisciplinary means that the assessment will include a range of subjects or disciplines. This evaluation will assess the child's strengths and needs and identify services to meet those needs.

In addition to an assessment of the child's strengths and needs, there will be a family-directed assessment of "the resources, priorities, and concerns of the family" as well as an "identification of the supports and services necessary to enhance the family's capacity to meet the development needs of the infant or toddler. . ."[265] Thus, Part C will look both at the child's needs and the resources, wishes, and concerns of the family regarding services for their child. The IFSP can include services to support the family and the infant or toddler with a disability.

> Thus, Part C will look both at the child's needs and the resources, wishes, and concerns of the family regarding services for their child. The IFSP can include services to support the family and the infant or toddler with a disability.

[265] 20 U.S.C. 1436(a)

[265] 20 U.S.C. 1436(a)

Contenido del Plan Individualizado de Servicios para la Familia

El IFSP debe ser escrito y contener lo siguiente:

1. Una declaración de los niveles actuales del desarrollo físico, cognoscitivo, comunicativo, social o emocional, o de adaptación del infante o niño pequeño que sea basada en criterios objetivos;

2. Una declaración de los recursos y las prioridades y preocupaciones que tiene la familia acerca de como fortalecer el desarrollo de su infante o niño pequeño con una discapacidad;

3. Una declaración de los resultados mensurables que se esperan lograr con el infante o niño pequeño y su familia, incluyendo, al nivel apropiado para el desarrollo del niño, la pre-alfabetización y las habilidades de lenguaje; debe incluir los criterios, procedimientos y el calendario que se utilizarán para determinar si el niño está avanzando hacia esos resultados; y si son necesarias debe incluir las modificaciones o revisiones de los resultados o servicios;

4. Una declaración de los servicios específicos de intervención temprana que son necesarios para satisfacer las necesidades particulares del infante o niño pequeño y su familia, incluyendo la frecuencia, intensidad y método de entrega de estos servicios. La declaración debe ser basada en una investigación que refleje el consenso de profesionales en esa área, al grado que esto sea posible;

5. Una declaración del ambiente natural en el que los servicios de intervención temprana se proporcionarán apropiada-

Content of the Individualized Family Service Plan

The IFSP must be written and contain the following:

1. A statement of the infant's or toddler's present levels of physical development, cognitive development, communication development, social or emotional development, and adaptive development, based on objective criteria;

2. A statement of the family's resources, priorities, and concerns relating to enhancing the development of the family's infant or toddler with a disability;

3. A statement of the measurable results or outcomes expected to be achieved for the infant or toddler and the family, including preliteracy and language skills, as developmentally appropriate for the child, and the criteria, procedures, and timeline used to determine the degree to which progress toward achieving the results or outcomes is being made and whether modifications or revisions of the results or services are necessary;

4. A statement of specific early intervention services based on peer-reviewed research, to the extent practicable, necessary to meet the unique needs of the infant or toddler and the family, including frequency, intensity, and method of delivering services;

5. A statement of the natural environments in which early intervention services will appropriately be provided, including a

mente, incluyendo una justificación del grado, si existe, en el cual los servicios no se proporcionarán dentro de un ambiente natural;

6. Las fechas programadas para iniciar los servicios, cuánto durarán los servicios cuando se ofrezcan, su frecuencia y el período de tiempo que se ofrecerán los servicios;

7. La identificación de un coordinador de servicios que represente la profesión mas relevante a las necesidades del infante, niño pequeño o de la familia (el coordinador puede ser una persona que está capacitada para llevar a cabo todas las responsabilidades bajo esta parte [Parte C]) que se hará responsable por implementar el plan y coordinar con todas las otras agencias y personas, incluyendo el transporte; y

8. Los pasos que se tomarán para apoyar la transición a la escuela preescolar u otros servicios apropiados del infante o niño pequeño con una discapacidad.[266]

Consentimiento de los Padres

Después de que se desarrolla el IFSP, éste debe ser explicado a los padres con detalle. Antes de que se proporcionen los servicios de intervención temprana, se tiene que obtener un consentimiento informado de los padres por escrito. La Parte C dice específicamente que si los padres no consienten a algún servicio de intervención, entonces éste no se proporcionará.[267] Por lo tanto, los padres tienen el derecho de consentir en y aceptar únicamente aquellos servicios de intervención temprana que ellos desean que su niño y su familia reciban, sin perjudicar su oportunidad de recibir otros servicios de intervención temprana.[268]

justification of the extent, if any, to which the services will not be provided in a natural environment;

6. The projected dates for initiation of services and the anticipated length, duration, and frequency of the services;

7. The identification of the service coordinator from the profession most immediately relevant to the infant's or toddler's or family's needs (or which is otherwise qualified to carry out all applicable responsibilities under this part [Part C]) who will be responsible for the implementation of the plan and the coordination with other agencies and persons, including transition services; and

8. The steps to be taken to support the transition of the infant or toddler with a disability to preschool or other appropriate services.[266]

Parent Consent

After the IFSP is developed it must be fully explained to the child's parents. Before early intervention services are provided, the parents' written informed consent must be obtained. Part C specifically provides that if the parents do not consent to a particular intervention service, then it will not be provided.[267] Thus, parents have the right to consent to and accept only those early intervention services they wish their child and their family to receive, without jeopardizing receiving other early intervention services.[268]

---

[266] 20 U.S.C. 1436(d)
[267] 20 U.S.C. 1436(e)
[268] 20 U.S.C. 1439(a)(3)

[266] 20 U.S.C. 1436(d)
[267] 20 U.S.C. 1436(e)
[268] 20 U.S.C. 1439(a)(3)

Por lo tanto, los padres tienen el derecho de consentir en y aceptar únicamente aquellos servicios de intervención temprana que ellos desean que su niño y su familia reciban, sin perjudicar su oportunidad de recibir otros servicios de intervención temprana.

Thus, parents have the right to consent to and accept only those early intervention services they wish their child and their family to receive, without jeopardizing receiving other early intervention services.

Coordinador de Servicios

El IFSP identificará a un Coordinador de Servicios que tendrá la responsabilidad de implementar el plan. Los servicios de la niñez temprana involucran los esfuerzos de una variedad de proveedores de servicios locales y agencias de servicio. El trabajo del Coordinador de Servicios será coordinar estos esfuerzos para asegurar que se implemente el plan. El IFSP se debe evaluar una vez por año y a la familia se le debe proporcionar una revisión del plan cada seis meses. El plan se puede revisar más seguido según las necesidades del infante, niño pequeño, o la familia.[269]

El Coordinador de Servicios tendrá la responsabilidad de asegurar que el plan se reevalúe y se revise. El Coordinador de Servicios es el lazo principal entre la familia y los servicios de intervención temprana del niño. Conforme el infante o niño pequeño se acerque a los tres años de edad (edad escolar), se debe iniciar un plan para que el infante o niño pequeño pueda hacer

Service Coordinator

The IFSP will identify a Service Coordinator to be responsible for implementing the plan. Early childhood services involve the efforts of a variety of local service providers and service agencies. It will be the Service Coordinator's job to coordinate those efforts to make sure the IFSP is implemented. The IFSP must be evaluated once a year and the family provided a review of the plan in six-month intervals. The plan can be reviewed more often based on the infant or toddler and family needs.[269]

The Service Coordinator will be responsible for ensuring the plan is re-evaluated and reviewed. The Service Coordinator is the family's primary link to their child's early intervention services. As the infant or toddler approaches the age of three (school age), planning must begin to transition the infant or toddler from Part C early intervention services. The infant or tod-

El Coordinador de Servicios es el lazo principal entre la familia y los servicios de intervención temprana del niño.

The Service Coordinator is the family's primary link to their child's early intervention services.

[269] 20 U.S.C. 1436(b)

[269] 20 U.S.C. 1436(b)

la transición de los servicios de intervención temprana de la Parte C a otro programa. El infante o niño pequeño podrá hacer una transición de los servicios de intervención temprana a la educación general, o el infante o niño pequeño podrá hacer una transición a los servicios de educación especial de la Parte B. El Coordinador de Servicios tiene la responsabilidad de coordinar la planeación de esta transición.

Transición fuera de los Servicios de Intervención Temprana de la Parte C

La transición de los servicios de intervención temprana de la Parte C a otros programas, o el dejar el programa de la Parte C, es un paso muy grande para el infante, niño pequeño y la familia. La transición debe ser facíl. No debe haber espacios en los servicios conforme el niño se acerca a la edad escolar. Los pasos de una transición incluyen el notificar a la agencia local de educación en donde reside el niño que un infante o niño pequeño se está acercando a la edad escolar y que éste podría calificar para los servicios de la Parte B.

Si el niño podría calificar para los *servicios preescolares* bajo la Parte B, se debe organizar una reunión entre la familia, la agencia principal de la Parte C y la agencia local de educación

dler may transition from Part C early intervention services to general education, or the infant or toddler may transition to Part B special education services. The Service Coordinator is responsible for coordinating the planning for that transition.

Transition from Part C Early Intervention Services

Transition from Part C early intervention services to school, preschool, other appropriate services, or leaving the Part C program is a major step for the infant, toddler and family. The transition should be smooth. There shouldn't be any gaps in services as the child reaches school age. Steps in transition include notifying the local education agency where the child resides that the infant or toddler will be reaching school age and may be eligible for Part B services.

If the child may be eligible for *preschool services* under Part B, a meeting should be held with the family, the lead agency for Part C, and the local education agency to discuss the Part B servic-

> La transición de los servicios de intervención temprana de la Parte C a otros programas, o el dejar el programa de la Parte C, es un paso muy grande para el infante, niño pequeño y la familia. La transición debe ser fluida. No debe haber lagunas en los servicios conforme el niño se acerca a la edad escolar.

> Transition from Part C early intervention services to school, preschool, other appropriate services, or leaving the Part C program is a major step for the infant, toddler and family. The transition should be smooth. There shouldn't be any gaps in services as the child reaches school age.

para hablar acerca de los servicios de la Parte B que podría recibir el niño. Los servicios preescolares son servicios escolares que se les proporcionan a los niños con discapacidades que tienen entre tres y cinco años. La familia debe estar de acuerdo para que se realice esta reunión y se debe llevar a cabo no más de 90 días antes de que el niño califique para los servicios de la Parte B. Además, la familia, la agencia de la Parte C y la agencia local de educación pueden elegir convocar esta reunión hasta nueve meses antes de que el infante o niño pequeño califique para los servicios para niños de edad escolar de la Parte B.[270]

Algunos niños no necesitarán servicios de educación especial después de dejar los servicios de intervención temprana de la Parte C. Hay que hacer un esfuerzo razonable de convocar una reunión parecida para hablar acerca de otros servicios apropiados que podrían necesitar los niños que no califiquen para los servicios de la Parte B.[271]

Como se comentó arriba, la transición fuera de los servicios de intervención temprana es un paso muy grande para los infantes, niños pequeños y sus familias. Durante la transición, la responsabilidad de proveer los servicios al niño cambiará de la agencia principal responsable por proporcionar los servicios de la Parte C a las escuelas públicas. Si el niño, a la edad de tres años, es un estudiante con una discapacidad que tiene derecho a una educación pública gratis y apropiada bajo la Parte B de IDEA, se pone en marcha el proceso del Programa Educativo Individualizado. Para que la transición sea más facíl, los padres pueden pedir que el Coordinador de Servicios de la Parte C u otro representante de la Parte C sea invitado a la reunión inicial del IEP.[272]

es the child may receive. Preschool services are school services provided to children with disabilities from the ages of three to five. The family must approve having this meeting, and it must be held no less than 90 days before the child is eligible for Part B services. Additionally, the family, Part C lead agency, and local education agency can choose to convene this meeting up to nine months before the infant or toddler becomes eligible for Part B school age services.[270]

Some children will not need special education services after leaving Part C early intervention services. For children who will not be eligible for Part B services, reasonable efforts need to be made to convene a similar meeting to discuss other appropriate services.[271]

As noted above, transition from early intervention services is a big step for infants, toddlers and families. During this transition, the responsibility for providing services to the child will transfer from the lead agency responsible for providing Part C services to the public schools. If the child, at the age of three, is a student with a disability and entitled to a free appropriate public education under the IDEA's Part B, the Individualized Educational Program process will be set in motion. To help smooth the transition, the parent can ask that the Part C Service Coordinator or other representative of the Part C system be invited to the initial IEP meeting.[272]

---

[270] 20 U.S.C. 1436(d)(8), 20 U.S.C. 1437(a)(9)(A)(i)
   (ii)(I)(II)
[271] 20 U.S.C. 1437(a)(9)(A)(ii)(III)
[272] 20 U.S.C. 1414(d)(1)(D)

[270] 20 U.S.C. 1436(d)(8), 20 U.S.C. 1437(a)(9)(A)(i)
   (ii)(I)(II)
[271] 20 U.S.C. 1437(a)(9)(A)(ii)(III)
[272] 20 U.S.C. 1414(d)(1)(D)

Garantías de Procedimiento

Las garantías de procedimiento de la Parte C contienen un esquema de los procedimientos mínimos. Estos incluyen el derecho de confidencialidad; de consentimiento o rechazo de servicios, de acceso para los padres a los expedientes y evaluaciones; de procedimientos que protegen los derechos del niño cuando los padres son desconocidos o no se pueden localizar; de aviso previo a los padres cuando habrá un cambio de servicios, evaluaciones o identificaciones; y de una resolución oportuna de las quejas de los padres. Las garantías de procedimiento bajo la Parte C relacionadas a la resolución de disputas no son tan normativas como lo son las garantías para los niños de edad escolar bajo la Parte C.

Desde luego, los procedimientos de la Parte C requieren que se resuelvan oportunamente las quejas de los padres acerca de los servicios de intervención temprana. La resolución oportuna de las quejas acerca de los servicios de intervención temprana es importante porque las necesidades de los infantes y niños pequeños cambian rápidamente. Pero los procedimientos de la Parte C no contienen muchos detalles normativos acerca de cómo deben conducirse las audiencias como lo hace la Parte B. Esto, sin duda, se debe a que el sistema de la Parte C es estatal, multidisciplinario, e involucra a muchas agencias. También se debe a que el proceso de intervención temprana de la Parte C se enfoca en atender bien a toda la familia.

El proceso de la Parte B para los estudiantes de edad escolar se enfoca en los distritos escolares y los padres introducen sus ideas al diseñar e implementar los servicios. El proceso de intervención temprana de la Parte C se enfoca en coordinar el diseño y la entrega de servicios a

Procedural Safeguards

The Part C procedural safeguards outline minimum procedures that include the right to confidentiality; consent to or refusal of services; parent access to records or evaluations; procedures to protect the child's rights when the parents are not known or can't be found; prior notice to parents of changes in services, assessment, or identification; and the timely resolution of parent complaints. The procedural safeguards under Part C regarding dispute resolution are not as prescriptive as the safeguards for school age students under Part B.

To be sure, the Part C procedures require the timely resolution of complaints by parents. The timely resolution of complaints regarding early intervention services is particularly important because the needs of infants and toddlers change rapidly. But the Part C procedures do not contain the lengthy prescriptive detail regarding the conduct of hearings that is contained in Part B. This is, no doubt, due to the statewide, multidisciplinary, and interagency nature of the system and the family-friendly focus of the early intervention process.

The Part B process for school age students focuses on school districts with parent input designing and delivering services. The Part C early intervention process focuses on coordinating the design and delivery of services to families through community agencies other than school

las familias a través de las agencias comunitarias distintas de los distritos escolares. El proceso de la Parte C involucra a los educadores especiales, pero involucra también a los proveedores de otras disciplinas. Frecuentemente, las otras disciplinas y agencias no están acostumbradas a los procedimientos formales de resolución de disputas.

Además, la Parte C enfatiza el trabajo con y el apoyo a las **familias para satisfacer las necesidades de los infantes y niños pequeños**. Bajo la Parte C, el plan de servicios incluye declaraciones de los recursos, las prioridades y preocupaciones de la familia y de los apoyos que cumplen las necesidades de la familia y del infante o niño pequeño. Aunque la Parte C anticipa que los desacuerdos ocurran durante el proceso de intervención temprana, la Parte C no anticipa que estos desacuerdos sean tan conflictivos como lo pueden ser las disputas bajo la Parte B para los niños de edad escolar.

Por lo tanto, los procedimientos de resolución de disputas bajo la Parte C requieren la resolución oportuna de las quejas de los padres, pero no es obligatorio un sistema detallado de audiencias de debido proceso. La agencia principal del estado tiene cierto grado de discreción y alternativas acerca de cómo resolver las quejas de los padres. Entonces, las familias, los que abogan por ellas y los proveedores de servicios deben contactar la agencia principal de su estado para conocer esos procedimientos.[273]

districts. The Part C process involves special educators, but it involves providers from other disciplines as well. Other disciplines and agencies are often not as accustomed to formal dispute resolution procedures.

Moreover, Part C emphasizes working with and supporting **families to meet the needs of infants and toddlers**. Under Part C, the service plan includes statements of the family's resources, priorities, concerns and supports that meet the needs of the family as well as the infant or toddler. Part C acknowledges the right of parents to accept or decline services for their infant or toddler. While Part C anticipates that disagreements will occur in the early intervention process, Part C does not anticipate that the disagreements are as likely to be as adversarial as disputes under Part B for school age students have sometimes been.

Thus, the dispute resolution procedures under Part C, while requiring the timely administrative resolution of parent complaints, do not mandate a detailed due process hearing system. The lead agency in the state has some discretion or choice in how parent complaints are resolved. Families, advocates, and service providers should, therefore, contact the lead agency in their state for those procedures.[273]

---

[273] Repito, vea el sitio Web del Centro Nacional de Asistencia Técnica para la Intervención Temprana (National Early Intervention Technical Assistance Center, o NECTAC) en www.nectac.org/partc para mayor información acerca de la Parte C y para obtener un listado de las agencias principales en cada estado.

[273] Again, see the National Early Intervention Technical Assistance Center (NECTAC) website at www.nectac.org/partc. for more information on Part C and for a listing of the lead agencies in each state.

Aquí está una lista más completa de las garantías de procedimiento que se requieren bajo la Parte C para infantes y niños pequeños:

1. La resolución administrativa oportuna de las quejas que presentan los padres. Cualquier lado que no esté de acuerdo con la resolución de la queja puede presentar una demanda civil en un tribunal estatal o federal.

2. El derecho a la confidencialidad de la información relacionada con la identificación de la persona, incluyendo el derecho de los padres de recibir un aviso por escrito y dar un consentimiento por escrito si se va a intercambiar tal información entre las agencias de acuerdo con la ley federal y estatal.

3. El derecho de los padres de determinar si van a aceptar o renunciar a algún servicio de intervención temprana bajo la Parte C, de acuerdo con la ley estatal, sin perjudicar los otros servicios de intervención temprana.

4. La oportunidad para que los padres revisen los expedientes relacionados a las evaluaciones, exámenes exploratorios, determinaciones de elegibilidad y el desarrollo del IFSP.

5. Los procedimientos que protegen los derechos de los infantes o niños pequeños cuando se desconocen o no se pueden ubicar los padres del infante o niño pequeño, o cuando el infante o niño pequeño está bajo tutela del estado. Esto incluye el asignar un individuo que actúe como suplente de los padres del niño.

Here is a more thorough list of the procedural safeguards required under Part C for Infants and Toddlers:

1. The timely administrative resolution of complaints by parents. Either side that disagrees with the resolution of the complaint may file a civil action (lawsuit) in state or federal district court.

2. The right to confidentiality of personally identifiable information including the right of parents to written notice and written consent to the exchange of personally identifiable information among agencies consistent with federal and state law.

3. The parents' right to determine if they will accept or decline any early intervention services under Part C, in accordance with state law, without jeopardizing other early intervention services.

4. The opportunity for parents to examine records relating to assessment, screening, eligibility determinations, and the development of the IFSP.

5. Procedures to protect the rights of the infant or toddler whenever the parents of the infant or toddler are not known or cannot be found or the infant or toddler is a ward of the state. This includes assigning an individual to act as a surrogate for the child's parents.

6. Un aviso previo y por escrito a los padres del infante o niño pequeño cada vez que la agencia estatal o el proveedor de servicios propone iniciar o cambiar la identificación, evaluación, o colocación del infante o niño pequeño. Un aviso previo y por escrito también se debe proporcionar si la agencia estatal o el proveedor de servicios se rehusa a cambiar la identificación, evaluación o colocación del niño.

7. Los procedimientos diseñados para asegurar que el aviso en el párrafo (6) informe completamente a los padres acerca de todas las garantías de procedimiento, en el idioma principal de los padres, al menos que evidentemente no sea factible hacerlo.

8. El derecho de los padres a la mediación según los procedimientos descritos en las garantías de procedimientos bajo la Parte B. (Pero donde la Parte B se refiere a la Agencia Estatal de Educación y la agencia local de educación, la mediación bajo la Parte C debe referir a la agencia principal y el proveedor local de servicios.)[274]

Continuación de Servicios

Finalmente, aunque las garantías de procedimiento de la Parte C generalmente no son tan normativas como lo son bajo la Parte B, la Parte C sí requiere que durante el proceso de resolución de quejas, los infantes y niños pequeños sigan recibiendo los servicios de intervención temprana apropiados que ya se les estaba proporcionando. Si el infante o niño pequeño está solicitando ser-

6. Written prior notice to the parents of the infant or toddler whenever the state agency or service provider proposes to initiate or change the identification, evaluation, or placement of the infant or toddler. Written prior notice must also be provided if the state agency or service provider refuses to change the identification, evaluation or placement of the child.

7. Procedures designed to ensure that the notice in paragraph (6) fully informs the parents, in the parents' native language, of all the procedural safeguards, unless it is clearly not feasible to do so.

8. The parents' right to mediation according to the mediation procedures outlined in the procedural safeguards under Part B. (But where Part B refers to the State Education Agency and the local education agency, mediation under Part C should refer to the lead agency and the local service provider.)[274]

Stay-put

Finally, while the Part C procedural safeguards are generally not as prescriptive as the safeguards under Part B, Part C does require that infants and toddlers continue to receive the appropriate early intervention services currently being provided during the complaint resolution process. If the infant or toddler is applying for initial services, then the services that are not being

---

[274] 20 U.S.C. 1439(a)

[274] 20 U.S.C. 1439(a)

vicios iniciales, entonces se le proporcionarán los servicios que no estén en disputa. El requisito de que se sigan proporcionando los servicios es válido al menos que los padres y la agencia estatal acuerden otra cosa.[275]

Conclusión

La Parte C de IDEA enfatiza la participación de la familia del infante o niño pequeño en el diseño y la entrega de los servicios. La Parte C visualiza un modelo cooperativo de entrega de servicios a través de un sistema estatal. El sistema estatal involucra a muchas agencias comunitarias y proveedores de servicios para entregar los servicios de intervención temprana. Aunque los servicios de intervención temprana de la Parte C tienen algunas similitudes con los de la Parte B, debido a su enfoque en atender bien a la familia y el involucrar a los proveedores locales de servicios y a las agencias distintas de los distritos escolares, sus procedimientos de resolución de quejas son menos normativos. Aunque es cierto que los padres de los infantes y niños pequeños tienen garantías de procedimiento significativas dentro del proceso de entrega de servicios de intervención temprana, la Parte C visualiza un procedimiento menos conflictivo que el proceso de resolución de disputas que proporciona la Parte B para los padres de estudiantes de edad escolar.

> La Parte C de IDEA enfatiza la participación de la familia del infante o niño pequeño en el diseño y la entrega de los servicios. La Parte C visualiza un modelo cooperativo de entrega de servicios a través de un sistema estatal.

disputed will be provided. These provisions for stay-put will be true unless the parents and the state agency agree to another arrangement.[275]

Conclusion

Part C of the IDEA emphasizes involving the infant's or toddler's family in the design and delivery of services. Part C envisions a cooperative model of service delivery through a statewide system. The statewide system involves many community agencies and service providers in delivering early intervention services. While Part C Early Intervention Services has some similarities to Part B, due to its family-friendly focus and involvement of local service providers and agencies that are not school districts, its complaint resolution procedures are less prescriptive. To be sure, the parents of infants and toddlers have significant procedural safeguards in the early intervention service delivery process, but Part C envisions a less adversarial process than the dispute resolution process provided under Part B for parents of school age students.

> Part C of the IDEA emphasizes involving the infant's or toddler's family in the design and delivery of services. Part C envisions a cooperative model of service delivery through a statewide system.

---

[275] 20 U.S.C. 1439(b)

[275] 20 U.S.C. 1439(b)

Notas:

Notes:

Viendo el Futuro y Revisando el Pasado/ Facing Forward Looking Back

La historia que hemos vivido siempre parece ser tan reciente, pero a la vez distante – muy lejana. Así es la lucha para que los estudiantes con discapacidades vayan a la escuela. Los años han pasado rápidamente desde que el Congreso aprobó el Acta para la Educación de Todos los Niños Discapacitados. En aquel tiempo llevábamos precariamente en nuestras manos la esperanza, el futuro y las oportunidades.

> Aunque el Acta para la Educación de Todos los Niños Discapacitados no realizó todos nuestros sueños, en general el acta significó el final de una pesadilla caracterizada por días sin poder asistir a la escuela. Aunque IDEA no haya respondido a todas nuestras oraciones, sí cumplió con muchas de sus promesas.

The history we've lived always seems so recent, but at the same time distant—so far away. So it is with the struggle for students with disabilities to go to school. The years have slipped by swiftly since Congress passed the Education for All Handicapped Children Act. That was a time when we held hope, promise, and opportunity precariously in our hands. While the Education for All Handicapped Children Act may not have fulfilled all our dreams, for most it ended the nightmare of days without school.

> While the Education for All Handicapped Children Act may not have fulfilled all our dreams, for most it ended the nightmare of days without school. While the IDEA may not have answered all our prayers, it delivered on many of its promises.

Aunque el Acta para la Educación de Todos los Niños Discapacitados no realizó todos nuestros sueños, en general el acta significó el final de una pesadilla caracterizada por días sin poder asistir a la escuela. Aunque IDEA no haya respondido a todas nuestras oraciones, sí cumplió con muchas de sus promesas.

En la época inicial del Acta para la Educación de Todos los Niños Discapacitados, discutíamos acerca de muchas cuestiones que desde entonces se han resuelto a favor de que los estudiantes con discapacidades reciban servicios y que los padres participen en el proceso del IEP. Las preguntas iniciales que se hacían incluían, por ejemplo, en la demanda civil de Ridge, que si los niños con discapacidades severas tienen derecho a los servicios escolares o pueden asistir a las escuelas públicas.

Siguieron otras preguntas que a lo largo del tiempo se resolvieron. ¿Se le puede llamar educación a la terapia física, del habla u ocupacional que se les proporciona dentro de las instituciones a los niños que no pueden caminar o hablar? Sí. ¿Se puede educar a los niños con discapacidades dentro de edificios temporales, segregados de los otros estudiantes? No. ¿Se puede considerar como un servicio relacionado el cateterismo o el cuidado de una enfermera? Sí. ¿Pueden las escuelas determinar la colocación de los niños basándose en su "etiqueta" en vez de sus necesidades individuales? No. ¿Se pueden sacar a los estudiantes con discapacidades de las aulas escolares regulares si es conveniente administrativamente? No. ¿Tienen derecho los estudiantes, como parte de una educación apropiada, al acceso a las computadoras o dispositivos de aumento de la comunicación que sean necesarios para su educación? Sí. ¿Pueden ir a la escuela de verano los niños si es lo que necesi-

While the IDEA may not have answered all our prayers, it delivered on many of its promises.

In the early days of the Education for All Handicapped Children Act, we argued over many questions that have since been settled in favor of students with disabilities receiving services and parents participating in the IEP process. Early questions were raised, like in the Ridge lawsuit, regarding whether children with very severe disabilities were entitled to school services or could even attend public schools.

Other questions followed and, over time, were answered. Was providing physical, speech, and occupational therapy in institutions to children who could not walk or talk, education? Yes. Could children with disabilities be taught in temporary buildings, segregated from other students? No. Was catheterization or nursing care a related service? Yes. Can schools place children based upon their "label," rather than their individual needs? No. Could students with disabilities be removed from regular classrooms for administrative convenience? No. As part of an appropriate education, are students entitled access to computers and augmentative communication devices needed educationally? Yes. Can children go to school in the summer if that's what's needed? Yes. Can parents be reimbursed for the tuition they've paid to private schools when the public schools have failed to serve their children? Yes. Are parents members of the IEP team? Yes. Can children with dis-

tan? Sí. ¿Se les puede rembolsar a los padres el costo de la matrícula que hayan pagado en una escuela privada cuando las escuelas públicas no hayan logrado servir a sus hijos? Sí. ¿Los padres son miembros del equipo del IEP? Sí. ¿Pueden los niños con discapacidades ser expulsados sin servicios escolares por un mal comportamiento? No. Ahora existen respuestas de todas estas preguntas para los estudiantes con discapacidades y sus padres y maestros.

Por eso, los padres, estudiantes, maestros, legisladores y los que abogan por los niños con discapacidades deben celebrar. Gritar. Darse un fuerte abrazo. Debemos oler las rosas por un instante pero no hay que descansar sobre los laureles. Todavía hay necesidad de educar a los niños. Los padres tienen que ser informados acerca de IDEA y mantenerse al día de sus cambios. Las maestras necesitan educar y ser educadas. Los equipos del programa educativo individualizado tienen que reunirse. Hay que planear los programas, llevarlos a cabo y evaluarlos. Siempre existirán querellas que habrá que apaciguar y audiencias que conducir. Lecciones que hay que aprender. Y de vez en cuando, se habla de eliminar estos derechos. Siempre habrá más trabajo y derechos que garantizar.

Tenemos que mantener seguras las ganancias ya obtenidas y a la vez mirar hacia nuevos horizontes, siempre manteniendo nuestras cabezas en alto mientras nos dirigimos con energía hacia el próximo horizonte.

abilities be expelled without school services for misbehavior? No. Now, all of those questions have been answered for students with disabilities, their parents, and their teachers.

So parents, students, teachers, legislators, and advocates should celebrate. Shout. High fives and take five. Smell the roses for a moment, but no laurel resting. Kids still need to be taught. Parents need to hear about the IDEA and stay current with its changes. Teachers need to teach and be taught. Individualized educational program teams must meet. Programs must be planned, put into practice, and reappraised. There will always be quarrels to be quelled and hearings to be held. Lessons to be learned. And every now and then there's talk about taking these rights away. There will always be work to be done—rights to be won.

Let's keep secure the gains we've made, while looking to new frontiers, always keeping our heads up while riding hard into that next horizon.

Notas: Notes:

Apéndice A – **Carta de Muestra**

Solicitud del Expediente de un Estudiante

Nombre de la Persona que Solicita
Dirección de Domicilio
Fecha

Nombre del Director de la Escuela/Director de Educación Especial
Nombre de la Escuela o el Distrito
Dirección de Domicilio (Calle o Número de Apartado Postal)
Ciudad, Estado, Código Postal

Con referencia a: Nombre Completo del Estudiante
Fecha de nacimiento

Estimado(a)_____:

Por favor considere esta carta como una petición por escrito para revisar (obtener copias de) los siguientes elementos del expediente educativo de mi hijo, (nombre del estudiante).

1.
2.
3.
Entiendo que me podrán cobrar una cuota razonable para fotocopiar estos expedientes. Por favor avíseme de la fecha más próxima en la cual yo podré revisar estos expedientes (por favor envíeme las copias de los expedientes lo antes posible). Gracias por su asistencia.

Atentamente,

Nombre de la Persona que Solicita
Número de teléfono

Appendix A – **Sample Letter**

Request for Student Records

Your Name
Address
Date

Name of School Principal/Director of Special Education
School or District Name
Address (Street or P.O. Box Number)
City, State, Zip Code

RE: Student's Full Name
    Birth date

Dear _____:

Please consider this letter a written request to inspect (obtain copies of) the following items in my child's (student's name) educational records.

1.

2.

3.

I understand that I may be charged a reasonable fee to photocopy these records. Please notify me of the earliest date I may inspect these records. (Please send me copies of these records as soon as possible.) Thank you for your assistance.

Sincerely,

Your Name
Telephone Number

Apéndice B – **Carta De Muestra**

Aviso de Demanda de Debido Proceso

Nombre de la Persona que Solicita
Dirección de Domicilio

Fecha

Superintendente
Nombre del Distrito Escolar/Agencia Local de Educación
Domicilio

Con referencia a: Aviso de demanda de debido proceso para (nombre del estudiante)

Estimado(a) Señor o Señora:

Por favor acepte esta carta como aviso de una demanda de debido proceso.

    I. Nombre de la persona que presenta la demanda:
        Nombre
        Nombre del Estudiante
        Dirección de Domicilio y Número de Teléfono

    II. Escuela a la que asiste el niño:
        Nombre de la Escuela
        Dirección y Número de Teléfono

    III. Nombre del Demandado:
        (Nombre del Superintendente de la Escuela)
        Dirección y Número de Teléfono del Distrito Escolar

        (Nombre del Director de Educación Especial)
        Domicilio y Número de Teléfono

    IV. Fecha de la última violación de derechos:

        La última violación de derechos ocurrió en (fecha).

            IDEA 2004 requiere que una demanda de audiencia de debido
            proceso alegue una violación de derechos que haya ocurrido no

más de dos años antes de la fecha cuando los padres se enteraron o debieron haberse enterado de la acción por la cual están presentando la demanda. Este calendario de dos años se aplicará al menos que el estado tenga sus propias limitaciones de tiempo para la presentación de demandas de debido proceso [Sec. 615(b)(6)(B)].

V. Descripción del Problema:

Describa el problema que concierne a la iniciación o el cambio que se propone y por el cual usted está presentando una demanda. Asegúrese de incluir los hechos específicos que describen y que están relacionados con el problema. Se puede presentar una demanda por "cualquier cosa relacionada con la identificación, evaluación, o colocación educativa del niño, o con la disposición de una educación pública y gratuita a tal niño" [Sec. 615(b)(6)(A)].

VI. Propuesta de Resolución:

Describa cómo quiere resolver el problema. Por ejemplo: Si el problema es porque el IEP no requiere servicios relacionados como la terapia del habla o la terapia física, una propuesta de resolución podría ser que el distrito escolar proporcione terapia del habla o terapia física.

Atentamente:

Nombre y número de teléfono

cc   Nombre del Director de Educación Especial
      Agencia Estatal de Educación (**observe que una copia del Aviso de Demanda de Debido Proceso se debe enviar a la agencia estatal de educación**).

> **Nota**: IDEA 2004 requiere que cada agencia estatal de educación desarrolle una muestra para ayudar a los padres que están presentando una demanda y un aviso de demanda de debido proceso. Aunque esta muestra incluya los requisitos básicos de contenido para un aviso de demanda de debido proceso bajo IDEA 2004, usted debe revisar el formato de muestra de su estado que proporciona su agencia estatal de educación. También le podría interesar consultar a un abogado para redactar un aviso que describa específicamente su demanda.

Appendix B – **Sample Letter**

Due Process Complaint Notice

Your Name
Address

Date

Superintendent
Name of School District/Local Education Agency
Address

Re: Due Process Complaint Notice for (Student's Name)

Dear Sir or Madam:

Please accept this letter as notice of a due process complaint.

   I. Complainant's Name:
        Your Name
        Student's Name
        Address and Telephone Number

   II. School the Child Attends:

   III. Name of Respondent:
        (Name of School Superintendent)
        Address and Telephone Number of the School District

        (Name of Director of Special Education)
        Address and Telephone Number

   IV. Date of Most Recent Violation:

   The most recent violation occurred on (date).

       Note: The IDEA 2004 requires that a due process hearing complaint must allege a violation that occurred not more than two years before the date the parent knew or should have known about the action that the parent is complaining about. This two-year timeline will apply

unless the State has its own specific time limitation for filing a due process complaint. [Sec. 615(b)(6)(B)]

V. Description of the Problem:

Describe the problem regarding the proposed initiation or change that you are complaining about. Be sure to include specific facts that describe and relate to the problem. A complaint can be made regarding "any matter relating to the identification, evaluation, or educational placement of the child, or the provision of a free appropriate public education to such child." [Sec. 615(b)(6)(A)]

VI. Proposed Resolution:

Describe what you want to resolve the problem. For example: If the problem regards the IEP not requiring a related service such as speech therapy or physical therapy, a proposed resolution might be that the school district provide the speech therapy or physical therapy.

Respectfully submitted:

Your name and telephone number

cc   Name of the Director of Special Education
     State Education Agency (**Note that a copy of the Due Process Complaint Notice must be forwarded to the State Education Agency.**)

Note: The IDEA 2004 requires that the each State Education Agency develop a model form to assist parents in filing a complaint and due process complaint notice. While this form includes the IDEA 2004 requirements for the basic contents of a due process complaint notice, you should check with your State Education Agency for your state's model form. You may also want to consult with an attorney regarding drafting a notice that describes your specific complaint.

Apéndice C

DEPARTAMENTO DE EDUCACIÓN DE
LOS ESTADOS UNIDOS
WASHINGTON, D.C. 20202

25 de Julio del 2000

Estimado Colega:

De parte de la Oficina de Derechos Civiles y la Oficina de Servicios de Educación Especial y Rehabilitación (Office of Special Education and Rehabilitative Services, o OSERS) del Departamento de Educación de E.U., le escribimos acerca de un asunto vital que afecta a los estudiantes en la escuela – el acoso basado en la discapacidad. El propósito de nuestra carta es desarrollar una mayor conciencia de este asunto, recordarles a las personas interesadas de las responsabilidades educativas y legales que tienen las instituciones de prevenir y responder apropiadamente al acoso por discapacidad, así como sugerir algunas medidas que los oficiales escolares deben tomar para abordar este problema tan serio. Esta carta no es un análisis legal completo, sino que intenta proveer un resumen útil de los principios legales y educativos que existen con relación a este asunto importante.

Por Qué Es Tan Importante el Asunto del Acoso por Discapacidad

A través de una variedad de fuentes, tanto la OCR como la OSERS se han enterado de las preocupaciones que existen acerca del acoso por discapacidad que ocurre en las escuelas primarias y secundarias y en los institutos y las universidades. En una serie de llamadas de conferencia con el personal de la OSERS, por ejemplo, los padres, personas discapacitadas y los defensores

Appendix C

UNITED STATES DEPARTMENT OF
EDUCATION
WASHINGTON, D.C. 20202

July 25, 2000

Dear Colleague:

On behalf of the Office for Civil Rights (OCR) and the Office of Special Education and Rehabilitative Services (OSERS) in the U.S. Department of Education, we are writing to you about a vital issue that affects students in school – harassment based on disability. Our purpose in writing is to develop greater awareness of this issue, to remind interested persons of the legal and educational responsibilities that institutions have to prevent and appropriately respond to disability harassment, and to suggest measures that school officials should take to address this very serious problem. This letter is not an exhaustive legal analysis. Rather, it is intended to provide a useful overview of the existing legal and educational principles related to this important issue.

Why Disability Harassment Is Such an Important Issue

Through a variety of sources, both OCR and OSERS have become aware of concerns about disability harassment in elementary and secondary schools and colleges and universities. In a series of conference calls with OSERS staff, for example, parents, disabled persons, and advocates for students with disabilities raised disability harassment as an issue that was very

de los estudiantes con discapacidades hicieron resaltar que, para ellos, el acoso por discapacidad es un asunto muy importante. La cantidad de demandas que tiene que resolver la OCR indica que las alegaciones relacionadas con este asunto son constantes, mientras que el número de casos judiciales que involucran alegaciones de acoso por discapacidad ha incrementado. Recientemente, la OSR y OSERS llevamos a cabo en conjunto un grupo de enfoque en el cual escuchamos hablar de los efectos devastadores causados por el acoso por discapacidad en los estudiantes, incluyendo las bromas abusivas, los insultos vulgares, las amenazas, la intimidación y hasta el acoso físico y sexual, por parte de maestros y estudiantes.

Nosotros tomamos estas preocupaciones muy en serio. El acoso por discapacidad puede impactar profundamente a los estudiantes, plantea asuntos concernientes a la seguridad y desperdicia los esfuerzos que se hacen para asegurar que los estudiantes con discapacidades tengan un acceso equitativo a la variedad de beneficios que les ofrece una educación. Efectivamente, el acoso puede interferir seriamente con la habilidad de los estudiantes con discapacidades de recibir la educación que requieren para avanzar. Estamos comprometidos a hacer todo lo posible para ayudar a prevenir y responder al acoso por discapacidad y para disminuir el daño causado por cualquier conducta de acoso que haya ocurrido. Buscamos su apoyo en un esfuerzo conjunto para abordar este asunto tan crítico y para promover tales esfuerzos entre los educadores que diariamente trabajan con los estudiantes.

Cuáles Leyes Se Aplican al Acoso por Discapacidad

Las escuelas, institutos, universidades y otras instituciones educativas tienen la responsabi-

important to them. OCR's complaint workload has reflected a steady pace of allegations regarding this issue, while the number of court cases involving allegations of disability harassment has risen. OCR and OSERS recently conducted a joint focus group where we heard about the often devastating effects on students of disability harassment that ranged from abusive jokes, crude name-calling, threats, and bullying, to sexual and physical assault by teachers and other students.

We take these concerns very seriously. Disability harassment can have a profound impact on students, raise safety concerns, and erode efforts to ensure that students with disabilities have equal access to the myriad benefits that an education offers. Indeed, harassment can seriously interfere with the ability of students with disabilities to receive the education critical to their advancement. We are committed to doing all that we can to help prevent and respond to disability harassment and lessen the harm of any harassing conduct that has occurred. We seek your support in a joint effort to address this critical issue and to promote such efforts among educators who deal with students daily.

What Laws Apply to Disability Harassment

Schools, colleges, universities, and other educational institutions have a responsibility to en-

lidad de asegurar las oportunidades educativas equitativas para todos los estudiantes, incluyendo los estudiantes con discapacidades. Esta responsabilidad está basada en la Sección 504 del Acta de Rehabilitación de 1973 (la Sección 504) y el Título II del Acta para los Americanos con Discapacidades de 1990 (Título II), leyes las cuales el OCR tiene la responsabilidad de imponer. La Sección 504 cubre todas las escuelas, distritos escolares, institutos y universidades que reciben fondos federales.[1] El Título II cubre todas las entidades estatales y locales, incluyendo los distritos escolares y las instituciones públicas de educación superior, sin importar si estas reciben o no fondos federales.[2] El acoso por discapacidad es una forma de discriminación prohibida por la Sección 504 y el Título II.[3] La Sección 504 y el Título II proporcionan a los padres y estudiantes procedimientos para presentar quejas y remedios de debido proceso a nivel local. Los individuos y las organizaciones también pueden presentar quejas frente a la OCR.

sure equal educational opportunities for all students, including students with disabilities. This responsibility is based on Section 504 of the Rehabilitation Act of 1973 (Section 504) and Title II of the Americans with Disabilities Act of 1990 (Title II), which are enforced by OCR. Section 504 covers all schools, school districts, and colleges and universities receiving federal funds.[1] Title II covers all state and local entities, including school districts and public institutions of higher education, whether or not they receive federal funds.[2] Disability harassment is a form of discrimination prohibited by Section 504 and Title II.[3] Both Section 504 and Title II provide parents and students with grievance procedures and due process remedies at the local level. Individuals and organizations also may file complaints with OCR.

---

[1] La Sección 504 dice: "Ninguna persona con una discapacidad que de otra manera está calificada. . . será, con motivo exclusivo de su discapacidad, excluida de la participación en, negada de los beneficios de, o sujeta a discriminación bajo, cualquier programa o actividad que recibe apoyo financiero federal". 29 U.S.C. § 794(a). Vea 34 CFR Parte 104 (reglamentos que implementan la Sección 504).

[2] El Título II dice que "ninguna persona calificada con una discapacidad será, por motivo de su discapaci-dad, excluida de participar o negada de los beneficios de los servicios, programas o actividades de una entidad pública, ni será sujeta a la discriminación por tal entidad". 42 U.S.C. § 12132. Vea 28 CFR Parte 35 (Título II la implementación de los reglamentos).

[3] La Oficina de Derechos Civiles (Office for Civil Rights, o OCR) del Departamento de Educación ha emitido políticas normativas relacionadas con el acoso por discriminación racial (vea 59 Fed. Reg. 11448 (Mar. 10, 1994), http://www.ed.gov/offices/OCR/race394.html) y sexual (vea 62 Fed Reg.

---

[1] Section 504 provides: "No otherwise qualified individual with a disability . . . shall, solely by reason of her or his disability, be excluded from the participation in, be denied the benefits of, or be subjected to discrimination under any program or activity receiving federal financial assistance." 29 U.S.C. § 794(a). See 34 CFR Part 104 (Section 504 implementing regulations).

[2] Title II provides that "no qualified individual with a disability shall, by reason of such disability, be excluded from participation in or be denied the benefits of the services, programs, or activities of a public entity, or be subjected to discrimination by any such entity." 42 U.S.C. § 12132. See 28 CFR Part 35 (Title II implementing regulations).

[3] The Department of Education's Office for Civil Rights (OCR) has issued policy guidance on discriminatory harassment based on race (see 59 Fed. Reg. 11448 (Mar. 10, 1994), http://www.ed.gov/offices/OCR/race394.html) and sex (see 62 Fed Reg. 12034 (Mar. 13, 1997), http://www.ed.gov/offices/OCR/sexhar00.html. These policies

Las escuelas y los distritos escolares también tienen una responsabilidad bajo la Sección 504, el Título II y el Acta para la Educación de los Individuos con Discapacidades (Individuals with Disabilities Education Act, o IDEA),[4] que hace cumplir la OSERS, de asegurar que una educación pública gratis y apropiada (free appropriate public education, o FAPE) sea disponible para los estudiantes con discapacidades que califican. El acoso por discapacidad puede resultar en la negación de FAPE bajo estos estatutos. Los padres podrán iniciar los procesos administrativos de debido proceso bajo IDEA, la Sección 504, o el Título II para abordar la negación de FAPE, inclusive si la negación es resultado de un acoso por discapacidad. Los individuos y organizaciones también pueden presentar quejas alegando la negación de FAPE

States and school districts also have a responsibility under Section 504, Title II, and the Individuals with Disabilities Education Act (IDEA),[4] which is enforced by OSERS, to ensure that a free appropriate public education (FAPE) is made available to eligible students with disabilities. Disability harassment may result in a denial of FAPE under these statutes. Parents may initiate administrative due process procedures under IDEA, Section 504, or Title II to address a denial of FAPE, including a denial that results from disability harassment. Individuals and organizations also may file complaints with OCR, alleging a denial of FAPE that results from disability harassment. In addition, an individual or organization may file a complaint alleging a violation of IDEA under separate procedures with the state educational

---

12034 (Mar. 13, 1997), http://www.ed.gov/offices/OCR/sexhar00.html. Estas políticas indican que el personal escolar que entiende sus obligaciones legales de abordar el acoso es el más capaz de reconocer y prevenir el acoso, y, si el acoso ocurre a pesar de sus mejores esfuerzos, de disminuir el daño que pueda sufrir el estudiante. Además, la OCR recientemente colaboró con la Asociación Nacional de Procuradores Generales (National Association of Attorneys General, o NAAG) para producir una guía que incrementará el conocimiento y proveerá ejemplos de prácticas efectivas para lidiar con los crímenes de odio y el acoso en las escuelas, incluyendo el acoso basado en la discapacidad. Vea "Protecting Students from Harassment and Hate Crime, A Guide for Schools," Departamento de Educación de los Estados Unidos, Oficina de Derechos Civiles, y la Asociación Nacional de Procuradores Generales (enero 1999) (OCR/NAAG Harassment Guide), Appendix A: Sample School Policies. El OCR/NAAG Harassment Guide se puede acceder por Internet en http://www.ed.gov/pubs/Harassment. Estos documentos son un buen recurso para entender los principios generales del acoso por discriminación. Las políticas normativas de acoso sexual se aclararán para explicar cómo los requisitos reglamentarios existentes de la OCR se siguen aplicando a esta área en vista de las recientes decisiones del Corte Suprema que abordan el acoso sexual de los estudiantes.

[4] 20 U.S.C. §1400 et seq.

make clear that school personnel who understand their legal obligations to address harassment are in the best position to recognize and prevent harassment, and to lessen the harm to students if, despite their best efforts, harassment occurs. In addition, OCR recently collaborated with the National Association of Attorneys General (NAAG) to produce a guide to raise awareness of, and provide examples of effective practices for dealing with, hate crimes and harassment in schools, including harassment based on disability. See "Protecting Students from Harassment and Hate Crime, A Guide for Schools," U.S. Department of Education, Office for Civil Rights, and the National Association of Attorneys General (Jan. 1999) (OCR/NAAG Harassment Guide), Appendix A: Sample School Policies. The OCR/NAAG Harassment Guide may be accessed on the internet at http://www.ed.gov/pubs/Harassment. These documents are a good resource for understanding the general principle of discriminatory harassment. The policy guidance on sexual harassment will be clarified to explain how OCR's longstanding regulatory requirements continue to apply in this area in light of recent Supreme Court decisions addressing the sexual harassment of students.

[4] 20 U.S.C. §1400 et seq.

como resultado de acoso por discapacidad frente a la OCR. Además, un individuo u organización puede presentar bajo procedimientos distintos una queja con la agencia estatal de educación en la que se alegue una violación de IDEA.[5] El cumplimiento del estado con IDEA, incluyendo el cumplimiento con los requisitos de FAPE, los monitorea la Oficina de Programas de Educación Especial (Office of Special Education Programs, o OSEP) de la OSERS.

Una conducta de acoso también puede violar las leyes de derechos civiles estatales y locales, de abuso a menores y las leyes criminales. Algunas de estas leyes, en algunos casos, pueden obligar a las instituciones educativas a que avisen o coordinen con las agencias locales o estatales o con la policía con respeto al acoso por discapacidad; el no seguir los procedimientos apropiados bajo estas leyes podría resultar en acciones en contra de la institución educativa. Muchos estados e instituciones educativas también han abordado el acoso por discapacidad en sus propias políticas generales contra el acoso.[6]

El Acoso por Discapacidad Puede Negarle al Estudiante una Oportunidad Educativa Equitativa bajo la Sección 504 o el Título II

El acoso por discapacidad bajo la Sección 504 y el Título II es el comportamiento abusivo o la intimidación hacia un estudiante basado en su discapacidad que crea un ambiente hostil al interferir con o negarle al estudiante la participación en o la recepción de beneficios, servicios y oportunidades del programa de la institución. La

agency.[5] State compliance with IDEA, including compliance with FAPE requirements, is monitored by OSERS' Office of Special Education Programs (OSEP).

Harassing conduct also may violate state and local civil rights, child abuse, and criminal laws. Some of these laws may impose obligations on educational institutions to contact or coordinate with state or local agencies or police with respect to disability harassment in some cases; failure to follow appropriate procedures under these laws could result in action against an educational institution. Many states and educational institutions also have addressed disability harassment in their general anti-harassment policies.[6]

Disability Harassment May Deny a Student an Equal Opportunity to Education under Section 504 or Title II

Disability harassment under Section 504 and Title II is intimidation or abusive behavior toward a student based on disability that creates a hostile environment by interfering with or denying a student's participation in or receipt of benefits, services, or opportunities in the institution's program. Harassing conduct may take many forms,

---

[5] 34 C.F.R. § 300.660 et seq.
[6] Para mayor información acerca de los requisitos de las leyes locales y estatales, consulte el OCR/NAAG Harassment Guide, citado en la anterior nota de pie página no. 279.

---

[5] 34 C.F.R. § 300.660 et seq.
[6] For more information regarding the requirements of state and local laws, consult the OCR/NAAG Harassment Guide, cited in footnote 3 above.

conducta de acoso puede ser de muchas formas, incluyendo los actos verbales como los insultos y los actos no verbales como las declaraciones gráficas o escritas, o la conducta que amenaza físicamente, que daña o que humilla.

Cuando una conducta de acoso es lo suficientemente severa, persistente o penetrante que crea un ambiente hostil, puede violar los derechos del estudiante bajo los reglamentos de la Sección 504 y el Título II. Un ambiente hostil puede existir aunque no existan efectos tangibles en el estudiante cuando el acoso es suficientemente serio para afectar de manera adversa la habilidad del estudiante de participar en o beneficiarse del programa educativo. Estos son algunos ejemplos de acoso que podrían crear un ambiente hostil:

- Varios estudiantes comentan continuamente en voz alta a los otros estudiantes durante la clase que un estudiante con dislexia es "retardado" o "sordomudo" y que no debe estar en la clase; como consecuencia de tal acoso, el estudiante acosado tiene dificultades para trabajar en la clase y bajan sus calificaciones.

- Un estudiante repetidas veces pone los muebles del aula escolar u otros objetos en el camino de sus compañeros que usan silla de ruedas, impidiendo la habilidad de sus compañeros de entrar al aula.

- Un maestro somete a un estudiante a controles físicos inapropiados debido a su discapacidad, como resultado las ausencias del estudiante se incrementan porque éste trata de evitar ir a la escuela.[7]

including verbal acts and name-calling, as well as nonverbal behavior, such as graphic and written statements, or conduct that is physically threatening, harmful, or humiliating.

When harassing conduct is sufficiently severe, persistent, or pervasive that it creates a hostile environment, it can violate a student's rights under the Section 504 and Title II regulations. A hostile environment may exist even if there are no tangible effects on the student where the harassment is serious enough to adversely affect the student's ability to participate in or benefit from the educational program. Examples of harassment that could create a hostile environment follow.

- Several students continually remark out loud to other students during class that a student with dyslexia is "retarded" or "deaf and dumb" and does not belong in the class; as a result, the harassed student has difficulty doing work in class and her grades decline.

- A student repeatedly places classroom furniture or other objects in the path of classmates who use wheelchairs, impeding the classmates' ability to enter the classroom.

- A teacher subjects a student to inappropriate physical restraint because of conduct related to his disability, with the result that the student tries to avoid school through increased absences.[7]

---

[7] Generalmente, la disciplina apropiada dentro del aula escolar es permisible, si es de un género que se aplica a todos los estudiantes o es consistente con el Acta para la Educación de los Individuos con Discapacidades (Individuals with Disabilities Education Act, o IDEA) y la Sección 504, incluyendo el Programa Educativo Individualizado del estudiante o el Plan 504.

[7] Appropriate classroom discipline is permissible, generally, if it is of a type that is applied to all students or is consistent with the Individuals with Disabilities Education Act (IDEA) and Section 504, including the student's Individualized Education Program or Section 504 plan.

- Un administrador escolar le niega repetidas veces a un estudiante con una discapacidad acceso al almuerzo, a las excursiones de campo, a las asambleas y a las actividades extra-curriculares como castigo cuando el estudiante se ausenta de la escuela para recibir los servicios que requiere en relación a su discapacidad.

- Un profesor repetidas veces desprecia y critica a un estudiante con una discapacidad por usar las modificaciones durante la clase, y como resultado, el estudiante se siente tan desalentada que tiene dificultades para desempeñarse en la clase y para aprender.

- Los estudiantes continuamente lanzan pullas o desprecian a un estudiante con retraso mental al burlarse de él o intimidarlo hasta que no participa en la clase.

Cuando el acoso por discapacidad limita o le niega a un estudiante la habilidad de participar en o beneficiarse de los programas o las actividades de una institución, la institución debe responder eficazmente. Cuando la institución se entera que pudo haber ocurrido un acoso por discapacidad, la institución debe investigar el incidente rápidamente y responder apropiadamente.

El Acoso por Discapacidad También Puede Negar Una Educación Pública Gratis y Apropiada

El acoso por discapacidad que afecta de manera adversa a la educación de un estudiante de primaria o secundaria también puede representar la negación de FAPE bajo IDEA, así como bajo la Sección 504 y el Título II. IDEA se promulgó para asegurar que los recipientes de fondos de IDEA dispongan para los estudiantes con discapacidades una educación especial apropiada y

- A school administrator repeatedly denies a student with a disability access to lunch, field trips, assemblies, and extracurricular activities as punishment for taking time off from school for required services related to the student's disability.

- A professor repeatedly belittles and criticizes a student with a disability for using accommodations in class, with the result that the student is so discouraged that she has great difficulty performing in class and learning.

- Students continually taunt or belittle a student with mental retardation by mocking and intimidating him so he does not participate in class.

When disability harassment limits or denies a student's ability to participate in or benefit from an educational institution's programs or activities, the institution must respond effectively. Where the institution learns that disability harassment may have occurred, the institution must investigate the incident(s) promptly and respond appropriately.

Disability Harassment Also May Deny a Free Appropriate Public Education

Disability harassment that adversely affects an elementary or secondary student's education may also be a denial of FAPE under the IDEA, as well as Section 504 and Title II. The IDEA was enacted to ensure that recipients of IDEA funds make available to students with disabilities the appropriate special education and related services that enable them to access and

servicios relacionados que les permiten acceder a y beneficiarse de la educación especial. Los servicios específicos que se le deben proporcionar al estudiante con una discapacidad están detallados en el Programa Educativo Individualizado (Individualized Educational Program, o IEP), que desarrolla un equipo que incluye a los padres, las maestras y al estudiante cuando sea apropiado. El acoso de un estudiante por discapacidad puede disminuir la habilidad de un estudiante de beneficiarse de su educación y equivale a la negación de FAPE.

Cómo Prevenir y Responder al Acoso por Discapacidad

Las escuelas, los distritos escolares, los institutos y las universidades tienen la responsabilidad legal de prevenir y responder al acoso por discapacidad. Como paso fundamental, las instituciones educativas deben desarrollar y diseminar una declaración de su política oficial prohibiendo la discriminación por discapacidad y deben establecer procedimientos de agravio que se puedan usar para abordar el acoso por discapacidad.[8] Una política clara sirve un propósito preventivo al avisarles a los estudiantes y al personal que el acoso por discapacidad no es aceptable, que viola la ley federal y que resultará en acciones disciplinarias. La responsabilidad de responder al acoso por

benefit from public education. The specific services to be provided a student with a disability are set forth in the student's individualized education program (IEP), which is developed by a team that includes the student's parents, teachers and, where appropriate, the student. Harassment of a student based on disability may decrease the student's ability to benefit from his or her education and amount to a denial of FAPE.

How to Prevent and Respond to Disability Harassment

Schools, school districts, colleges, and universities have a legal responsibility to prevent and respond to disability harassment. As a fundamental step, educational institutions must develop and disseminate an official policy statement prohibiting discrimination based on disability and must establish grievance procedures that can be used to address disability harassment.[8] A clear policy serves a preventive purpose by notifying students and staff that disability harassment is unacceptable, violates federal law, and will result in disciplinary action. The responsibility to respond to disability harassment, when it does occur, includes taking prompt and effective action to end the

---

8 La Sección 504 (en 34 CFR § 104.7) y el Título II (en 28 CFR § 35.107(a)) requieren que las instituciones publiquen sus políticas internas y los procedimientos para presentar quejas para abordar asuntos de discriminación basada en la discapacidad, incluyendo el acoso por discapacidad. Aunque no es necesario que haya un procedimiento de agravio distinto y diseñado específicamente para abordar el acoso por discapacidad, los procedimientos para presentar quejas existentes deben ser eficaces para resolver los problemas de esta índole.

8 Section 504 (at 34 CFR § 104.7) and Title II (at 28 CFR § 35.107(a)) require that institutions have published internal policies and grievance procedures to address issues of discrimination on the basis of disability, which includes disability harassment. While there need not be separate grievance procedures designed specifically for disability harassment, the grievance procedures that are available must be effective in resolving problems of this nature.

discapacidad, cuando éste ocurre, incluye el tomar acciones prontas y eficaces para terminar el acoso y prevenir que vuelva ocurrir, y donde sea apropiado, el remediar sus efectos sobre el estudiante que fue acosado.

Las siguientes medidas son formas de prevenir y eliminar el acoso:

- Crear un ambiente en el campus en el cual se conozcan las preocupaciones relacionadas con las discapacidades y exista una sensibilidad hacia el acoso por discapacidad; integrar estos asuntos en el currículo o en los programas fuera del aula escolar.

- Estimular a los padres, estudiantes, empleados y miembros de la comunidad para que hablen acerca del acoso por discapacidad y lo reporten cuando se enteren que ocurrió.

- Anunciar ampliamente las declaraciones contra el acoso y los procedimientos que se utilizarán para lidiar con las demandas por discriminación, ya que esta información hace que los estudiantes y los empleados se enteren de lo que constituye el acoso, que tal comportamiento es prohibido, que la institución no tolerará tal comportamiento y que se tomarán acciones eficaces, incluyendo acciones disciplinarias, cuando sea apropiado.

- Proveer entrenamiento apropiado, actualizado y oportuno para que el personal y los estudiantes reconozcan y sepan lidiar con un posible acoso.

- Asesorar a las personas que han sido afectadas por el acoso y a las personas que han acosado a otros.

harassment and prevent it from recurring and, where appropriate, remedying the effects on the student who was harassed.

The following measures are ways to both prevent and eliminate harassment:

- Creating a campus environment that is aware of disability concerns and sensitive to disability harassment; weaving these issues into the curriculum or programs outside the classroom.

- Encouraging parents, students, employees, and community members to discuss disability harassment and to report it when they become aware of it.

- Widely publicizing anti-harassment statements and procedures for handling discrimination complaints, because this information makes students and employees aware of what constitutes harassment, that such conduct is prohibited, that the institution will not tolerate such behavior, and that effective action, including disciplinary action, where appropriate, will be taken.

- Providing appropriate, up-to-date, and timely training for staff and students to recognize and handle potential harassment.

- Counseling both person(s) who have been harmed by harassment and person(s) who have been responsible for the harassment of others.

- Implementar programas de vigilancia para darle seguimiento a los asuntos de acoso por discapacidad que hayan sido resueltos.

- Evaluar regularmente y, si es apropiado, modificar las políticas de acoso por discapacidad existentes así como los procedimientos que se usan para abordar el asunto, con el fin de asegurar que sean eficaces.

Hay Ayuda Técnica Disponible

El Secretario de Educación de E.U., Richard Riley, ha enfatizado la importancia de asegurar que las escuelas sean seguras y libres de acoso. Los estudiantes no pueden aprender en un ambiente de miedo, intimidación y burla. Para los estudiantes con discapacidades, el acoso puede causar daños severos. Los maestros y administradores deben tomar acciones enfáticas para asegurar que estos estudiantes sean capaces de aprender en un ambiente libre de acoso.

El acoso por discapacidad es prevenible y no se puede tolerar. Las escuelas, institutos y universidades deben abordar el asunto de acoso por discapacidad no solo cuando, sino **antes de** que ocurran los incidentes. Como se comentó anteriormente, el conocimiento puede ser un elemento importante para prevenir el acoso desde un principio.

El Departamento de Educación está comprometido a trabajar con las escuelas, padres, organizaciones defensoras de personas con discapacidades y otros grupos interesados, para asegurar que ningún estudiante es sujeto a tal conducta, y que cuando tal conducta ocurre, se tomen acciones prontas y eficaces. Para mayor información, puede contactar a la OCR o a la OSEP al 1-800-USA-LEARN. Para utilizar los

- Implementing monitoring programs to follow up on resolved issues of disability harassment.

- Regularly assessing and, as appropriate, modifying existing disability harassment policies and procedures for addressing the issue, to ensure effectiveness.

Technical Assistance Is Available

U.S. Secretary of Education Richard Riley has emphasized the importance of ensuring that schools are safe and free of harassment. Students can not learn in an atmosphere of fear, intimidation, or ridicule. For students with disabilities, harassment can inflict severe harm. Teachers and administrators must take emphatic action to ensure that these students are able to learn in an atmosphere free from harassment.

Disability harassment is preventable and can not be tolerated. Schools, colleges, and universities should address the issue of disability harassment not just when but **before** incidents occur. As noted above, awareness can be an important element in preventing harassment in the first place.

The Department of Education is committed to working with schools, parents, disability advocacy organizations, and other interested parties to ensure that no student is ever subjected to such conduct, and that where such conduct occurs, prompt and effective action is taken. For more information, you may contact OCR or OSEP through 1-800-USA-LEARN or 1-800-437-0833 for TTY services. You also may directly

servicios TYY llame al 1-800-437-0833. Tam-bién pueden contactar directamente a una de las oficinas de cumplimiento de la OCR enlistada en el documento adjunto, o pueden llamar a la OSEP al (202) 205-5507 o al (202) 205-5465.

Gracias por su atención en este importante asunto.

Norma V. Cantu,
Subsecretaria de Derechos Civiles

Judith E. Heumann,
Subsecretaria de la Oficina de Educación Especial y Servicios de Rehabilitación

contact one of the OCR enforcement offices listed on the enclosure or OSEP, by calling (202) 205-5507 or (202) 205-5465 for TTY services.

Thank you for your attention to this serious matter.

Norma V. Cantu,
Assistant Secretary for Civil Rights

Judith E. Heumann,
Assistant Secretary
Office of Special Education and Reha-bilitative Services

Apéndice D – **Glosario y Acrónimos**

Ambiente Menos Restrictivo (Least Restrictive Environment, o LRE): El ambiente menos restrictivo se refiere al requisito de que los estudiantes con discapacidades sean educados en las aulas escolares regulares junto con los estudiantes sin discapacidades tanto como sea posible. Solo se debe colocar a los estudiantes con discapacidades en las clases especiales o en escuelas separadas si se determina que, aun con la disposición de ayuda y servicios suplementarios, no sería exitoso colocarlo en el aula escolar regular. La Parte C de IDEA que proporciona los servicios de intervención temprana a los infantes y niños pequeños con discapacidades, tiene un requisito similar, pero utiliza el término ambientes naturales, en vez de ambiente menos restrictivo. Ambientes naturales bajo la Parte C significa el proporcionar, tanto como sea posible, los servicios de intervención temprana al infante o niño pequeño en el hogar u otro colocación comunitaria en la cual participan los niños sin discapacidades.

Agencia Estatal de Educación (State Education Agency, o SEA): Agencia estatal de educación significa la mesa directiva de educación del estado u otra agencia dentro del estado que tiene la principal responsabilidad de la supervisión estatal de las escuelas públicas primarias y secundarias. La Agencia Estatal de Educación tiene la responsabilidad de asegurar que los niños con discapacidades reciban una educación pública gratis y apropiada en todo el estado.

Agencia Local de Educación (Local Education Agency, o LEA): Una agencia local de educación es una mesa directiva de educación pública u otra autoridad dentro de un estado que controla o dirige las escuelas públicas primarias y secundarias de una ciudad, un condado, comunidad, distrito escolar u otra división política del estado. También puede ser una combinación de distritos escolares o condados que el estado reconoce como la agencia administrativa de las escuelas públicas locales. La agencia local de educación tiene la responsabilidad de implementar IDEA al nivel local. En este libro, el término "distrito escolar" generalmente se usa igual que el término "agencia local de educación".

Agencia Principal: Bajo IDEA, la agencia principal en un estado es la agencia que tiene la responsabilidad de vigilar, supervisar e implementar los servicios de la niñez temprana para infantes y niños pequeños de la Parte C.

Ayuda y Servicios Suplementarios: La ayuda y servicios suplementarios significa ayuda, servicios y otros apoyos que se proporcionan dentro de las clases de educación regular u otras colocaciones relacionadas a la educación para que los niños con discapacidades puedan ser educados junto con los niños sin discapacidades tanto como sea posible.

Búsqueda de Niños (Child Find): La búsqueda de niños es el requisito que tienen las agencias estatales de educación (para los niños en ese estado) y las agencias locales de educación (para los niños que viven dentro de su jurisdicción) de localizar y mandar a evaluar a los niños, desde recién nacidos hasta la edad de 21 años, que podrían necesitar servicios de educación especial bajo IDEA.

Determinación de Manifestación: La determinación de manifestación es una decisión que hacen los padres de un estudiante, la agencia local de educación y los miembros relevantes del equipo del IEP acerca de la mala conducta de un estudiante que viola algún código de conducta. Se trata de determinar si la mala conducta es o no es relacionada a la discapacidad del estudiante. La determinación de cuáles miembros del equipo del IEP son "relevantes" la hacen los padres y la agencia local de educación.

Educación Pública Gratis y Apropiada (Free Appropriate Public Education, o FAPE):

(1) Bajo IDEA, Educación Pública Gratis y Apropiada significa el proporcionar una educación especial y servicios relacionados a costo público conforme al Programa Educativo Individualizado (Individualized Educational Program, o IEP).

(2) **Bajo la Sección 504 del Acta de Rehabilitación** una educación pública gratis y apropiada significa el proporcionar servicios de educación regular o especial para satisfacer las necesidades individuales de los niños con discapacidades tan adecuadamente como se cumplen las de los niños sin discapacidades.

Evaluación de Comportamiento Funcional (Functional Behavioral Assessment, o FBA): Una evaluación de comportamiento funcional recauda información acerca de un comportamiento del estudiante con el fin de determinar cuál función, o propósito, tiene ese comportamiento para el estudiante. La evaluación de comportamiento funcional luego se utiliza para desarrollar un plan de intervención de comportamiento a veces llamado el BIP.

Infante y Niño Pequeño con una Discapacidad: Un infante o niño pequeño con una discapacidad es un niño menor de tres años que califica para los servicios de intervención temprana.

Lugar Educativo Alterno Temporal (Interim Alternative Educational Setting, o IAES): El lugar educativo alterno temporal es una colocación en el cual un estudiante con una discapacidad puede ser colocado bajo ciertas circunstancias durante el proceso disciplinario. EL IAES lo determina el equipo del IEP y debe proporcionar servicios educativos que permitan que el estudiante siga participando en el currículo educativo general y que avance para lograr las metas descritas en el IEP del estudiante.

Niño con una discapacidad: Bajo IDEA un niño con una discapacidad es un niño (A) con un retraso mental, impedimentos auditivos (incluyendo la sordera), impedimentos del habla o lenguaje, impedimentos visuales (incluyendo la ceguera), trastornos emocionales serios, impedimentos ortopédicos, autismo, lesión cerebral traumática, otros impedimentos de salud, o discapacidades específicas del aprendizaje; y (B) que, debido a que el niño tiene un impedimento necesita educación especial o servicios relacionados. Bajo la Sección 504 un niño tiene una discapacidad si el niño tiene una discapacidad mental o física que limita substancialmente una o más de las principales actividades de la vida.

Niños de Edad Escolar: Los niños de 3 a 21 años de edad. Los niños de edad escolar con discapacidades tienen derecho a una educación pública gratis y apropiada bajo la Parte B de IDEA.

Padre: Bajo IDEA, el término padre significa (A) el padre natural, adoptivo, o de acogida del niño (al menos que bajo la ley estatal sea prohibido que el padre de acogida sirva como padre); (B) un guardián (pero no el estado si el niño está bajo la tutela del estado); (C) un individuo

que actúe en el lugar de los padres naturales o adoptivos (incluyendo a un abuelo, padrastro, u otro parentesco) con el cual reside el niño, o un individuo que tiene la responsabilidad legal del bienestar del niño; o (D) un padre suplente.

Padre Suplente: Un padre suplente es un individuo que se asigna para proteger los derechos educativos de un niño con una discapacidad cuando se desconocen los padres del niño o no se les puede localizar.

Plan de Intervención de Comportamiento (Behavior Intervention Plan, o BIP): El plan de intervención de comportamiento describe las intervenciones y modificaciones que son diseñadas para cambiar cualquier comportamiento de un niño que sea motivo de preocupación y para enseñarle comportamientos más apropiados. Un plan de intervención de comportamiento se basa en la información que se recauda mediante una evaluación de comportamiento funcional (functional behavioral assessment, o FBA).

Plan Individualizado de Servicios para la Familia (Individualized Family Service Plan, o IFSP): El IFSP es un plan escrito para entregar los servicios de intervención temprana a un infante o niño pequeño con una discapacidad. El IFSP lo desarrolla un equipo multidisciplinario que incluye a los padres del niño.

Programa Educativo Individualizado (Individualized Educational Program, o IEP): El IEP es un programa educativo escrito y desarrollado por un equipo que contiene una lista de los servicios específicos que se le proporcionarán a un estudiante con una discapacidad para que éste reciba una educación pública gratis y apropiada. El equipo de IEP incluye a los padres, el personal escolar apropiado (inclu-

yendo a la maestra de educación regular si el estudiante está recibiendo servicios de educación regular o si se anticipa que el estudiante podrá recibir servicios de educación regular) y otros individuos que saben acerca del estudiante y las necesidades educativas del estudiante.

Servicios de intervención temprana: Los servicios de intervención temprana son servicios que se les proporcionan a los infantes y niños pequeños (niños desde recién nacidos hasta que cumplen tres años) bajo la Parte C de IDEA. Los servicios de intervención temprana se entregan conforme al Plan Individualizado de Servicios para la Familia (Individualized Family Service Plan, o IFSP).

Servicios Preescolares: Los servicios preescolares son la educación especial y servicios relacionados que se les proporcionan a los niños con discapacidades de 3 a 5 años de edad. Los niños preescolares con discapacidades tienen derecho a los servicios bajo la Parte B de IDEA y son considerados de edad escolar.

Tecnología de Ayuda (Assistive Technology, o AT): Un dispositivo de tecnología de ayuda es cualquier cosa, aparato, o producto o sistema, adquirido comercialmente o en una tienda, modificado, o personalizado, que se utilice para incrementar, mantener o mejorar las habilidades funcionales de un niño con una discapacidad. No incluye los dispositivos médicos que se implantan quirúrgicamente. Un servicio de AT es cualquier servicio que ayuda directamente a un niño con una discapacidad a seleccionar, adquirir o utilizar un dispositivo de AT.

Appendix D – **Glossary and Acronyms**

Assistive Technology (AT): An AT device is any item, piece of equipment, or product or system, whether acquired commercially or off the shelf, modified, or customized, that is used to increase, maintain, or improve functional capabilities of a child with a disability. It does not include medical devices that are surgically implanted. An AT service is any service that directly assists a child with a disability in the selection, acquisition, or use of an AT device.

Behavior Intervention Plan (BIP): The behavioral intervention plan describes interventions and modifications designed to change a student's behavior that is causing concern and teach new more appropriate behaviors. A behavioral intervention plan is based on information gathered through a **functional behavioral assessment (FBA)**.

Child Find: Child find is the requirement that State Education Agencies (for children in the state) and local education agencies (for children living in the jurisdiction) locate and refer for evaluation children from birth to age 21 who may need special education services under the IDEA.

Child with a Disability: Under the IDEA a child with a disability is a child (A) with mental retardation, hearing impairments (including deafness), speech or language impairments, visual impairments (including blindness), serious emotional disturbance, orthopedic impairments, autism, traumatic brain injury, other health im-

pairments, or specific learning disabilities; and (B) who, because the child has an impairment, needs special education and related services. Under Section 504 a child has a disability if the child has a mental or physical disability that substantially limits one or more major life activities.

Early Intervention Services: Early intervention services are services provided to infants and toddlers (children aged birth through two) under Part C of the IDEA. Early intervention services are delivered according to an Individualized Family Service Plan (IFSP).

Free Appropriate Public Education (FAPE): (1) Under the IDEA, Free Appropriate Public Education means special education and related services provided at public expense according to an Individualized Educational Program (IEP).

(2) **Under Section 504 of the Rehabilitation Act** a free appropriate public education means providing regular or special education services to meet the individual education needs of children with disabilities as adequately as the needs of children without disabilities are met.

Functional Behavioral Assessment (FBA): A functional behavioral assessment gathers information about a student's behavior to try to determine what function, or purpose, the behavior serves for the student. The functional behavioral assessment is then used to develop a **behavioral intervention plan** sometimes referred to as a **BIP**.

Individualized Educational Program (IEP): An IEP is a written educational plan developed by a team that lists the specific services a student with a disability will be provided in order to receive a free appropriate public education. The IEP team includes the parent, appropriate

school personnel (including a regular education teacher if the student is receiving services in regular education or it is anticipated the student may be receiving services in regular education), and other individuals who know about the student and the student's educational needs.

Individualized Family Service Plan (IFSP): An IFSP is a written plan to deliver early childhood services to an infant or toddler with a disability. The IFSP is developed by a multidisciplinary team that includes the child's parents.

Infant and Toddler with a Disability: An infant or toddler with a disability is a child under 3 years of age who is eligible for early intervention services.

Interim Alternative Educational Setting (IAES): The interim alternative educational setting is a setting in which a student with a disability may be placed under certain circumstances during the disciplinary process. The IAES is determined by the IEP team and must provide educational services to enable the student to continue to participate in the general education curriculum and progress toward meeting goals in the student's IEP.

Lead Agency: Under the IDEA, the lead agency in a state is the agency responsible for overseeing and supervising the implementation of Part C early childhood services for infants and toddlers.

Least Restrictive Environment (LRE): The least restrictive environment is the requirement that students with disabilities be educated in regular classrooms with students without disabilities to the maximum extent appropriate. Students with disabilities should only be placed in special classes or separate schools if it is determined that, even with the provision of supplementary aids and services, the regular classroom placement will not be successful. Part C of the IDEA, providing early intervention services to infants and toddlers with disabilities, has a similar requirement but uses the term **natural environments** rather than least restrictive environment. Natural environments, under Part C, means providing early intervention services to the infant or toddler in the home and other community settings in which children without disabilities participate to the maximum extent appropriate.

Local Education Agency (LEA): A local education agency is a public board of education or other authority in a state that controls or directs public elementary and secondary schools in a city, county, township, school district or other political subdivision of a state. It can also be a combination of school districts or counties that the state recognizes as the administrative agency for local public schools. The local education agency is responsible for implementing the IDEA on the local level. In this book the term "school district" is generally used for the term "local education agency."

Manifestation Determination: The manifestation determination is a decision made by a student's parents, local education agency, and relevant members of the IEP team regarding whether a student's misbehavior that violates a code of student conduct is related to the student's disability. Which members of the IEP team are "relevant" is determined by the student's parents and the local education agency.

Parent: Under the IDEA the term parent means—(A) a natural, adoptive, or foster parent of a child (unless the foster parent is prohibited under state law from serving as a parent);

(B) a guardian (but not the state if the child is a ward of the state); (C) an individual acting in the place of a natural or adoptive parent (including a grandparent, stepparent, or other relative) with whom the child lives, or an individual who is legally responsible for the child's welfare; or (D) a surrogate parent.

Preschool Services: Preschool services are special education and related services provided to children with disabilities from the ages of 3 to 5. Preschool children with disabilities are entitled to services under Part B of the IDEA and are considered school age.

School Age Children: Children between the ages of 3 and 21. School age children with disabilities are entitled to a free appropriate public education under Part B of the IDEA.

State Education Agency (SEA): State Education Agency means the state board of education or other agency in the state that is primarily responsible for the state supervision of public elementary and secondary schools. The State Education Agency is responsible for ensuring that children with disabilities receive a free appropriate public education throughout the State.

Supplementary Aids and Services: Supplementary aids and services means aids, services and other supports that are provided in regular education classes or other education-related settings to enable children with disabilities to be educated with children without disabilities to the maximum extent appropriate.

Surrogate Parent: A surrogate parent is an individual who is appointed to protect the educational rights of a child with a disability when the child's parents are not known or cannot be located.

Apéndice E – **Tribunales Superiores**/Appendix E – **Circuit Courts**

1st **Circuito/Circuit**

Maine

Massachusetts

New Hampshire

Puerto Rico

Rhode Island

2nd **Circuito/Circuit**

Connecticut

New York

Vermont

3rd **Circuito/Circuit**

Delaware

New Jersey

Pennsylvania

Virgin Islands

4th **Circuito/Circuit**

Maryland

North Carolina

South Carolina

Virginia

West Virginia

5th **Circuito/Circuit**

Louisiana

Mississippi

Texas

6th **Circuito/Circuit**

Kentucky

Michigan

Ohio

Tennessee

7th **Circuito/Circuit**

Illinois

Indiana

Wisconsin

8th **Circuito/Circuit**

Arkansas

Iowa

Minnesota

Missouri

Nebraska

North Dakota

South Dakota

9th **Circuito/Circuit**

Alaska

Arizona

California

Guam

Hawaii

Idaho

Montana

Nevada

Northern Mariana Islands

Oregon

Washington

10th **Circuito/Circuit**

Colorado

Kansas

New Mexico

Oklahoma

Utah

Wyoming

11th **Circuito/Circuit**

Alabama

Florida

Georgia

DC **Circuito/Circuit**

Washington, DC

Índice

Index

The Legal Center for People
with Disabilities and Older People

Colorado's Protection & Advocacy System

Acerca de nuestra organización . . .

El Centro Legal, establecido en 1976, es una organización con fines no lucrativos que protege los derechos humanos, civiles y legales de las personas con discapacidades y personas de la tercera edad. De la misma manera que el Sistema de Protección y Defensa de Colorado, el Centro Legal tiene autoridad bajo las leyes federales de obtener acceso a instalaciones y archivos para investigar acusaciones de abuso y abandono. La organización también ayuda a la gente a obtener servicios patrocinados por los gobiernos estatales y federales, y rehabilitación vocacional. El Centro Legal se especializa en asuntos de derechos civiles y discriminación.

El Centro Legal promueve el cambio sistémico para sostener o mejorar la calidad de vida de niños y adultos con discapacidades y personas de la tercera edad. El Centro Legal ofrece a sus clientes representación legal directa, educación, abogacía y análisis legislativo para promover la independencia, autodeterminación, apoderamiento y participación en la comunidad.

Existen organizaciones similares al Centro Legal en cada estado y territorio como parte de la red de protección y defensa.

Acerca del Autor . . .

Randy Chapman ingresó al Centro Legal en 1977 como Voluntario en Servicio para América (Volunteer in Service to America o VISTA). Un año más tarde se le contrató como el abogado de la organización. Él ha sido Director de Servicios Legales desde 1980.

Él tuvo un rol fundamental a nivel nacional en el desarrollo de las leyes sobre las discapacidades. Él ayudo a construir el camino para la implementación de las leyes de la educación especial.

Su influencia se refleja en los estatutos y políticas estatales. En el área de las discapacidades, el estableció los Comités para los Derechos Humanos en los reglamentos para revisar medicamentos, programas de comportamiento, y asegurar que se investigue el abuso y el abandono. Él adhirió el requisito que estipula que la gente con discapacidades del desarrollo sea representada en las mesas directivas de las organizaciones de servicios para la comunidad. El también escribió el texto del debido proceso en el estatuto del estado e influyó el desarrollo del proceso de quejas para niños en educación especial del Departamento de Educación de Colorado.

Él ha supervisado la representación legal de más de 10,000 personas con discapacidades y ha hecho más de 500 presentaciones acerca de las leyes para las discapacidades. En 1998, él recibio el premio humanitario de Martin Luther King por la comision del día festivo de Martin Luther King Jr. de Colorado. Él también es autor de numerosos artículos, dos guiones de video, *Assistive Technology (Tecnología Asistiva), Universe of Opportunities (Universo de Oportunidades),* y *The New Handbook for Special Education Rights (El Nuevo Manual para los Derecho de Educación Especial).*

Randy vive en Golden, Colorado, con su esposa y dos hijos.

The Legal Center for People with Disabilities and Older People

Colorado's Protection & Advocacy System

About our organization . . .

The Legal Center is a nonprofit organization protecting the human, civil and legal rights of people with disabilities and older people established in 1976. As Colorado's Protection and Advocacy System, The Legal Center has authority under federal law to gain access to facilities and records in order to investigate allegations of abuse and neglect. The organization also helps people obtain state and federally funded services, such as special education, mental health services, developmental disabilities services, and vocational rehabilitation. The Legal Center specializes in civil rights and discrimination issues.

The Legal Center promotes systemic change to sustain or improve the quality of life for children and adults with disabilities and senior citizens. The Legal Center provides direct legal representation, education, advocacy and legislative analysis to promote the independence, self-determination, empowerment and community participation of its clients.

Similar organizations exist in every state and territory as part of a national protection and advocacy network.

About the author . . .

Randy Chapman came to The Legal Center in 1977 as a Volunteer in Service to America (VISTA). He was newly graduated from law school at the University of Texas at Austin. A year later he was hired as a staff attorney. He has been the Director of Legal Services since 1980.

He played a pivotal role in the development of disability law and he helped break ground in implementing special education law.

His influence is reflected in Colorado statute and policy. In the developmental disabilities area, he established Human Rights Committees in legislation to review medications, behavioral programs, and ensure investigation of abuse and neglect. He added the requirement that people with developmental disabilities be represented on the boards of directors of community service organizations. He also drafted the due process language in the state statute and had significant input in the development of the Colorado Department of Education's complaint process for children in special education.

He has overseen legal representation to more than 10,000 people with disabilities in Colorado and made more than 500 presentations on disability law. In 1998 he was awarded the Martin Luther King Humanitarian Award by the Martin Luther King Jr. Colorado Holiday Commission. He is also the author of numerous articles, two video scripts, *Assistive Technology: Universe of Opportunities*, and *The New Handbook for Special Education Rights*.

He lives in Golden, Colorado, with his wife and two sons.

(doble aquí y ponga cinta (por favor no la grape)

NO POSTAGE
NECESSARY
IF MAILED
IN THE
UNITED STATES

BUSINESS REPLY MAIL
FIRST-CLASS MAIL   PERMIT NO. 2046   DENVER, CO

POSTAGE WILL BE PAID BY ADDRESSEE

THE LEGAL CENTER
455 SHERMAN ST STE 130
DENVER CO 80203-9873

(doble aquí y ponga cinta (por favor no la grape)

Cuestionario

Gracias por su compra de *la Guía de la Ley de Educación Especial.* Por favor ayude al Centro Legal Para Personas con Discapacidades y Personas Mayores hacer un mejor trabajo en proteger y promover los derechos de personas con discapacidades.

1. Por favor marque una

❑ Esta es mi primera compra de la guía de los derechos de la educación especial del Centro Legal

❑ Yo he comprado anteriormente una edición previa del manual para los derechos de la educación especial del Centro Legal

2. ¿En dónde y cuándo compró o adquirió *la Guía de la Ley de Educación Especial?*

_____

3. ¿Porqué compró *la Guía de la Ley de Educación Especial?* (Esta información es de particular interés para nosotros—por favor sea lo más específico posible).

_____

_____

4. ¿Qué es lo que más le gustó de la guía? _____

_____

5. Por favor platíquenos de usted.

❑ Yo soy padre o guardián de un niño con una discapacidad

❑ Yo soy maestro de escuela

❑ Yo soy asistente en el aula

❑ Yo soy administrador de educación

❑ Otro – Yo soy _____

6. ¿Puede unos de nuestros investigadores hablarle para hacerle una entrevista de seguimiento de cinco minutos? (Es muy útil para nosotros saber si la publicación satisfizo sus necesidades).

❑ **Sí**

❑ **No**

Si la respuesta es sí, ¿cuál es el mejor número de teléfono y hora del día en que le podemos hablar?

_____

7. Por favor, agrégueme a su lista para recibir actualizaciones acerca de la *Guía de la Ley de Educación Especial.*

Señor/Señora _____ **Nombre** _____ **Apellido** _____

Dirección _____ **Ciudad** _____ **Estado** _____

Código Postal _____ **Número Teléfono** _____

Correo Electrónico _____

Muchas gracias por su ayuda. Por favor doble y selle esta tarjeta de respuesta (con cinta-no la grape) y deposítela en el correo. Si usted tiene alguna pregunta acerca de la publicación o si necesita ayuda adicional con sus derechos de la educación especial, por favor llame al Centro Legal al (303) 722-0300. Para más información acerca del Centro Legal, por favor visite www.thelegalcenter.org.

The Legal Center
455 Sherman Street
Suite 130
Denver, CO 80203

The Legal Center for People
with Disabilities [C] and Older People

Colorado's Protection & Advocacy System

Si desea ordenar copias adicionales de este libro, puede escribirnos a publications@thelegalcenter. org, visitar nuestro sitio Web en www.thelegalcenter.org, llamarnos al 1-800-288-1376 o al (303) 722-0300, o puede hacer una copia de la forma en la parte inferior y enviarnos su orden a The Legal Center, 455 Sherman Street, Suite 130, Denver, CO 80203. Por favor incluya información acerca de su tarjeta de crédito (MasterCard o Visa) o envíenos un cheque. El precio del libro es $29.95 para órdenes de menos de 10 libros. Por favor llámenos para el precio para cantidades mayores. Incluya $7.50 para manejo y envío por el primer libro y $1.00 para cada libro adicional.

❏   Me gustaría ordenar libros adicionales.
❏   Me gustaría hacer una contribución al Centro Legal Para Personas con Discapacidades y Personas Mayores, una organización sin fines lucrativos establecido en 1976.

Nombre _____

Organización o Negocio _____

Dirección _____

Ciudad/Estado/C.P. _____

Cantidad _____@$29.95 =   _____

Manejo y Envío @   _____

Sub Total   _____

(Incluye el impuesto de Colorado)
Para Denver agregue el 7.2% de impuestos   _____

Para otras partes de Colorado agregue el 2.9%   _____

Total   _____

Si, me gustaría hacer una contribución en   _____
apoyar el trabajo de educación especial del
Centro Legal. ❏ $25 ❏ $50 ❏ $100 ❏ otra cantidad

Total   _____

Escriba el cheque a nombre de The Legal Center.

Tarjeta de crédito: ❏ MasterCard   ❏ Visa

Fecha de Vencimiento_____ Firma _____

fold here and tape (please do not staple)

NO POSTAGE
NECESSARY
IF MAILED
IN THE
UNITED STATES

BUSINESS REPLY MAIL
FIRST-CLASS MAIL   PERMIT NO. 2046   DENVER, CO

POSTAGE WILL BE PAID BY ADDRESSEE

THE LEGAL CENTER
455 SHERMAN ST STE 130
DENVER CO 80203-9873

fold here and tape (please do not staple)

Questionnaire

Thank you for your purchase of *The Everyday Guide to Special Education Law.* Please help The Legal Center for People with Disabilities and Older People do a better job of protecting and promoting the rights of people with disabilities:

1. Please check one

- ❑ This is my first purchase of The Legal Center's special education rights guide
- ❑ I have purchased a previous edition of The Legal Center's special education rights handbook

2. Where/when did you purchase/acquire *The Everyday Guide to Special Education Law?*

_____

3. Why did you purchase *The Everyday Guide to Special Education Law?* (This information is particularly helpful to us—please be as specific as possible.)

_____

_____

4. What do you like best about the guide? _____

_____

5. Please tell us about yourself.

- ❑ I am the parent or guardian of a child with a disability
- ❑ I am a schoolroom teacher
- ❑ I am a schoolroom paraprofessional
- ❑ I am an education administrator
- ❑ Other – I am _____

6. May one of our researchers call you for a five-minute follow-up interview? (It is extremely helpful to us to learn if the publication met your needs.)

- ❑ **Yes**
- ❑ **No**

If yes, what is the best phone number to reach you and best time of day to call?

_____

7. Please add me to your list to receive information about updates of *The Everyday Guide to Special Education Law.*

Mr/Ms _____ First Name _____ Last Name _____

Address _____ City _____ State _____ Zip _____

Phone _____ Email _____

Thank you very much for your help. Please fold and seal the response card (with tape—do not staple) and drop it in the mail. If you have any questions about the publication or need additional special education rights assistance, please call The Legal Center at (303) 722-0300 or 1-800-288-1376. You may fax this form to (303) 722-0720.

The Legal Center
455 Sherman Street
Suite 130
Denver, CO 80203

The Legal Center for People
with Disabilities and Older People

Colorado's Protection & Advocacy System

If you would like to order additional copies of this book, you may write to us at publications@ thelegalcenter.org, visit our web site at www.thelegalcenter.org, call us at 1-800-288-1376 or (303) 722-0300, or you may copy the form below and send us the order at The Legal Center, 455 Sherman Street, Suite 130, Denver, CO 80203. Please include credit card information (MasterCard or Visa) or send us a check. Books are $29.95 per book up to 9 books. Please contact us for quantity pricing. Include $7.50 shipping and handling for the first book and $1.00 for each additional book.

❏   I would like to order additional books.
❏   I would like to make a contribution to The Legal Center for People with Disabilities and Older People, a nonprofit organization established in 1976.

Name _____

Organization/Business _____

Address_____   Email Address _____

City/State/Zip _____

Quantity _____   @ $29.95 each   =   _____

Shipping and Handling @   _____

Sub Total   _____

Tax for Denver, CO add 7.2%   _____

For Colorado add 2.9%   _____

Total   _____

Yes, I would like to make a contribution to support The Legal Center's work in special education. ❏$25   ❏$50   ❏ $100   ❏other   Total   _____

Make checks payable to The Legal Center.
Please bill: MasterCard ❏   Visa ❏

Exp. Date _____   Cardholder's Signature _____